LOUISE LEROUX

BONHEUR ET LEADERSHIP

GUIDE D'AUTOCOACHING
SUR LE BONHEUR
ET LE LEADERSHIP AUTHENTIQUE

Copyright © 2015 Louise Leroux
Copyright © 2015 Éditions AdA Inc.
Tous droits réservés. Aucune partie de ce livre ne peut être reproduite sous quelque forme que ce soit sans la permission écrite de l'éditeur, sauf dans le cas d'une critique littéraire.

Éditeur : François Doucet
Révision linguistique : L. Lespinay
Correction d'épreuves : Nancy Coulombe, Carine Paradis
Montage de la couverture : Matthieu Fortin
Illustration de la couverture : © Thinktock
Mise en pages : Sylvie Valois
ISBN papier : 978-2-89752-782-2
ISBN PDF numérique : 978-2-89752-783-9
ISBN ePub : 978-2-89752-784-6
Première impression : 2015
Dépôt légal : 2015
Bibliothèque et Archives nationales du Québec
Bibliothèque Nationale du Canada

Éditions AdA Inc.
1385, boul. Lionel-Boulet
Varennes, Québec, Canada, J3X 1P7
Téléphone : 450-929-0296
Télécopieur : 450-929-0220
www.ada-inc.com
info@ada-inc.com

Diffusion
Canada :   Éditions AdA Inc.
France :   D.G. Diffusion
              Z.I. des Bogues
              31750 Escalquens — France
              Téléphone : 05.61.00.09.99
Suisse :   Transat — 23.42.77.40
Belgique :   D.G. Diffusion — 05.61.00.09.99

Imprimé au Canada

Participation de la SODEC.
Nous reconnaissons l'aide financière du gouvernement du Canada par l'entremise du Fonds du livre du Canada (FLC) pour nos activités d'édition.
Gouvernement du Québec — Programme de crédit d'impôt pour l'édition de livres — Gestion SODEC.

Catalogage avant publication de Bibliothèque et Archives nationales du Québec et Bibliothèque et Archives Canada

Leroux, Louise, 1962-
    Bonheur et leadership : guide d'auto-coaching sur le bonheur et le leadership authentique
    ISBN 978-2-89752-782-2
    1. Bonheur. 2. Leadership. 3. Réalisation de soi. I. Titre.
BF575.H27L472 2015   152.4'2   C2015-941429-6

BONHEUR
ET
LEADERSHIP

REMERCIEMENTS

Je remercie ma famille pour leur soutien et leur amour, particulièrement mon frère ainé qui m'a donné le courage et la persévérance de devenir la personne résiliente que je suis aujourd'hui. Merci à mon père pour m'avoir permis de reconnaître mes émotions et de savoir ce que signifie le sens du mot pardon. Un merci tout à fait spécial à ma formidable mère qui m'a appris à repousser constamment mes limites, et à mon jeune frère pour sa générosité de cœur et son amour inconditionnel. Avec amour et humilité, je vous dédie cet ouvrage!

De plus, j'aimerais remercier des personnes très chères qui m'ont soutenue et encouragée dans la rédaction de ce livre. À des amis qui ont été mes fidèles lecteurs et critiques, Noël, Louise, Maryse, Jocelyne et Francine, sans vous et vos précieux conseils ce livre n'aurait jamais vu le jour. À mes collègues et amis, Francine pour son aide et son dévouement, Marie-Claude et Jean-Luc pour leurs encouragements durant le processus. À toi Suzanne, un grand merci pour ton amitié, ta générosité et ton talent d'artiste que j'apprécie énormément. Je vous offre à tous mes plus sincères remerciements pour votre générosité et surtout votre franchise.

Permettez-moi de remercier tous mes guides et fidèles amis dans ma vie qui m'accompagnent et m'encouragent dans cette quête de sens. Je tiens particulièrement à remercier Marcelle qui a donné le coup d'envoi à la réalisation de ce projet. Je la remercie pour ses précieux conseils et sa grande générosité, elle est une personne lumineuse. À tous, mes remerciements les plus sincères pour votre appui et votre amitié.

En terminant, j'aimerais souligner tout le travail et le soutien formidable de l'équipe des Éditions AdA qui a permis la concrétisation de ce livre. Je les remercie de m'avoir fait confiance et de m'avoir offert cette opportunité unique, j'aimerais leur exprimer toute ma gratitude et ma reconnaissance!

AVERTISSEMENT AUX LECTEURS

Tout au long de ce livre, certains exercices pratiques ou certains questionnements ont été suggérés. Ils sont proposés, d'abord et avant tout, comme un outil de réflexion et d'exploration pour permettre certaines prises de conscience.

Certains sujets traités dans ce livre peuvent demander un accompagnement plus spécialisé, étant donné que je ne suis ni psychologue et ni psychothérapeute, je vous en parle à titre d'information uniquement. Je suis convaincue qu'il existe de nombreux exercices et méthodes tous aussi efficaces les uns que les autres. Des personnes qualifiées dans ces domaines spécifiques peuvent vous offrir de précieux conseils pour votre situation particulière. Par conséquent, n'hésitez surtout pas à faire appel à ces derniers pour vous aider au besoin.

Avis important :
Si vous êtes déjà dans une démarche spécifique ou si vous êtes suivi par un intervenant qualifié concernant un ou plusieurs des sujets dans ce livre, il est suggéré d'en discuter avec celui-ci pour s'assurer de la pertinence d'utiliser les exercices proposés avec votre démarche. Ces exercices ou méthodes ne sont pas conçus pour remplacer aucune thérapie, psychothérapie, aucun groupe de thérapie ou autre type d'accompagnement dans lesquels vous êtes déjà engagé. Si vous éprouvez des émotions ou des malaises étranges en effectuant les exercices, arrêtez-vous immédiatement. Consultez au besoin une aide professionnelle spécialisée.

> L'auteure et l'éditeur se dégagent de toute responsabilité relative à l'utilisation des exercices de ce livre. Ils ne peuvent être tenus responsables de quelques dommages que ce soit. Ils laissent le soin au lecteur de juger de leur pertinence en fonction de leur situation spécifique.

TABLE DES MATIÈRES

Préface	xiii
Introduction	1

Chapitre 1 : Le bonheur et le leadership authentique — 5
- Les stratégies du bonheur — 5
- La joie de vivre, les émotions et l'intelligence émotionnelle — 12
- Vivre des expériences optimales (le Flow) — 21
- Vivre un leadership authentique — 26
- Les étapes du leadership authentique et du bonheur — 29

Chapitre 2 : À la découverte de notre essence profonde — 39
- Notions de base sur le Soi — 40
- Les premiers talents créatifs : l'art et ses expressions — 42
- Les premiers rituels : la contemplation, le recueillement et le silence — 45
- Et quoi d'autre ? — 49

Chapitre 3 : À la découverte de soi, un regard introspectif — 51
- Les obstacles ou défis à l'expression de soi — 52
- L'estime de soi — 52
- Les blessures de l'enfance et les mécanismes de défense — 60
- Les croyances limitatives ou restrictives — 67
- Les schémas comportementaux du passé — 76
- L'ombre — 83
- Les points de bascule ou souffrances : planches de salut — 88

Chapitre 4 : À la découverte de soi, un regard attentif envers soi-même — 93
- La présence à soi-même — 93
- Prendre soin de son essence profonde et de son corps — 102
- Corps et vitalité énergétique — 114
- Les chakras et leurs différentes fonctions — 116

Chapitre 5 : Le lâcher-prise et l'acceptation 119
    Le lâcher-prise et l'acceptation 120

Chapitre 6 : L'état de flux au travail (Flow) ou le travail d'une vie 125

Chapitre 7 : Vivre sa mission — le rêve du Soi 135

Chapitre 8 : Questionner les fondements de son leadership authentique 143
    Questionner et assumer la pertinence de son leadership authentique 143
    Évaluer son niveau de satisfaction dans les différentes sphères de sa vie 144
    Évaluer son niveau de satisfaction professionnelle 147
    Trouver, déterminer et reconnaître : ses passions, ses valeurs, ses talents, ses objectifs et sa mission de vie 150

Chapitre 9 : Développer des compétences essentielles 167
    Découvrir et développer son intelligence émotionnelle 167
    Découvrir et développer votre style de communication 175

Chapitre 10 : Déterminer son plan d'action et de transformation 185
    Trouver l'adéquation des talents et des expériences optimales (Flow) 185
    Valider son alignement avec ses valeurs 187
    Déterminer un plan d'action/de transformation pour réussir sa vie 189

Chapitre 11 : Oser et avoir le courage de se transformer 195
    Vivre l'aventure du développement et de la transformation 195
    Vivre son essence profonde (réalignement de l'ego) 201

Chapitre 12 : Oser écouter la sagesse et l'intelligence de son cœur 205
    L'amour véritable : l'amour de soi et des autres 206
    Les qualités du cœur 208

Chapitre 13 : Oser écouter et suivre son intuition, sa guidance intérieure 213

Chapitre 14 : Les synchronicités de la vie 223

Conclusion 227

Souhait et pensées 237
Journal de bord personnel 241
Bibliographie 253
Références 257
À propos de l'auteure 263
Notes personnelles 265

EXERCICES PRATIQUES INTÉGRÉS DANS LE TEXTE :

Évaluer son estime de soi	57
Découvrir vos croyances limitatives	71
Développer la présence à soi par la méditation	99
Évaluer votre niveau d'énergie	110
Trouver, déterminer et reconnaître	
1 : Découvrir ses passions de vie	150
2 : Découvrir ses valeurs de vie	153
3 : Découvrir ses talents	158
4 : Découvrir sa mission de vie	160
Évaluer les habiletés de l'intelligence émotionnelle	169
Développer l'intelligence émotionnelle (axée sur le travail d'équipe)	172
Évaluer votre style de communication	179
Découvrir son intuition et la développer	216
1 : Rappel des intuitions reçues	216
2 : Développement de la conscience et de la confiance	217
3 : Accès à sa guidance intérieure	218
4 : Comprendre ses émotions	220

PRÉFACE

Je vous propose tout d'abord un questionnaire simple pour vous permettre d'évaluer votre niveau de bonheur et de plein potentiel. Naturellement, l'objectif de ce questionnaire est de voir où vous vous situez face au matériel contenu dans ce livre. Il est préférable que vous remplissiez ce questionnaire au début et à la fin de la lecture, surtout si vous avez complété les exercices, les réflexions et déterminé des plans spécifiques de développement. Vous pouvez utiliser le journal de bord qui a été intégré à la fin du livre pour y noter toutes vos informations personnelles.

Également, ce questionnaire peut vous servir de référence future si vous décidez d'entreprendre un programme de développement personnel ou professionnel. Il vous permettra de comparer vos résultats dans le temps et de voir si vous êtes satisfait de ce que vous avez accompli en fonction des thématiques qui sont abordées dans ce livre. Sinon, ce questionnaire pourra vous servir en tout temps lorsque vous souhaiterez vous évaluer.

Évaluer notre niveau de bonheur et de plein potentiel

Ce questionnaire donne simplement une indication générale ; il doit donc être interprété avec précaution. Vous devez lire attentivement les énoncés ci-dessous et cocher la case qui correspond le mieux à votre situation actuelle. Il est important d'y répondre spontanément et surtout en toute honnêteté.

	❶ Pas du tout d'accord	❷ Plus ou moins d'accord	❸ D'accord	❹ Tout à fait d'accord
AFFIRMATIONS	❶	❷	❸	❹
1. Dans l'ensemble, je suis heureux et satisfait de ma vie.				
2. Je sais exactement quelles sont les stratégies du bonheur qui me conviennent le mieux.				
3. Je sais et je reconnais très facilement ce qui me rend heureux.				
4. En général, je respire la joie de vivre.				
5. Je comprends très bien mes émotions et ce que je ressens habituellement.				
6. Je perçois et je comprends très bien les émotions des autres sans les assumer.				
7. Je vis quotidiennement des expériences pleinement satisfaisantes.				
8. Je prends régulièrement du temps pour mes activités préférées.				
9. Je vis de façon authentique et je prends les décisions cohérentes avec moi-même (valeurs).				
10. Je vis en accord avec mes convictions profondes.				
11. Je répartis mon temps en fonction de mes priorités et de mes objectifs dans la vie selon mes différentes sphères d'activités (famille et amis, conjoint(e) et couple, travail et carrière, habitation et finances personnelles, loisirs, santé et bien-être, spiritualité et sens de la vie).				
12. J'ai une vie très heureuse et satisfaisante en fonction de mes priorités de vie pour mes différentes sphères d'activités.				
13. Je déborde d'énergie et d'enthousiasme dans ma vie en général.				
14. J'ai une très bonne connaissance de moi et de mes comportements.				
15. Je suis très attentif à moi-même et je possède une bonne hygiène de vie.				
16. J'ai une très bonne connaissance et estime de moi-même. J'ai une vie enrichissante.				
17. Je vis en parfaite harmonie avec moi-même et avec les autres.				
18. J'utilise pleinement mes facultés intellectuelles et mentales.				

❶ Pas du tout d'accord	❷ Plus ou moins d'accord	❸ D'accord	❹ Tout à fait d'accord

AFFIRMATIONS	❶	❷	❸	❹
19. J'assume et j'exerce pleinement mon leadership personnel dans ma vie.				
20. J'assume et j'exerce pleinement mon leadership professionnel de façon authentique et en accord avec mes valeurs.				
21. Je suis connecté à mon essence profonde et à ma guidance intérieure.				
22. J'ai certains rituels de vie qui me permettent de me ressourcer et de relaxer quotidiennement.				
23. Je prends du temps pour moi-même et pour me recueillir quotidiennement.				
24. Je connais et j'intègre ce qui contribue le plus à me faire « sentir vivant ».				
25. Je connais et j'utilise mes principales sources d'inspiration.				
26. Je sais très bien qui je suis et je n'ai aucun mal à montrer ma véritable identité aux autres. Je ne ressens aucun malaise à cet égard.				
27. Je suis tout à fait conscient de mes besoins fondamentaux et je les exprime aisément aux autres.				
28. J'ai beaucoup de la facilité dans mes relations sociales grâce à mes bonnes habiletés en relations interpersonnelles.				
29. Je n'ai aucune idée préconçue qui m'empêche de jouir pleinement de la vie et des événements.				
30. Je m'aime vraiment et je m'apprécie tel que je suis.				
31. Je suis très confiant dans mes capacités personnelles et professionnelles.				
32. Je n'ai aucun complexe ou défaut refoulé.				
33. Je ne fais aucune projection sur les autres de mes propres comportements et émotions.				
34. J'ai un bon équilibre entre les moments d'action et de repos dans ma vie au quotidien.				
35. J'utilise très bien mes énergies féminines et masculines en complément l'une de l'autre (entre le repos et l'action).				

	❶ Pas du tout d'accord	❷ Plus ou moins d'accord	❸ D'accord	❹ Tout à fait d'accord			
AFFIRMATIONS				❶	❷	❸	❹
36. Je ne vis aucun problème ou scénario négatif répétitif dans ma vie personnelle et/ou professionnelle.							
37. J'ai réglé tous les comportements négatifs répétitifs de ma vie.							
38. Je vis toujours dans le moment présent et je ne souffre jamais d'anxiété.							
39. J'ai une pleine conscience de mon corps et de ses besoins.							
40. Je vis quotidiennement les activités de ma vie qui me procurent une joie profonde.							
41. Je consacre toujours du temps aux activités qui me rendent le plus heureux.							
42. J'ai un très bon niveau d'énergie et d'enthousiasme dans mes activités quotidiennes.							
43. Je connais très bien les éléments ou les habitudes de vie qui me donnent ou m'enlèvent de l'énergie.							
44. J'élimine ou neutralise tout ce qui m'enlève de l'énergie.							
45. Je n'ai aucune difficulté à accepter ou à lâcher prise sur les événements.							
46. Je garde toujours une attitude optimiste face aux événements dans la vie.							
47. Je suis très satisfait de ma vie professionnelle.							
48. L'adéquation entre mes valeurs personnelles et professionnelles ne pose aucun problème ou aucune frustration dans ma vie.							
49. Je suis capable d'agir et de travailler de façon authentique dans ma vie professionnelle.							
50. Je connais très bien mon fil conducteur, ma mission de vie, et ce que je veux accomplir avant de mourir.							
51. J'ai des objectifs personnels et professionnels que je veux accomplir dans ma vie.							
52. J'écris et je révise, annuellement ou au besoin, mes objectifs personnels et professionnels.							
53. Je prends régulièrement des engagements envers moi-même et je fais un plan d'action pour atteindre mes objectifs personnels et professionnels.							

❶ Pas du tout d'accord	❷ Plus ou moins d'accord	❸ D'accord	❹ Tout à fait d'accord

AFFIRMATIONS	❶	❷	❸	❹
54. J'écris et je révise, annuellement ou au besoin, mes engagements personnels et professionnels.				
55. J'ai un énoncé écrit sur ma mission personnelle/professionnelle.				
56. J'utilise mon intelligence émotionnelle à la maison et au bureau.				
57. Je sais très bien quelles habiletés je dois améliorer de mon intelligence émotionnelle (reconnaissance et gestion de mes émotions et celles des autres).				
58. Je connais mon style principal et secondaire de communication (aimable, analytique, expressif, directif).				
59. J'ajuste toujours mon style de communication en fonction de mes interlocuteurs.				
60. Au travail, j'exerce mon leadership et mon authenticité de façon très satisfaisante.				
61. Au travail, je vis toujours en accord avec mes valeurs fondamentales.				
62. Je connais mes différentes passions dans la vie. Je sais ce qui me rend vraiment heureux.				
63. Je connais mes valeurs fondamentales et je vis en fonction de celles-ci dans les différentes sphères d'activités de ma vie.				
64. Je connais très bien mes talents et mes compétences et je les utilise régulièrement dans ma vie personnelle et professionnelle.				
65. Je sais très bien comment exploiter mes talents à leur plein potentiel et vivre des expériences satisfaisantes dans ma vie personnelle et professionnelle.				
66. J'endosse toujours la responsabilité et le changement pour améliorer certains éléments non satisfaisants de ma vie.				
67. Je prends toujours des décisions en fonction de mes priorités de vie et de mon bien-être.				
68. Je vis toujours pleinement en union avec mon être entier.				
69. Je suis très conscient de mon intuition et de ma guidance intérieure.				

	❶ Pas du tout d'accord	❷ Plus ou moins d'accord	❸ D'accord	❹ Tout à fait d'accord			
AFFIRMATIONS				❶	❷	❸	❹
70. J'ose toujours suivre mon intuition et mon cœur dans la vie en général.							
71. J'ai de très belles qualités humaines et spirituelles.							
72. Je m'aime et m'accepte tel que je suis. Je porte un regard amoureux sur ma personne.							
A) Total du nombre de réponses par catégorie :							
B) Total des points par catégorie :				1	2	3	4
Total des points (sur 288 points) (équivaut à A x B) :							
Faites la somme des points :							/288
Sur une échelle de 1 à 10, où 10 est le plus élevé							
Quel est votre niveau de satisfaction de votre vie personnelle ?							/10
Quel est votre niveau de satisfaction de votre vie professionnelle ?							/10

Calculer vos résultats :

Veuillez faire la somme des points en fonction des questions suivantes :
- Calculez 1 point pour la catégorie « pas du tout d'accord » ;
- Calculez 2 points pour la catégorie « plus ou moins d'accord » ;
- Calculez 3 points pour la catégorie « d'accord » ;
- Calculez 4 points pour la catégorie « tout à fait d'accord ».

Interpréter vos résultats :

Faites la somme de tous les points que vous avez obtenus aux différentes questions. Les notes varient entre 72 (note la plus basse) et 288 (note la plus élevée).

- Si votre total est entre 72 et 113, cela semble indiquer que votre niveau de bonheur et de plein potentiel est plutôt bas.
- Si votre total est entre 114 et 230, cela semble indiquer que votre niveau de bonheur et de plein potentiel est plutôt moyen.
- Si votre total est entre 231 et 288, cela semble indiquer que votre niveau de bonheur et de plein potentiel est plutôt élevé.

Inscrivez vos résultats et la date correspondante :

Score du début : _____/288 points   Date : _____
Niveau de satisfaction personnelle : _____/10
Niveau de satisfaction professionnelle : _____/10

Score de la fin : _____/288 points   Date : _____
Niveau de satisfaction personnelle : _____/10
Niveau de satisfaction professionnelle : _____/10

Posez-vous la question à savoir si ces résultats sont représentatifs de votre situation actuelle ? Sinon, pourquoi selon vous ? Considérez également votre niveau de satisfaction générale de votre vie personnelle et professionnelle (échelle de 1 à 10) pour voir si les résultats sont vraiment représentatifs. Veuillez noter que si vos niveaux de satisfaction sont bas, il est fort possible que les événements vécus actuellement affectent les résultats finaux. Par exemple, si vous vivez une perte d'emploi, cela aura un impact significatif sur vos réponses et vos résultats, d'où l'importance de déterminer si ces résultats sont vraiment significatifs pour l'instant. De plus, ce questionnaire peut être fait à différentes périodes, ce qui vous permet de valider l'impact des changements vécus.

Si vous avez eu des résultats que vous jugez insatisfaisants, ce livre vous aidera à trouver des pistes possibles d'amélioration et de développement. Il est important de déterminer ce qui vous a interpellé le plus en termes de questions et de résultats insatisfaisants. **Qu'est-ce que ces résultats vous disent ? Quelles sont les actions que vous devez entreprendre pour remédier à la situation ?** Pour vous aider dans votre réflexion, vous trouverez à la fin du livre une grille d'équivalence pour repérer vos réponses en fonction des différents sujets traités. Cette grille donne la correspondance des sujets du livre associés aux questions. Si vous avez eu des résultats bas, soit de 72 à 113 points, et que vous les jugez représentatifs, il serait peut-être indiqué de voir quels sont les outils ou l'assistance requise pour vous aider dans votre situation. **Ce livre ne remplace pas une aide qualifiée ou un processus d'accompagnement fait par un spécialiste ou un professionnel** (voir l'avertissement aux lecteurs au début du livre).

Si vous répétez le test,
inscrivez vos résultats et la date correspondante :

Score autre : _____/288 points   Date : _____
Niveau de satisfaction personnelle _____/10
Niveau de satisfaction professionnelle : _____/10

Score autre : _____/288 points   Date : _____
Niveau de satisfaction personnelle : _____/10
Niveau de satisfaction professionnelle : _____/10

Score autre : _____/288 points   Date : _____
Niveau de satisfaction personnelle : _____/10
Niveau de satisfaction professionnelle : _____/10

• • •

INTRODUCTION

Dans mon métier de coach professionnelle, j'assiste des exécutifs, des gestionnaires, des professionnels et des entrepreneurs pour leurs projets, mais aussi pour le développement de leurs compétences. Mes expériences, comme gestionnaire et coach, m'ont fait beaucoup réfléchir sur le leadership authentique. Vivre son leadership, c'est d'abord devenir l'acteur de sa vie! On n'a pas besoin d'un titre pour faire preuve de leadership. Qu'il soit personnel ou professionnel, c'est la possibilité de vivre le plus possible en harmonie avec qui nous sommes réellement grâce à nos convictions profondes. C'est aussi la possibilité d'expérimenter cet état de bien-être et de bonheur grâce à une vie cohérente et harmonieuse avec nos aspirations profondes. Pour ce faire, nous devons avoir une très bonne connaissance de nous-mêmes pour être vraiment alignés sur nos valeurs, nos aspirations, nos objectifs et notre mission de vie.

J'ai constaté que peu de matériel donnait une vision globale pour comprendre les étapes à suivre dans ce processus. En travaillant sur un document pour mes clients, j'ai vite compris que la quête d'authenticité nous dirige tout droit vers la recherche du bonheur et de sens dans notre vie. Plusieurs étapes entre le bonheur et le leadership sont très similaires puisque les gens ont besoin de se connecter à leur essence profonde pour réaliser leur plein potentiel. C'est ainsi que l'idée d'allier le bonheur et le développement du leadership authentique a pris naissance dans ce livre.

J'ai créé un condensé pratique qui intègre plusieurs concepts essentiels pour en faire un premier travail de réflexion.

Nous sommes tous à la recherche du bonheur et du bien-être dans la vie. **Mais est-il possible d'avoir un leadership véritable si nous n'assumons pas également le leadership du Soi, centre du psychisme où réside l'âme?** D'après mon expérience, il est impossible d'assumer un leadership authentique et intègre si nous ne sommes pas connectés à notre essence profonde et à nos valeurs fondamentales. C'est ce que nous découvrirons ensemble dans ce livre. Nous aborderons le leadership authentique et le bonheur, mais nous débuterons d'abord avec l'importance des stratégies du bonheur et de la joie de vivre. De plus, nous verrons le rôle que jouent les émotions dans notre quotidien. Elles sont notre boussole qui nous guide à travers les expériences de la vie. Pour avoir du plaisir et de la joie dans la vie, nous devons vivre le plus possible des expériences optimales et satisfaisantes (théorie du Flow). Ce concept de la psychologie positive est l'une des stratégies du bonheur. Par la suite, nous examinerons les étapes clés du leadership authentique (personnel ou professionnel), ainsi que leurs différents axes de développement.

Pour continuer ce voyage, nous partirons à la découverte du Soi, notre essence profonde, afin de comprendre son importance. Par la suite, nous porterons un regard sur les aspects qui peuvent être des obstacles à l'expression de notre bonheur et de notre essence profonde. Nous continuerons notre parcours par un regard attentif envers soi pour élever notre présence consciente, notre niveau de vitalité et développer un regard amoureux. Nous arriverons ensuite au cœur de notre sujet qui est de créer une vision de soi et d'assumer son leadership authentique. Nous découvrirons que plus notre leadership devient véritable, plus il cherche à s'accomplir davantage. Il se réalise à travers une mission, des objectifs spécifiques pour exploiter son plein potentiel grâce à ses passions, ses talents et ses valeurs en donnant un sens à sa vie. Finalement, cette aventure nous mènera vers la quête ultime de vivre en harmonie avec notre mission de vie, en se laissant guider par notre essence profonde grâce à notre intuition.

Ce livre vous invite à devenir votre «propre coach» et à déterminer les étapes importantes pour votre développement. **Il couvre 15 thèmes de réflexion et 12 exercices pratiques.** Vous avez des espaces réservés pour noter les résultats de vos réflexions, en plus du journal de bord personnel intégré à la fin du livre. Vous pouvez suivre votre progression grâce aux deux tableaux de bord à la fin du livre identifiant où vous en êtes rendu. Il est fort possible que certains thèmes prennent plus de temps que d'autres, d'où l'importance de respecter votre propre rythme. Si un thème vous interpelle trop et que vous n'êtes pas prêt à le couvrir immédiatement, respectez-vous dans ce processus car vous pourrez y revenir ultérieurement. Pour une démarche efficace, je vous suggère de prendre du temps à cet effet chaque semaine. Déterminez une heure dans votre agenda pour les prochaines semaines durant le temps de la lecture de ce livre. **Conservez ce rendez-vous au même moment, semaine après semaine et réservez-vous ce temps pour partir à la découverte de vous-même !**

Bonne continuation, et surtout bonne route !

LES ROUTES DU BONHEUR ET DU LEADERSHIP SE CROISENT SUR LE CHEMIN DE L'AUTHENTICITÉ.

Chapitre 1
LE BONHEUR ET LE LEADERSHIP AUTHENTIQUE

LES STRATÉGIES DU BONHEUR

Le bonheur, c'est l'amour de la vie qui se ressent par un état d'être profond et durable. C'est un état de paix intérieur et de sérénité qui se traduit par la qualité de la présence à soi, aux autres et à l'instant présent. Selon des études, les personnes heureuses ont un but important qui donne un sens à leur vie. Il leur donne une direction à suivre et permet d'éprouver de la satisfaction et du plaisir. D'après les recherches effectuées sur le bonheur et le bien-être par la psychologie positive, **ce n'est pas les événements de votre vie qui vous rendent heureux, mais c'est plutôt votre attitude et réaction face à ceux-ci qui déterminent votre vrai bonheur. On dit souvent que votre *attitude* détermine votre *altitude* dans la vie !**

Selon la psychologie positive, votre aptitude au bonheur serait répartie comme suit :

- **50 %** est déterminée par votre génétique personnelle qui nous prédispose à être heureux.
- **10 %** est attribuée aux circonstances de vie (par exemple : la beauté, la richesse, l'âge, les antécédents familiaux, etc.).
- **40 %** est associée à la gestion de votre existence (celle-ci est déterminée par votre attitude, vos pensées, vos actions, vos buts et vos choix dans la vie).

En réalité, le bonheur est **le résultat de votre état d'esprit et de votre propre construction** par les nombreux choix que vous effectuez chaque jour. Il est intimement lié à l'investissement personnel fait dans votre vie. C'est l'aboutissement d'un processus qui se construit lentement au gré de vos expériences.

Comment pouvons-nous augmenter notre part de bonheur par la gestion de notre existence ? Douze stratégies du bonheur ont été identifiées dans un livre de Sonja Lyubomirsky qui s'intitule *Comme être heureux et le rester*. Elles font partie des recherches plus poussées sur leur efficacité et visent justement à augmenter le niveau de bonheur individuel. Voici une brève description de chacune[1] :

1. RESSENTIR ET EXPRIMER DE LA RECONNAISSANCE ET DE LA GRATITUDE : D'après les études, l'attitude face à la vie permet de vous sentir plus heureux et moins peureux. La gratitude implique que l'on apprécie, que l'on s'émerveille, que l'on prenne conscience de l'abondance dans notre vie. Appréciez régulièrement les bénédictions et les aspects positifs que la vie vous apporte. Au besoin, tenez un journal sur les bienfaits reçus.

2. DÉVELOPPER ET CULTIVER LE POSITIVISME : Les recherches montrent que cette attitude est déterminante sur votre niveau de bonheur et augmente votre vitalité. Prenez la vie du bon côté et concentrez-vous sur les aspects positifs des situations pour entrevoir l'avenir en toute confiance. Le positivisme est une source d'autosatisfaction et de motivation pour persévérer dans vos objectifs et aussi lors de difficultés.

3. NE PAS S'EN FAIRE ET SE COMPARER SOCIALEMENT : Évitez les tracas et l'anxiété créés par les comparaisons qui peuvent affecter votre estime de soi. Les gens heureux canalisent leur attention et énergie dans des activités pour se distraire. Ils évitent de ruminer et de trop penser inutilement. Ils sont heureux des succès des autres et expriment leur sollicitude lors d'échecs.

4. ÊTRE BIENVEILLANT ET GÉNÉREUX AVEC LES AUTRES : Les recherches soulignent qu'accomplir régulièrement des actes de générosité et de solidarité significatifs à l'égard des autres rend plus heureux. Ils permettent d'être relié aux autres et de ressentir de la gratitude face à notre vie. Être

attentionné, éprouver de la compassion ou développer une personnalité avenante, tout cela influe sur votre comportement et celui des autres.

5. AVOIR DE BONNES RELATIONS SOCIALES ET AFFECTIVES : D'après les recherches, les relations interpersonnelles rendent plus heureux puisque vous donnez et recevez de l'amour. Vous bénéficiez aussi d'un réseau de soutien important dans l'adversité. Il s'agit d'une stratégie puissante répondant à des besoins vitaux. Les gens les plus heureux cultivent beaucoup plus leurs relations avec les autres. Soyez heureux et utilisez votre intelligence émotionnelle pour entretenir vos relations avec les autres et en profiter pleinement.

6. DÉVELOPPER SA RÉSILIENCE ET CONCEVOIR DES STRATÉGIES D'ADAPTATION EFFICACES : C'est votre capacité à maîtriser des réactions émotionnelles tout en trouvant des solutions en fonction de la situation vécue. La capacité de gérer le stress et de s'adapter aux difficultés de la vie permet de donner des significations particulières aux événements. Cela influe sur votre perception de la vie et votre santé en général.

7. APPRENDRE ET UTILISER LE PARDON : Le pardon n'implique pas nécessairement la réconciliation avec l'autre, mais plutôt la réduction de la charge émotionnelle négative que l'on éprouve envers celui-ci (vouloir du bien plutôt que du mal). Il améliore le bien-être et la santé mentale. Les personnes qui utilisent plus facilement le pardon s'aident puisqu'elles se libèrent plus facilement des sentiments négatifs comme la rancœur ou la haine. Elles sont plus gaies, agréables et sereines.

8. AUGMENTER LE NOMBRE D'EXPÉRIENCES POSITIVES ET OPTIMALES AU QUOTIDIEN (« ÉTAT DE FLUX » OU « FLOW ») : Les personnes qui vivent des expériences optimales (qui ont du sens et procurent du plaisir) augmentent leur sentiment de bonheur. Vous êtes tellement absorbé et captivé durant une activité que vous en perdez la notion du temps, et vous utilisez aussi pleinement vos compétences. Menez une vie active, excitante et productive en vous engageant dans des activités idéales et significatives pour vous.

9. JOUIR ET PROFITER DES PLAISIRS DE LA VIE : C'est la possibilité de prendre du recul et d'apprécier toutes les petites et les grandes choses que la vie

offre, c'est-à-dire savourer les choses positives dans l'instant présent. Cette stratégie s'intègre aussi facilement avec les stratégies de l'état de flux et de la gratitude. On peut aussi anticiper les plaisirs futurs ou se remémorer les souvenirs passés. Réservez du temps pour profiter de ces moments car les bénéfices sont nombreux, comme par exemple la réduction du stress et de la dépression, l'augmentation de l'optimisme et du ressenti.

10. S'ENGAGER FACE À SES OBJECTIFS : L'engagement et l'action pris envers des objectifs déterminés et réalistes permettent de progresser. Vous obtenez un sentiment de satisfaction dans l'atteinte des résultats escomptés. Les personnes qui donnent un sens à leur vie semblent plus heureuses que celles qui n'ont pas de rêves ni de grandes aspirations. Si vous poursuivez un objectif d'envergure, alors morcelez-le en sous-objectifs et célébrez vos victoires au fur et à mesure. On bâtit le succès par le succès !

11. VIVRE ET PRATIQUER VOS CROYANCES PROFONDES : Les gens qui croient parviennent à donner un sens plus facilement à leur vie. Ils sont plus heureux et se remettent plus rapidement des revers de la vie. Le sentiment d'appartenance sociale et identitaire influence le niveau de bonheur. La foi engendre de nombreuses émotions positives associées au bien-être, comme par exemple l'amour, la gratitude, la joie, la compassion. Les croyants ont habituellement un régime de vie plus équilibré qui les aide à avoir une meilleure santé.

12. PRENDRE SOIN DE SOI-MÊME ET MÉDITER : Toutes les activités qui améliorent ou maintiennent le corps et l'esprit contribuent au sentiment positif sur votre humeur en général. Apprenez à vivre dans l'instant présent et à reconnaître l'importance de la respiration sur votre niveau d'énergie. Le fait de faire de la méditation et des exercices physiques chaque jour permet de bénéficier de bienfaits positifs multiples, et cela augmente le bien-être tout en diminuant l'angoisse et la dépression.

Être heureux ne signifie pas que vous éprouvez toujours des émotions euphoriques grâce à des plaisirs immédiats. Vous vous comportez plutôt comme une personne souriante, débordante d'énergie et d'enthousiasme qui crée en retour des rétroactions et des effets positifs. Habituellement, vous expérimentez le bonheur dans l'action ou la contemplation qui est ressenti grâce à des événements extérieurs ou des états intérieurs. **Le bonheur est le résultat de votre perception très subtile et de l'interprétation que vous en faites. Il réside dans l'évaluation d'un sentiment de bien-être et de satisfaction qui provient de votre vie en général. La plupart du temps, nous nous retrouvons dans des situations qui résultent de nos actions et de nos décisions. Par conséquent, c'est la façon dont nous vivons notre vie qui détermine si nous sommes heureux ou pas. D'où l'importance d'être authentique et cohérent face aux choix que vous faites pour être heureux.** Tout cela passe d'abord et avant tout par une bonne connaissance de vous-même, condition essentielle pour vivre des expériences optimales. Plus vous vivez en harmonie, plus vous pouvez retrouver ce type d'expériences. Également, cela implique de déterminer ce qui vous rend heureux en fonction des différentes sphères dans votre vie. Celles-ci représentent vos sphères d'activités nécessaires pour votre équilibre de vie, comme par exemple : la famille et les amis, le(la) conjoint(e) et le couple, le travail et la carrière, l'habitation et les finances personnelles, les loisirs, la santé et le bien-être, la spiritualité et le sens de la vie. **C'est à vous que revient la tâche de concocter votre propre recette en fonction des différents ingrédients qui vous sont essentiels. Vous êtes le maître de votre vie et de votre bonheur !**

> D'après les études sur le bonheur, vivre des expériences optimales améliore la qualité de votre vie. **Pour vivre ce phénomène au quotidien, rappelons qu'il est important de**[2] :
>
> - s'engager et se fixer des objectifs personnels ;
> - se connaître mieux par la découverte de ses valeurs, de ses talents, de ses passions ;
> - développer et avoir une aptitude positive en profitant de la vie ;
> - développer et vivre une harmonie qui donne un sens à la vie ;
> - développer et maintenir de bonnes relations sociales ;
> - mener une vie cohérente avec sa personnalité, ses valeurs, ses compétences et ses désirs.

Il est intéressant de constater que certains éléments sont également reliés à la recherche de l'authenticité, dont nous reparlons plus loin. La découverte du bonheur passe nécessairement par la découverte de soi et par le développement personnel accomplis au fil des années. Ils permettent d'avoir une vision plus éclairée de vous-même et d'affirmer ce que vous voulez vraiment.

> Il existe un besoin d'équilibre entre ce que vous voulez et ce que la vie apporte : « Le secret d'une vie heureuse consiste à s'efforcer de trouver un équilibre entre, d'une part, le fait de se contenter de ce qui existe et de refuser carrément que les choses changent et, d'autre part, le fait de poursuivre des objectifs parce qu'on éprouve un réel désir de changement[3]. » Il s'agit du fragile équilibre entre l'acceptation du lâcher prise et le désir de changement. Il implique d'accepter les choses qu'on ne peut pas changer tout en étant proactif face aux choses que l'on peut changer dans sa vie.

Un autre élément très important dans une démarche personnelle est la notion d'acceptation de soi et de s'aimer tel que l'on est. C'est le fondement d'une démarche psychologique, car c'est l'acceptation de soi qui permet de se réaliser pleinement. Naturellement, **c'est à partir du moment où vous utilisez votre plein potentiel que vous éprouvez le plus de satisfaction et que vous vous sentez entièrement heureux.**

> Pour augmenter votre indice de bonheur, vous devez avoir des critères spécifiques qui permettent de faire des choix judicieux. En principe, vos choix enrichissent votre existence et favorisent l'harmonie dans votre vie. Pour savoir s'ils sont judicieux, demandez-vous s'ils vous donnent de l'énergie ou vous en font perdre ?

Comment établir ces critères de choix ? Prenez le temps de vous poser les questions suivantes et notez vos principales constatations dans le tableau à cette fin :
- Quelles sont les stratégies de bonheur que j'utilise ?
- Quelles sont les activités qui me procurent un sentiment de joie et de satisfaction ? Notez les activités agréables pour vous.
- Quelles sont les sphères d'activités essentielles à mon bonheur ?
- Qu'est-ce qui contribue vraiment à mon bonheur ?
- Qu'est-ce que j'aime surtout ?

- Qu'est-ce qui est important pour moi ?
- Qu'est-ce qui me manque actuellement ?
- Quelles sont les émotions que je ressens en ce moment ?
- Quelles sont les valeurs qui guident ma vie ?
- Quels sont les talents et les compétences avec lesquels j'excelle ?
- Quelles sont mes sources d'aspirations profondes ?
- Qu'est-ce que je désire vraiment ?
- Quels sont les objectifs que je poursuis ?
- Qu'est-ce que je ressens face à cette décision ?

Réflexion et réponses aux questions :

● ● ●

LA JOIE DE VIVRE, LES ÉMOTIONS ET L'INTELLIGENCE ÉMOTIONNELLE

> « La joie est en tout : il faut savoir l'extraire. »
> — Confucius

> « N'oublions pas que les petites émotions sont les grands capitaines de nos vies et qu'à celles-là nous y obéissons sans le savoir. »
> — Vincent van Gogh

Qu'est-ce que la joie de l'être? Toute notre vie, nous cherchons ce qui mène au bonheur, cet état de conscience pleinement satisfaisant. C'est la quête ultime de tout être humain d'être heureux, mais ne s'agit-il pas d'abord et avant tout d'être vivant plutôt que d'exister? Que représente cette joie sinon le sentiment de liberté, d'aisance et de légèreté dans tout ce que vous faites. Pour représenter cette joie de vivre, la plus belle image est celle d'un enfant libre et insouciant face à la vie. Quand il est âgé de 4 ans, il rit habituellement 500 fois par jour comparativement à l'adulte qui rit en moyenne que 15 fois.

> Selon l'auteur Christophe André, les états d'âme qui correspondent au bonheur sont : l'allégresse, la légèreté, la confiance, la force, l'harmonie, la plénitude, la paix intérieure, la sérénité, les sentiments d'appartenance, de fraternité et tous les états d'âme associés aux liens sociaux[4].

Si la vie est perçue comme un combat ou un fardeau, c'est que la présence consciente n'est pas assez développée (nous en discuterons dans un chapitre ultérieur). En accordant une attention spéciale à ce que la vie vous offre dans l'instant présent, votre perspective est complètement métamorphosée. La raison en est fort simple, c'est que vous n'êtes plus dans le passé ou le futur. Une fois que le temps subjectif disparaît et que le mental n'est plus en état d'alerte, vous n'avez plus besoin d'être quelqu'un d'autre. Vous êtes simplement, et c'est cela la base de la joie d'être. Elle réside dans cette présence et cette disponibilité à soi. Vous ressentez alors une présence, un calme et une paix au plus profond de vous.

> Comme le mentionne la psychologue Jocelyne Bélanger dans son livre *Éloge de la joie de vivre* : « **La joie de vivre est d'abord et avant tout un phénomène intérieur, une qualité de contact avec soi-même, un état d'esprit.** La joie de vivre est un choix : vouloir ressentir le plaisir, la joie, le bonheur, la légèreté, la facilité, la créativité, « le paradis dans sa vie » et croire que la joie de vivre au quotidien est possible. Être habileté à la joie de vivre, c'est se reconnaître le droit d'être bien à tous les instants de sa vie et de « choisir » en conséquence ce qui nous fait plaisir, ce qui nous fait du bien, au lieu de subir notre vie en maugréant passivement[5]. »

La joie de vivre est d'abord un phénomène du cœur qui se reflète à travers les choix que nous faisons. Les personnes qui ont plus de facilité au bonheur sont proactives à ce sujet. Elles recherchent systématiquement des expériences satisfaisantes et gèrent les situations non désirables dans leur vie. Par conséquent, elles débordent de vitalité et d'énergie.

Avez-vous de la facilité à être heureux ? C'est une très grande question qui demande un peu d'humilité et d'introspection. En reprenant contact avec votre authenticité, vous êtes à la découverte du bonheur qui apprécie particulièrement le calme, l'harmonie, la joie et naturellement l'amour. L'essence profonde de l'être aime la quiétude et la paix, elle s'exprime dans les beautés simples de la vie. Cela ressemble plus à la joie de vivre. **Pour la retrouver, vous devez rentrer en contact avec elle, mais comment faire ?**

- On doit vouloir et croire au bonheur.
- On doit renouer contact avec son essence profonde.
- On doit s'engager face à sa vie et à soi-même.

Dans son livre, que je recommande pour mieux comprendre le sujet de la joie de vivre, l'auteure offre plein d'exercices pratiques reliés à six grands thèmes. Ceux-ci touchent : l'unicité de chaque trajectoire, l'éloge du moment présent, l'éloge du plaisir, le pep et la joie de vivre, la loi de l'attraction, la pensée magique et l'état d'esprit, ainsi que la découverte de sa créativité. En somme, elle offre une boîte à outils de psychologue.

Comme vous le voyez, la joie de vivre et l'essence profonde sont intimement liées. Regardons maintenant ce qui se passe au niveau de la connaissance de soi et des émotions. En réalité, la puissance des émotions est un guide ou un baromètre très précieux pour interpréter ce qui se passe dans votre vie. D'où l'importance d'apprendre à les reconnaître et à les ressentir.

> L'émotion vous met en contact direct avec votre réalité par son expérimentation immédiate. Elle se véhicule sous une forme d'énergie qui s'exprime dans votre corps. L'émotion vous met en mouvement, elle est une ressource primordiale.

Les émotions agissent un peu comme un « gardien » de vos besoins fondamentaux. Dès qu'un besoin est négligé, votre énergie émotionnelle envoie un signal. Plus les émotions sont refoulées précocement, plus vous subissez des dommages plus ou moins profonds dépendant de la gravité ; car lorsqu'une énergie émotionnelle bloque la guérison d'un traumatisme, une partie de votre conscience perd en capacité chaque fois que vous vivez une expérience similaire. Nous en reparlerons plus en détails dans le chapitre sur les blessures de l'enfance. Mentionnons que les émotions déterminent la base de vos pensées, de vos actes et de vos choix. D'après la théorie de Silvan Tomkins, un chercheur en psychologie qui a contribué à la compréhension du comportement humain, il mentionne que les six principaux motivateurs sont l'intérêt, le plaisir, l'étonnement, l'angoisse, la peur et la colère. Notons que nous retrouvons deux des huit émotions simples de base du modèle de Robert Plutchik, à savoir : la joie, la peur, le dégoût, la colère, la tristesse, la surprise, la confiance/l'acceptation et l'anticipation.

Si vous voulez vivre en harmonie avec vous-même, vous avez besoin de développer votre sensibilité émotionnelle envers vous et les autres. Elle aide votre perception sensorielle des événements. Mais avant de parler d'intelligence émotionnelle, regardons en quoi consiste l'amour et les émotions.

> Selon la psychologue Michelle Larivey : « L'amour est un mouvement affectif spontané vers un être qui nous procure une satisfaction immédiate. Cet attrait émotif peut s'adresser à un être vivant, un objet ou même une idée. […] L'amour n'est pas une émotion en soi, mais une expérience émotive complexe qui comprend plusieurs émotions. […] Parmi les émotions qu'il recouvre, citons la joie, l'attrait ou le désir, la tendresse, l'estime, l'attachement, etc. […] Un élément demeure toutefois constant dans les différentes expériences de l'amour : le bien-être ou le bonheur que nous procure l'être aimé[6]. »

Doit-on comprendre que nous tentons de trouver notre bien-être à travers l'amour de soi et des autres? C'est une grande question qui demande réflexion! Chose certaine, en vous découvrant, vous prenez conscience que la joie et le bien-être réels sont reliés à l'expression des qualités de l'être les plus fondamentales en vous. Dans un premier temps, vous apprenez à vous aimer tel que vous êtes, et ce, sans jugement. Puis, vous portez un regard bienveillant qui vous unit à votre essence profonde dans un sentiment d'amour et d'unicité. Vous créez cette intimité en vous montrant plus vulnérable. L'amour grandissant augmente votre rayonnement énergétique. Plus vous offrez votre beauté aux autres, plus vous vous sentez vivant et lumineux. Et plus vous rayonnez autour de vous, plus le sentiment de bien-être et d'amour se font sentir à votre contact. C'est un phénomène d'entraînement positif. C'est toute la bonté du cœur de la compassion et de l'amour inconditionnel qui vous servent de bougies d'allumage.

Quelle est l'importance réelle des émotions dans votre vie? Tel que mentionné, elles vous guident tant sur le plan psychique que physique. L'intensité de vos émotions est un baromètre interne qui vous indique l'importance de ce que vous vivez. Les émotions surviennent grâce à un contact quelconque ou par une seule pensée. Elles vous renseignent sur ce qui se passe en vous et autour de vous. Cependant, il existe une différence entre une émotion et un sentiment. Le sentiment s'accompagne lui aussi d'une expérience émotionnelle, mais ne crée pas de sensations corporelles fortes et multiples comme l'émotion. L'émotion est vécue de façon plus ponctuelle (exemple : colère, rage) tandis que le sentiment est durable. Tout cela confère un aspect plus envahissant et plus facilement identifiable pour les émotions.

....

Vous devez accepter vos émotions telles qu'elles sont puisqu'elles vous guident sur votre degré de satisfaction et de bonheur. Elles vous renseignent directement sur vos besoins et c'est particulièrement vrai quand vous êtes insatisfait (émotion négative).

....

En réalité, il n'y a pas de bonne ou de mauvaise émotion, elles sont tout simplement nécessaires et vitales. Toujours selon Michelle Larivey, il existe quatre types d'émotions, à savoir : une émotion simple et une émotion mixte, une contre-émotion et une pseudo-émotion, dont vous trouvez la description ci-dessous[7] :

Étape	Description
Simple	Est assez facile à deviner par la simplicité de sa forme et la facilité à être ressentie. Elle est habituellement positive (satisfaisante) ou négative (insatisfaisante). De bons exemples d'émotions simples sont la colère, le désir, l'ennui, la peur, le plaisir et la tristesse.
Mixte	Celle-ci inclut des émotions simples combinées à d'autres qui cachent ce que vous éprouvez vraiment. Contrairement à l'émotion simple, la mixte tente de vous désinformer (exemple : culpabilité). De bons exemples d'émotions mixtes sont l'amour, la culpabilité, la fierté, la honte, la rage et la jalousie.
Contre-émotion	Celle-ci s'apparente à la résistance émotionnelle qui provient d'un blocage. La majorité du temps, elle désigne un malaise résultant d'une émotion repoussée ou refoulée que vous tentez de minimiser. De bons exemples de contre-émotions sont l'anxiété, l'évanouissement, la fatigue, la gêne, la nervosité, la panique et le stress. En général, il s'agit d'un phénomène à dominance corporelle.
Pseudo-émotion	Elle regroupe des expériences qui n'ont que l'apparence des émotions. Vous pouvez les exprimer en disant « Je me sens comme ceci ou cela », mais en réalité elles reflètent davantage des états de fait ou des états d'âme, des images, des attitudes ou des évaluations. De bons exemples de pseudo-émotions sont la compassion, la déception, le découragement, l'embarras, la frustration et l'humiliation.

C'est en répondant aux questions : « Qu'est-ce que je ressens réellement ? Qu'est-ce qui me fait réagir ? » que vous pouvez mieux saisir votre état émotionnel sur ce que vous vivez. Cette information donne une meilleure compréhension de ce qui se passe en vous. Autre phénomène intéressant à constater est l'intensité à laquelle vous vivez l'émotion. Comme nous l'avons identifié, l'élément déclencheur d'une émotion est externe à nous ; par contre, notre façon d'y réagir se trouve à l'intérieur de nous. **Notre perception et nos idées générées par l'événement sont souvent la « source réelle » de nos émotions et non pas nécessairement l'événement lui-même. Il est très important d'en prendre conscience et de dissocier les deux. Cela permet de bien gérer nos émotions et nos réactions, car ce sont nos propres pensées qui en sont l'élément déclencheur.** Par conséquent, plus nous réagissons intensément à un événement, ou de façon excessive, plus cela éclaire nos comportements inconscients, particulièrement si le lien d'émotion est faible par rapport à l'événement. À ce moment-là, nous pouvons faire face aux anciennes blessures du passé qui ressurgissent (nous en reparlerons plus loin). Afin de les neutraliser, nous devons en prendre conscience pour en diminuer l'intensité. Une bonne façon de les démasquer, c'est de voir si vous réagissez trop fortement, violemment ou longtemps, et si cela vous affecte trop. Il faut évaluer le niveau d'intensité de l'émotion, à cet effet, vous pouvez utiliser une échelle de 1 à 10 (10 étant le plus élevé). Si votre réaction est inappropriée ou exagérée, alors arrêtez-vous pour y réfléchir. Voici une façon d'aborder la situation : identifiez d'abord l'émotion négative vécue surtout si elle est récurrente et remettez-là en question ; ensuite, examinez votre réaction et identifiez la pensée générée. Une fois que vous comprenez l'émotion négative et sa source, il vous est beaucoup plus facile par la suite de modifier vos pensées pour générer des émotions plus positives et réalistes. Puis, confrontez celles-ci en tentant de trouver des idées nouvelles en remplacement. Le conditionnement ou le nouveau réflexe développé aide à la gestion et à la maîtrise de soi — thème que nous verrons plus loin avec l'intelligence émotionnelle.

Le développement de l'expérience émotionnelle touche tous les aspects de notre personne, que ce soit au niveau physique, intellectuel, émotionnel, mental ou spirituel. Pour se développer émotionnellement et harmonieusement, on doit comprendre le processus des émotions qui se déploie en cinq grandes étapes. Une fois ces étapes terminées, votre corps redevient à nouveau disponible pour une nouvelle émotion. Regardons brièvement ce qui se passe à chacune de ces cinq étapes[8] :

Étape	Description
Apparition	L'émotion apparaît et elle peut être plus ou moins claire à travers les sensations.
Immersion	L'émotion est là et vous la ressentez. Cette phase peut engendrer de la résistance dépendant de l'émotion.
Déploiement	L'émotion se développe, car il y a acceptation de la ressentir, elle vous transporte là où elle est complètement déployée.
Prise de conscience	Une compréhension de l'expérience et de l'émotion se dégage durant cette phase.
Terminaison	Un sens particulier se forme, car vous terminez le processus par une action ou expression verbale qui correspond à ce que vous vivez.

Le cycle d'adaptation des émotions permet de comprendre le processus de votre ressenti. **Celui-ci aide à développer votre présence à vous-même et à votre guidance intérieure.** Vous découvrez ainsi votre essence profonde à travers ses expressions et son énergie vitale. Vous ressentez un bien-être. En comprenant ce cycle et le type d'émotions, vous êtes plus alerte face à votre baromètre intérieur pour interpréter les indications reçues. Il est évident que vous avez difficilement accès à votre essence profonde si vous vous restreignez dans l'expérience de votre ressenti. Vous devez donc expérimenter les différentes émotions et être en mesure de les comprendre et de les reconnaître. Pour cela, vous devez améliorer votre prise de conscience de soi et de vos émotions grâce à votre intelligence émotionnelle. C'est la pratique de la présence attentive des émotions ressenties à travers vos réactions et celles des autres. Vous les comprenez, les écoutez et les analysez sans jugement et ceci permet de vous ajuster adéquatement aux événements.

> La gestion des émotions exige une conscience et une maîtrise de soi. L'intelligence émotionnelle est cette boussole des émotions qui nous guide au niveau personnel et interpersonnel dans nos réactions, nos communications et nos interactions avec les autres. On pourrait dire qu'il s'agit de notre capacité à reconnaître nos propres sentiments et ceux des autres. Elle permet de se motiver et de s'autoréguler pour composer efficacement avec nos émotions et de mieux interagir dans nos relations avec les autres.

Les compétences personnelles reposent sur la conscience de soi, tandis que les compétences interpersonnelles reposent sur la conscience des autres. Elles permettent, entre autres, le développement d'une conscience augmentée qui exige un niveau d'empathie dans la compréhension de soi et des autres. Pour employer adéquatement son côté sensible, le développement des compétences personnelles et interpersonnelles s'avère grandement utile dans nos interactions avec les autres. De plus, toutes les recherches sur le bonheur identifient l'importance des relations dans notre vie, d'abord notre relation à soi, puis celles que nous entretenons avec les autres. Elles notent que la plus grande source de satisfaction et de bien-être provient des relations interpersonnelles saines. Ces relations humaines conditionnent l'humeur et l'esprit. Voilà une bonne raison qui justifie sa compréhension et son application. Voici une brève description des habiletés qui forment l'intelligence émotionnelle et qui regroupe les deux types de compétences. *(Il est à noter que vous trouverez plus loin dans le livre un exercice pour évaluer vos habiletés au besoin.)*

Compétences personnelles	
Conscience de soi	Être en contact et avoir conscience de ses sentiments, de son comportement et des perceptions d'autrui. Être à l'écoute et ressentir ses émotions.
Maîtrise de soi	Savoir gérer ses émotions, ses états d'âme et ses discours intérieurs en s'appuyant sur la conscience de soi. Être en mesure de maîtriser ses impulsions.
Auto-motivation	Déclencher et maintenir un comportement désiré vers l'atteinte d'un but satisfaisant.
Compétences interpersonnelles	
Conscience sociale	Reconnaître et comprendre ce que les autres ressentent. Les aider et les guider à s'aider eux-mêmes.
Gestion des relations humaines	Gérer les interactions interpersonnelles efficacement grâce à la conscience des émotions personnelles et de celles des autres.

> Ainsi, les gens qui ont une intelligence émotionnelle développée peuvent avoir une meilleure compréhension d'eux-mêmes et de leur environnement pour interpréter toute l'information émotionnelle qui leur parvient.

Parmi les composantes, la conscience de soi demeure la clé ou le fondement sur lequel s'appuient toutes les autres habiletés. Elle implique une bonne connaissance de soi. Plus la conscience de soi est élevée, plus il y a une facilité au niveau du ressenti, de l'intuition et de la sensibilité. Elle permet de reconnaître facilement les émotions et les états profonds qui y sont associés. Pour augmenter cette conscience de soi, on doit réfléchir et examiner ce qui se passe autour de soi. Par exemple : examiner ses propres perceptions et dialogues intérieurs ; être à l'écoute des perceptions et des sens sensoriels ; être à l'écoute des réponses et sentiments spontanés ; bien connaître le fondement des intentions et porter une attention particulière aux gestes ainsi qu'aux comportements. Pour élever notre conscience et notre présence au corps, nous pouvons nous poser les questions suivantes : **Qu'est-ce que je ressens vraiment? Quel est mon discours intérieur? Qu'est-ce que je** veux ? Que me disent mes différentes sensations ? Que dois-je faire ? En comprenant ce qui se passe en soi, nous sommes mieux placés pour gérer ou maîtriser nos émotions. Cela ne signifie pas qu'elles doivent être réprimées ou refoulées, mais plutôt reformulées à notre avantage. Si par exemple, vous ressentez de la colère, il est important d'en comprendre le fondement. Généralement, l'élément qui déclenche la colère est la pensée ou le discours intérieur qui survient lors de l'événement. Cette compréhension modifie votre perception de la situation pour adopter une stratégie ou un comportement plus approprié. Par conséquent, on doit prendre conscience de l'émotion émergente, engager un dialogue intérieur positif, porter une attention particulière aux changements physiques et surtout, prendre un temps de recul pour chercher une solution. Pour mieux gérer nos émotions, nous pouvons nous poser les questions suivantes : **Comment est-ce que je réagis ? Pourquoi je réagis de la sorte ? Comment je dois y faire face ?** En réalité, nous devons dissocier l'événement ou l'objet impliqué de notre réaction pour mieux comprendre le motif réel de celle-ci. L'important est de comprendre comment on réagit plutôt que de chercher pourquoi ou comment cela arrive. À la longue, on finit par se rendre compte que c'est notre pensée, à cet instant précis, qui provoque l'émotion et la réponse. Une bonne façon de maîtriser nos réactions est d'être à l'écoute de nos pensées automatiques, qui sont parfois des pensées irrationnelles ou des interprétations codées des expériences vécues. Elles sont ces paroles spontanées que l'on se dit à soi-même et qui déforment parfois la réalité. Elles sont associées à des croyances de base qui peuvent être limitatives ou non, dont nous reparlerons plus loin.

Une fois cette conscience augmentée, elle aide au développement de la conscience sociale qui est une autre des composantes de l'intelligence émotionnelle. **Plus l'être humain est développé émotionnellement, plus il est à même de s'entretenir avec son essence profonde grâce à son ressenti. De plus, il est capable de comprendre ce qui se passe chez les autres.** Ainsi, l'être humain porte un regard différent, où la compréhension et l'objectivité remplacent le jugement. Il sait fait preuve d'empathie à l'égard d'autrui. Par conséquent, il lui est plus facile d'atteindre cet état d'amour et de bien-être recherché par cette prise de conscience émotionnelle. Il a tout le détachement voulu pour agir comme observateur des événements, si important dans le développement de la présence à soi. Il utilise la présence attentive, car son esprit calme se concentre dans le moment présent. Tout naturellement, cette conscience sociale l'aide à gérer plus efficacement ses interactions avec les autres. Dans toute relation, il existe différents aspects à considérer pour qu'elle soit significative pour les deux parties, comme par exemple : la satisfaction des besoins réciproques, la nécessité de cultiver des rapports et d'avoir une certaine continuité, sans oublier le besoin d'échanger à différents niveaux. Pour développer une relation mutuellement profitable, il importe de bien comprendre les frontières de la relation, c'est-à-dire jusqu'où chacun peut aller. Idéalement, nous établissons les attentes respectives, examinons et vérifions les réactions et les perceptions mutuelles tout en déterminant les résultats attendus. Tout se fait de façon plus ou moins formelle tout dépendant de la relation[9].

> Les personnes qui sont dotées d'une intelligence émotionnelle supérieure à la moyenne réussissent mieux à faire face aux exigences, pressions et contraintes du quotidien. Elles savent mettre en œuvre toutes les solutions pour composer avec leur environnement. Cela leur permet une meilleure capacité d'adaptation, qui est une autre stratégie du bonheur.

Donc, nous avons vu l'importance des émotions dans notre vie. **On peut affirmer que l'intelligence émotionnelle correspond à l'intelligence du «cœur».** Il ne faut pas sous-estimer toute la puissance des émotions, qui représente un aspect important de votre force vitale en vous. En ressentant pleinement vos émotions, vous développez votre conscience, tout en vous évitant les blocages émotionnels qui peuvent avoir des conséquences néfastes sur votre corps. En acceptant et en utilisant de façon constructive vos émotions, ceci permet une circulation naturelle de l'énergie vitale. Voyons maintenant le concept du Flow relié à la psychologie positive, qui permet de vivre des expériences optimales qui sont satisfaisantes et heureuses.

• • •

VIVRE DES EXPÉRIENCES OPTIMALES (LE FLOW)
Une des stratégies du bonheur suggère de vivre plus d'expériences optimales et satisfaisantes. Si nous nous attardons à ce phénomène, il semble

être relié à l'expérimentation que nous vivons avec notre essence profonde. Cela est encore plus véridique si nous parvenons à un autre niveau de conscience tout en expérimentant la paix intérieure et l'ouverture aux autres. Voyons d'abord plus en détails le concept du Flow, qui a été élaboré par le psychologue américano-hongrois Mihaly Csikszentmihalyi, associé à la psychologie positive.

> La meilleure façon de vivre des expériences satisfaisantes, c'est d'expérimenter le plus souvent possible les choses que nous aimons vraiment et qui nous procurent le plus de plaisir.

L'état de flux (Flow) améliore votre qualité de vie puisqu'il vous procure une sensation de bien-être. En plus, il s'applique à tous les domaines de votre vie. Cette expérience optimale est associée à un sentiment de bonheur, de satisfaction et de joie intérieure que vous éprouvez lorsque vous faites une activité qui vous passionne et dans laquelle vous êtes totalement absorbé. C'est donc une idée intéressante d'examiner vos activités préférées, car en les évaluant en fonction du concept du bonheur, ceci vous renseigne sur votre niveau de satisfaction général de votre vie. Quand vous expérimentez l'état de flux (Flow), vous perdez la notion du temps, car vous êtes complètement plongé dans votre activité. Voici quelques-unes des caractéristiques qui décrivent bien ce type d'expérimentation[10] :

1. ACTIVITÉ PRÉCISE : Vous choisissez une activité que vous aimez et qui vous convient. Vous avez un objectif que vous voulez accomplir. Par exemple, peindre une aquarelle.

2. RÉTROACTION : Durant l'expérience, vous expérimentez une rétroaction immédiate qui permet de voir si vous êtes sur la bonne voie ou non. Par exemple, les couleurs et les images rendues.

3. ADÉQUATION DE LA TÂCHE : Durant l'expérience, vous vivez idéalement un juste équilibre entre le défi proposé et vos aptitudes/compétences. Par exemple, l'aquarelle demande une bonne maîtrise des couleurs et une rapidité d'exécution.

4. NIVEAU DE CONCENTRATION : Durant l'expérience, votre action et votre conscience se fusionnent. Votre niveau de concentration est à son maximum et l'expérience vous semble être facile. Par exemple, l'état de concentration du peintre pendant qu'il peint.

5. CONSCIENCE DE SOI : Durant l'expérience, toute votre attention est monopolisée vers l'action et aucune distraction n'intervient. Il existe une quiétude au niveau de la conscience.

6. SATISFACTION : Durant l'expérience, vous ressentez un sentiment de bonheur et de plénitude. Vous ne vous souciez plus de la protection de votre ego à cause de votre niveau de concentration. Par exemple, les bienfaits de peindre et de créer une aquarelle sans jugement.

7. NOTION DU TEMPS : Durant l'expérience, la notion de temps semble vague ou suspendue. L'événement peut sembler plus court ou plus long, d'où la notion de subjectivité du temps. Par exemple, peindre pendant deux heures et penser que cela ne fait que 30 minutes.

8. OBJECTIFS SIGNIFICATIFS : Durant l'expérience, l'activité que vous faites constitue un objectif en soi. Vous y prenez beaucoup de plaisir et cela favorise votre épanouissement ou accomplissement de soi. Par exemple, faire des activités enrichissantes (professionnelles, sportives ou artistiques) avec des objectifs précis.

9. MAÎTRISE DE SOI : Durant l'expérience, vous avez l'impression de maîtriser et de pouvoir agir selon vos désirs, et ce, même en situation difficile. Par exemple, le peintre maîtrise bien son pinceau et ses techniques pour obtenir l'image désirée.

Pour bénéficier de ce bonheur en action qu'est l'état du flux (Flow), il doit y avoir un juste équilibre entre les exigences/compétences requises et la maîtrise de l'activité. Par exemple, si les exigences sont trop élevées pour nos compétences, alors cela générera plus de stress que de plaisir. D'autre part, si les exigences sont peu élevées par rapport à nos compétences, cela risque de générer de l'ennui. D'où l'importance de bien cibler les activités et de les maîtriser pour en retirer tous les bienfaits. Un certain paradoxe peut apparaître, car plus nous maîtrisons nos compétences, plus l'état de flux diminue si l'activité n'est pas assez stimulante, d'où le besoin de développer continuellement de nouveaux défis.

Un des conseils permettant de vivre davantage d'expériences satisfaisantes est de revoir régulièrement les activités effectuées et de découvrir de nouvelles opportunités. Cela permet de voir ce qui vous convient et d'intégrer plus d'activités génératrices de plaisir dans votre vie. Elles ont une influence positive sur votre enthousiasme et votre énergie au quotidien. Si vous prenez conscience de ce qui est vraiment important pour vous (besoins, points forts) dans une activité, peut-être que votre découverte vous ouvrira d'autres perspectives. En vous appuyant sur vos constatations et vos sensations, vous rehausserez le niveau de qualité dans tous les autres aspects de votre vie.

• • •

> Une certaine réflexion s'impose sur vos activités préférées, prenez le temps de noter vos réponses aux questions suivantes :

- Quelles sont les activités où je retire le plus de satisfaction ? Pourquoi ?
- Quels sont les conditions ou paramètres associés ?
- Quels sont les besoins comblés par l'expérience ?
- Qu'est-ce que j'aimerais reproduire ? Pourquoi ?
- Comment puis-je transposer cette situation ailleurs dans mon existence ?
    - Où est-ce que j'aimerais le faire ?
- Quelles sont les actions à entreprendre pour le faire ?

Réflexion et réponses aux questions :
_____
_____
_____
_____
_____
_____
_____

En augmentant les émotions positives dans votre vie, vous vivrez mieux. Pour y arriver, vous devez en prendre conscience et maîtriser les émotions, les pensées et les perceptions sensorielles. Cette approche d'analyse relève principalement de la philosophie bouddhiste. Elle consiste à explorer vos émotions et vos vieilles habitudes tout en ayant une attitude calme et en regardant à l'intérieur de vous. Entre autres, la méditation aide à ouvrir l'esprit à l'instant présent. Pour augmenter votre niveau de conscience, le fait de mettre l'accent sur votre développement personnel aide à vous défaire de vos vieux schémas comportementaux. Nous reparlerons de certains éléments importants d'une démarche personnelle dans les prochains chapitres.

> La vie est loin d'être un parcours linéaire sans revers, et nous empruntons différentes routes tout dépendant des périodes et des choix de vie.

Pour se réaliser, plusieurs types de parcours sont possibles afin de découvrir la voie du bonheur. La bonne nouvelle, est qu'il n'est jamais trop tard pour changer de cap si vous n'êtes pas satisfait de votre vie actuelle. On prend conscience que **le chemin est la destination en elle-même**, comme le disait le sage hindou Sri Nisargadatta Maharaj : « Une fois que vous vous rendez compte que le chemin est le but et que vous êtes toujours sur le chemin, non pas pour atteindre un but mais pour apprécier sa beauté et sa sagesse, la vie cesse d'être une tâche et devient naturelle et simple, une extase en elle-même. » Par conséquent, le bonheur est le voyage et non la destination finale, et cette compréhension nous ramène directement à nous-mêmes et à notre attitude envers la vie. La psychologue Susan Krauss Whitbourne a effectué une étude sur le cheminement de vie de 200 personnes qu'elle a suivies pendant 40 ans. Sa description des principaux parcours est très représentative de la réalité, d'où l'intérêt de la partager[11] :

- PARCOURS SINUEUX : C'est le chemin de ceux qui n'ont pas d'objectifs particuliers et qui sont incapables de faire des choix. Ils ont un concept flou d'eux-mêmes.

- **PARCOURS LINÉAIRE ET ÉTROIT** : C'est le chemin des gens qui ont une vie prévisible, confortable et sécuritaire où peu de risques existent.

- **PARCOURS AVEC PENTES** : C'est le chemin emprunté par des personnes qui vivent des changements brusques à cause de mauvais choix ou de circonstances. Par la suite, cela génère un réflexe de prudence.

- **PARCOURS DU VAINQUEUR** : C'est le chemin de ceux qui semblent tout avoir dans la vie : une attitude positive et les bons choix. Ils savent relever des défis toujours plus importants.

- **PARCOURS AUTHENTIQUE** : C'est le même parcours que le vainqueur, sauf que les gens s'assurent d'être toujours dans la bonne direction. Puisqu'ils sont proches d'eux-mêmes, ils demeurent dans leur voie par les choix qu'ils font. C'est un chemin authentique qui correspond à ce que les gens veulent accomplir.

De ces cinq parcours, la voie authentique permet aux gens de vivre leur véritable identité et leur plein potentiel. De plus, ceci permet de vivre plus régulièrement des expériences optimales et de retirer plus de satisfaction. **En écrivant ce livre, j'ai compris à quel point ces deux notions du bonheur et du leadership authentique étaient intimement liées à cause de la recherche de la vérité de soi. Car pour devenir un leader authentique, vous devez d'abord et avant tout être le leader de votre propre vie! En exerçant ce leadership, vous êtes proactif et reconnaissez ce qui vous rend heureux. Vos choix reflètent qui vous êtes vraiment et vous permettent de vivre en harmonie avec vous-même. Vous possédez en vous de nombreuses potentialités qui n'attendent qu'à se révéler en de très belles réussites!** D'où l'idée de vous présenter des étapes et des axes de développement pour vous aider dans votre démarche tant personnelle que professionnelle.

• • •

VIVRE UN LEADERSHIP AUTHENTIQUE
Pourquoi vouloir parler de bonheur et de leadership? Quel est le parallèle avec le leadership conventionnel? Habituellement, vous exercez

votre leadership personnel et professionnel en fonction de qui vous êtes vraiment et de vos valeurs. Vous n'avez pas besoin d'avoir un groupe de personnes à gérer pour exercer votre leadership. Vous pouvez être une personne très inspirante et influente pour les autres grâce à votre leadership. Pour développer celui-ci, tout passe d'abord et avant tout par une bonne connaissance de soi. En plus, vous êtes proactif face à votre environnement, vous prenez des initiatives et suscitez les changements nécessaires. Vous assumez vos responsabilités personnelles et professionnelles face aux décisions prises. Vous améliorez aussi vos compétences et savez bien gérer vos émotions. Vous apprenez à vous motiver et à motiver les autres au besoin. En dernier lieu, on reconnaît le leadership d'une personne dans l'attitude contagieuse et de respect qu'elle propage autour d'elle. **Que signifie le leadership authentique ?**

....
*Vivre un leadership véritable, c'est être authentique.
C'est vivre en harmonie avec soi-même, et ce,
en fonction de ses convictions profondes.*
....

Exercer le leadership authentique de sa vie, c'est expérimenter un état profond de bien-être et de joie. C'est aussi avoir une vie cohérente et harmonieuse avec nos aspirations.

....
*« Ce n'est qu'à partir du moment où l'on est en contact
avec son vrai Soi qu'il est possible de devenir soi-même et
de se développer à partir de son essence véritable[12]. »*
....

Que fait un leader ? Il cherche à inspirer les autres à le suivre afin de changer certaines choses ou d'atteindre un but spécifique. Il est dans l'action et cherche à sa façon à influencer le statu quo. En réalité, le leader a besoin de « mobiliser les ressources nécessaires » afin d'atteindre le résultat escompté. Il est compétent et agit de façon responsable, tout en étant digne de confiance et crédible aux yeux des autres. En dernier lieu, le leader fait preuve d'un certain courage en prenant des risques face aux situations. Il n'hésite pas à sortir de sa zone de confort pour faire face aux défis rencontrés. Il mène à terme une vision, une mission vers un but spécifique qu'il entrevoit. Toutes ses valeurs et ses principes se reflètent dans ses comportements. Voilà une définition générale qui peut s'appliquer à votre vie. **Tous les rôles que vous exercez permettent d'affirmer votre leadership, alors pourquoi ne pas l'exercer ?** Il faut simplement avoir la foi que vous pouvez changer, créer ou améliorer les choses. Donc, vous pouvez réaliser votre propre transformation vers votre mieux être, vers le bonheur recherché. En vous façonnant, vous transformez votre vie, mais aussi le monde autour de vous. Pour exercer votre leadership, vous reconnaissez votre mission personnelle, vos objectifs de vie et vos valeurs fondamentales pour permettre une maîtrise de soi. Par la suite, vous vous engagez pleinement dans une démarche génératrice de plaisir et de satisfaction. L'important est d'avoir des succès qui vous permettent de bâtir et de créer une dynamique intéressante dans votre vie, bâtir un momentum ! Quoi de mieux pour y arriver que de déterminer ses stratégies de développement et d'élaborer un plan d'action spécifique. Le fait de mettre en place vos stratégies confère un aspect structurant à votre vie. Alors, pourquoi ne pas considérer ce genre de démarche si elle permet d'obtenir des résultats concrets et supérieurs ?

> Pour atteindre la joie de vivre, la psychologue Jocelyne Bélanger mentionne que les personnes doivent avoir les habiletés suivantes[13] :
>
> - Elles découvrent et reconnaissent ce qui les rend heureuses.
> - Elles recherchent la joie et le bien-être.
> - Elles gèrent les situations d'inconfort.

En d'autres termes, vous êtes proactif et reconnaissez ce qui vous rend vraiment, mais vraiment heureux. Par la suite, vous avez le courage d'effectuer les changements nécessaires pour les mettre en place dans votre vie. On ne peut pas être récompensé si on ne prend pas les risques associés. Par conséquent, vous mobilisez les ressources nécessaires pour arriver à vos fins. En vous réalignant avec vos valeurs, vos aspirations profondes et votre mission, vous adoptez une conduite qui vous guide vers un bonheur durable et une plus grande cohérence de vie. Ensuite, vous vous donnez les moyens de les mettre en pratique.

> Vous reconnaissez aussi comment vous voulez vivre et répartir votre temps selon les différentes sphères d'activités. Celles-ci représentent vos points d'attaches nécessaires pour votre équilibre de vie, comme par exemple :
>
> - la famille et les amis,
> - le(la) conjoint(e) et le couple,
> - le travail et la carrière,
> - l'habitation et les finances personnelles,
> - les loisirs,
> - la santé et le bien-être,
> - la spiritualité et le sens de la vie.

Pour vivre un leadership authentique, vos comportements correspondent réellement à vos convictions et vos aspirations. Par le fait même, vous vivez un rapport sincère avec vous-même et avec les autres. **Tout cet alignement dégage une vitalité et un enthousiasme débordant grâce à la satisfaction éprouvée dans votre vie.** Naturellement, le point de départ pour accomplir tout cela, est d'avoir une bonne connaissance de vous-même.

• • •

LES ÉTAPES DU LEADERSHIP AUTHENTIQUE ET DU BONHEUR

> « Faites de votre propre reconquête la première priorité de votre vie. »
> — Robin Norwood

L'objectif préliminaire de ce livre était d'établir un processus clair pour le développement du leadership authentique afin d'aider mes clients et clientes dans leur cheminement personnel et professionnel. Pour obtenir des performances supérieures dans notre vie professionnelle, il importe de parfaire notre « leader interne ». Cependant, on ne peut dissocier le leadership personnel du professionnel. Plus les gens se sentent bien et heureux à l'intérieur d'eux-mêmes, plus cela se reflète dans leur énergie, leurs résultats professionnels et leur vie en général. Il faut d'abord être un leader pour soi-même si l'on désire exercer un leadership externe. Parfaire son leader interne signifie que nous développons notre conscience en étant en relation profonde avec soi et avec son plein potentiel. En somme, on se reconnecte à sa vraie nature. En faisant preuve de leadership et en utilisant notre plein potentiel, on contribue à notre façon au monde qui nous entoure et on s'accomplit en tant qu'être humain. En réalité, cette forme d'autoleadership requiert que l'on travaille nos quatre dimensions de l'être : le cœur, le corps, le mental/intellectuel et le spirituel. Un sain équilibre des dimensions de soi aide à affronter tous les événements de la vie. Par conséquent, en écrivant ce livre, j'ai vite pris conscience que les étapes de développement proposées nous mènent tout droit au bonheur et au mieux-être. Tout cela parce que l'authenticité sert de guide ultime dans le rapport véridique à soi. Les objectifs ultimes d'être heureux et d'atteindre l'excellence par l'accomplissement de soi se retrouvent au niveau personnel et professionnel. Ces objectifs sont atteignables grâce à ce qui sommeille en nous!

> En réalité, l'authenticité est une sorte de congruence entre ce que l'on pense et ce que l'on expérimente intérieurement. Celle-ci puise sa profondeur dans le cœur, dans l'essence profonde. Elle vous permet d'avoir des rapports sincères, car vous êtes respectueux de vos valeurs et de vos principes.

Plus vous vous connaissez, plus vous êtes ancré dans vos valeurs profondes et plus il est facile d'adopter des comportements et de prendre des décisions. Tout cela vous procure aisance, facilité et cohérence en vous simplifiant la vie.

Mais pourquoi la poursuite du leadership authentique et du bonheur engendre-t-elle une démarche similaire ? La réponse se trouve dans la nécessité de se connecter à son essence profonde, à ses « tripes » ou au « Soi », qui se retrouve dans le prochain chapitre. Au besoin, vous devrez faire une réflexion personnelle pour mieux reconnaître certains de vos comportements. De plus, vous travaillez certains éléments spécifiques liés aux émotions pour vous reconnecter avec votre être. Pour être une personne « ancrée », vous devez être en mesure de ressentir vos émotions et d'utiliser votre intelligence émotionnelle. Vous captez ainsi les signaux émotionnels reçus dans les différentes situations.

Toute cette pleine conscience permet d'accéder à votre intuition, votre guidance intérieure et votre plein potentiel. L'intuition est cette petite voix qui vous communique un « savoir instantané » face aux événements vécus. De plus, cette présence consciente vous permet l'ouverture des qualités du cœur pour apprécier la joie et la quiétude de la vie dans l'instant présent. Une fois que vous ressentez de la satisfaction au niveau du cœur, le besoin de se sentir apprécié au niveau de l'estime de soi apparaît. Une meilleure compréhension et affirmation de vous-même vous guident dans l'expression de vos passions, de vos talents, de vos valeurs dans votre vie. En cherchant à vous accomplir et à vous réaliser davantage, vous amorcez ainsi une quête de sens sur ce que votre mission de vie peut apporter. Vivre sa mission de vie c'est la quête ultime dont toute personne rêve d'accomplir. Cette authenticité et cet accomplissement de soi contribuent à une vie des plus harmonieuses et heureuses.

Dans les prochains tableaux, vous trouverez les différentes étapes du développement associées au leadership authentique « personnel/professionnel » et au bonheur. Les quatre grandes étapes exigent des développements ou des prises de conscience par rapport aux différentes formes d'intelligence (approche holistique CCMS). Les axes de développement proposés dans les différents chapitres de ce livre, vous aideront à déterminer s'ils ont une incidence ou non dans votre vie. Pour aider votre réflexion, certains questionnements ou exercices pratiques approfondissent les sujets. Voici les quatre étapes progressives dont nous reparlerons en détails dans les prochains chapitres :

- Vouloir être soi-même pour conscientiser ses comportements et devenir authentique.
- Être attentif envers soi-même par le développement de la présence à soi et avoir une bonne hygiène de vie.
- Créer sa vision de soi et une vie enrichissante en exerçant son leadership authentique.
- Vouloir vivre en harmonie et exercer un leadership authentique.

Vous remarquerez dans les tableaux que les différentes étapes de l'approche holistique (CCMS) correspondent à des capacités ou des formes d'intelligence reliées au c̲œur/émotionnelle au c̲orps/physique, au m̲ental/intellectuelle et au s̲pirituel/globale. Elles s'associent aux éléments fondamentaux de notre être qui sont le cœur, le corps, le mental et le spirituel.

Elles permettent aux individus de comprendre, de s'ajuster et de réagir à des situations particulières. Voici brièvement une description de chacune de ces capacités :

- La première, « cœur/émotionnelle », passe par la connaissance de soi, la conscience de soi, la conscience sociale, l'empathie et l'aptitude à communiquer avec les autres. Elle rejoint les émotions, le cœur et les comportements de l'être humain.
- La deuxième, « corps/physique », passe par l'observation constante qu'effectue notre corps de son environnement. Il gère tous nos systèmes nerveux, respiratoires, circulatoires et centraux qui émettent plusieurs signaux.
- La troisième, « mental/intellectuelle », passe par la capacité à analyser, à comprendre, à raisonner, à penser de manière abstraite et à résoudre efficacement des problèmes. Elle est associée aux facultés mentales et cognitives de l'individu.
- La quatrième, « spirituel/globale », passe par notre quête de sens et de connexion avec l'infini. Elle joue un rôle central qui sert habituellement de guide aux trois autres formes d'intelligence.

Toute démarche de développement implique l'interaction de ces quatre formes d'intelligence ou de capacités à un différent niveau. Chacune fournit des informations riches de sens pour notre progression, dépendant du but de la démarche.

Maintenant, vous trouvez dans les tableaux ci-joints, les différents axes de développement ou prises de conscience qui sont reliés aux étapes et aux formes d'intelligence. **Ils sont des points de repère pour que vous puissiez vous reconnecter à vous-même.** Afin de se connecter à son essence profonde, l'interaction simultanée et harmonieuse de ces quatre formes d'intelligence est primordiale. Leur degré d'utilisation affecte la qualité et la capacité d'interagir adéquatement avec le Soi. Dans ce livre, nous parlerons de chacun de ces axes pour éclaircir la compréhension. Rappelons que l'objectif de ce livre est d'offrir un condensé sur ces sujets qui sont vastes et élaborés. Ce guide a été conçu pour identifier vos besoins, puis approfondir et poursuivre votre démarche, s'il y a lieu, grâce à des références plus spécifiques en la matière. Voici le tableau qui résume les différentes étapes et axes de développement associé au leadership personnel :

ÉTAPES DU LEADERSHIP AUTHENTIQUE ET DU BONHEUR

LEADERSHIP PERSONNEL

ÉTAPES	APPROCHE HOLISTIQUE (CCMS)	AXES POSSIBLES DE DÉVELOPPEMENT (OU PRISES DE CONSCIENCE)
Vouloir être soi-même : un regard introspectif. • Se connaître et se découvrir. • Prendre conscience de soi et de ses comportements. • Redécouvrir le vrai Soi, l'essence véritable. • Ressentir ses émotions. • Reconnaître ses compétences essentielles. • Se reconnecter avec son essence profonde.	**C**œur/ Émotionnelle	• Reconnaître la puissance de ses émotions et sentiments. • Développer et maintenir une bonne estime de soi. • **Comprendre et/ou guérir ses blessures de l'enfance.** • Découvrir et modifier ses croyances limitatives ou restrictives. • **Conscientiser ses schémas comportementaux répétitifs.** • **Conscientiser ses sous-personnalités et projections (ombre).** • Reconnaître ses compétences essentielles (intelligence émotionnelle).
Être attentif envers soi-même : vouloir reconnaître les signaux du corps et en prendre soin.	**C**orps/ Physique	• Développer la présence à soi. • Développer et maintenir une bonne hygiène de vie. • Maintenir et augmenter sa vitalité énergétique.
Créer une vision de soi : vouloir vivre une vie enrichissante grâce à un leadership authentique. • Se connaître et se découvrir. • Découvrir ce qui nous rend heureux. • Découvrir, explorer et trouver un sens à sa vie : s'accomplir et vouloir vivre sa mission. • Questionner et assumer son leadership authentique. • Se développer et se transformer. • S'engager et se mettre en action. • Vivre des expériences satisfaisantes.	**M**ental/ Intellectuelle	• **Apprendre le lâcher-prise et l'acceptation (ouverture et souplesse).** • Questionner les fondements de son leadership authentique. • Trouver, déterminer ou reconnaître sa mission, ses passions, ses talents, ses valeurs et ses objectifs de vie. • Découvrir et développer ses compétences essentielles. • Trouver l'adéquation de ses talents et expériences optimales (FLOW). • Valider si les principes sont alignés avec les valeurs. • Déterminer un plan d'action ou processus de transformation pour réussir sa vie. • Oser et avoir le courage de se transformer.

LEADERSHIP PERSONNEL

Étapes	Approche holistique (CCMS)	Axes possibles de développement (ou prises de conscience)
Se laisser guider par son essence profonde : vouloir vivre en harmonie et de façon authentique avec soi-même. • Vivre en accord avec ses valeurs et principes. • Oser écouter son cœur et ses intuitions. • Vivre des expériences optimales (FLOW). • Exercer son leadership authentique.	Spirituel/ Globale	• Oser écouter la sagesse et l'intelligence du cœur. • Oser écouter et suivre son intuition, sa guidance intérieure. • Exercer sa mission, ses passions, ses talents, ses valeurs et ses objectifs de vie. • Vivre en harmonie et en synchronisme avec la vie.

Dans son livre *Le leader sans titre*, Robin Sharma traite des principes essentiels dans l'exercice du leadership personnel. Ces principes, bien qu'ils soient à un premier degré seulement, rejoignent un peu l'approche proposée dans ce livre en identifiant les choses à faire au quotidien, comme par exemple[14] :

1. Apprendre de nouvelles choses ;
2. Travailler les croyances limitatives par des affirmations positives ;
3. Visualiser les objectifs et les résultats désirés ;
4. Écrire un journal pour se connecter à soi-même ;
5. Se fixer des objectifs et des buts à atteindre ;
6. Garder la forme physique en bougeant au quotidien ;
7. Se nourrir adéquatement pour maintenir son niveau d'énergie.

Comme vous le remarquerez, la plupart de ces principes sont intégrés dans les différentes dimensions que nous allons explorer, à l'exception de l'apprentissage. En réalité, les gens qui se soucient de leur développement aiment apprendre de nouvelles choses, donc ce principe est implicite ici. La démarche de ce livre touche un deuxième degré qui va plus en profondeur dans les sujets proposés, car ils traitent directement du développement du bonheur et du plein potentiel grâce à l'authenticité.

Regardons maintenant le côté professionnel. Bien que nous fassions une réflexion lorsque nous désirons exercer un leadership authentique au niveau professionnel, il est important de souligner que certains axes de développement sont un peu différents. Voici un tableau qui est mieux adapté au leadership authentique professionnel :

LEADERSHIP PROFESSIONNEL

Étapes	Approche holistique (CCMS)	Axes possibles de développement (ou prises de conscience)
Vouloir être soi-même : un regard introspectif. • Se connaître et se découvrir. • Prendre conscience de soi et de ses comportements. • Ressentir ses émotions. • Reconnaître ses compétences essentielles. • Se reconnecter avec son essence profonde.	**Cœur/ Émotionnelle**	• Reconnaître la puissance de ses émotions et sentiments. • Développer et maintenir une bonne estime de soi. • Découvrir et modifier ses croyances limitatives ou restrictives. • Reconnaître ses compétences essentielles (intelligence émotionnelle et communication).
Être attentif envers soi-même : vouloir reconnaître les signaux du corps (ses besoins fondamentaux) et en prendre soin. • Prendre conscience de son équilibre de vie. • Prendre conscience de son niveau d'énergie.	**Corps/ Physique**	• Développer la présence à soi. • Développer et maintenir une hygiène de vie (gestion du stress). • **Reconnaître ses besoins fondamentaux et l'importance de ses sphères d'activités.** • Maintenir et augmenter sa vitalité énergétique.
Créer une vision de soi : vouloir vivre une vie professionnelle enrichissante grâce à son leadership authentique. • Se connaître et se découvrir. • Découvrir ce qui nous rend heureux. • Découvrir, explorer et trouver un sens à sa vie : s'accomplir et vouloir vivre sa mission. • Questionner et assumer son leadership authentique. • Se développer et se transformer. • S'engager et se mettre en action. • Vivre des expériences satisfaisantes.	**Mental/ Intellectuelle**	• Questionner les fondements de son leadership authentique. • Trouver, déterminer ou reconnaître sa mission, ses passions, ses talents, ses valeurs et objectifs de vie. • Découvrir et développer ses compétences essentielles. • Trouver l'adéquation de ses talents et expériences optimales (FLOW). • Valider si les principes sont alignés avec les valeurs. • Déterminer un plan d'action ou processus de transformation pour réussir sa vie professionnelle. • Oser et avoir le courage de se transformer.
Se laisser guider par son essence profonde : vouloir vivre en harmonie et de façon authentique avec soi-même. • Vivre en accord avec ses valeurs et principes. • Oser écouter son cœur et ses intuitions. • Vivre des expériences optimales (FLOW). • Exercer son leadership authentique.	**Spirituel/ Globale**	• Oser écouter la sagesse et l'intelligence du cœur. • Oser écouter et suivre son intuition, sa guidance intérieure. • Exercer sa mission, ses passions, ses talents, ses valeurs et objectifs de vie. • Vivre en harmonie et en synchronisme avec la vie.

Comme vous pouvez le constater en comparant les deux tableaux, certains axes de développement diffèrent un peu et ont été identifiés en caractères gras pour que vous puissiez les repérer. Certains axes associés au « leadership personnel » ont été retirés du tableau du « leadership professionnel », car ils demandent une introspection à un niveau plus personnel. Cela ne signifie pas pour autant qu'un travail ne doit pas être fait à cet égard, bien au contraire. Il est essentiel de bien se connaître et de prendre conscience de ses différents comportements, qu'ils soient personnels ou professionnels, puisqu'ils sont intimement liés. En coaching professionnel, il est intéressant de constater que l'on ne peut pas dissocier les deux, même si parfois on travaille que sur le développement des compétences professionnelles. Vous comprendrez que c'est tout à fait normal, car nous ne pouvons pas faire abstraction du caractère plus intimiste de la personne qui fait partie d'un tout cohérent en tant qu'être humain.

....

> En comparant les deux tableaux, on se rend compte qu'il existe énormément de similitudes entre eux. La raison est fort simple, vous devez d'abord apprendre à bien vous connaître et avoir fait un travail d'introspection personnel. De plus, le leadership professionnel repose sur l'affirmation du leadership personnel si vous voulez qu'il soit vraiment authentique.

....

L'objectif pour vivre une vie heureuse est de pouvoir vivre le plus possible des expériences optimales et satisfaisantes au quotidien. Il faut donc dans un premier temps se questionner sur les fondements de notre leadership authentique dans notre vie. Cela signifie qu'il faut évaluer son niveau de satisfaction dans les différentes sphères de sa vie et déterminer ce qui est important. Comme nous le verrons plus loin, les sphères d'activités représentent la famille et les amis, le(la) conjoint(e) et le couple, le travail et la carrière, l'habitation et les finances personnelles, les loisirs, la santé et le bien-être, la spiritualité et le sens de la vie. Elles représentent tout ce qui nous permet de garder un bon équilibre et de bien répartir notre temps en fonction de nos priorités établies. Cela nous permet de développer une bonne hygiène de vie et de maintenir, voire d'augmenter, sa vitalité énergétique au quotidien. L'évaluation de ses besoins fondamentaux demeure importante dans le questionnement, surtout professionnel, car il nous rappelle que nous sommes un tout cohérent et que nous devons le prendre en considération.

Un aspect très important pour les deux types de leadership est de reconnaître sa mission, ses passions, ses talents, ses valeurs et ses objectifs pour avoir une vie pleinement satisfaisante. La mission sert de gouvernail dans sa vie, c'est elle qui oriente l'endroit où nous voulons aller. Pour la découvrir, il faut faire un travail de compréhension par rapport à ses passions, ses aspirations, ses talents, ses valeurs et ses objectifs de vie. Cet exercice permet de déterminer une meilleure adéquation entre ses talents, ses valeurs, ses compétences et la possibilité de vivre plus d'expériences optimales (Flow). Si les valeurs sont bien alignées, cela permet d'exercer un leadership authentique et de vivre une plus grande cohérence dans l'action. Du côté professionnel, il est évident que vous devez vous ajuster à une réalité et une culture corporatives où certaines valeurs et comportements associés peuvent différer. Vous pouvez très bien exercer un leadership authentique dans un environnement qui ne correspond pas tout à fait à vos valeurs. L'important, ici, est de ne pas transgresser vos valeurs fondamentales, car cela affecterait votre intégrité et votre bien-être. De plus, on doit comprendre que certaines valeurs possèdent un certain seuil de tolérance ou de souplesse qui permet de vous ajuster à votre environnement. D'où l'importance de bien connaître ces limites et de valider leur impact dans votre situation professionnelle.

À présent que nous avons vu les bases de réflexion du contenu de ce livre, nous verrons plus en détails les informations pertinentes liées aux différentes étapes et axes de développement. Dans un premier temps, nous verrons ce que signifie notre essence profonde. Par la suite, nous poserons un regard introspectif et attentif sur soi-même. Nous enchaînerons avec la création d'une vision de soi pour vivre une vie enrichissante et assumer son leadership authentique. Nous terminerons par la volonté de vouloir vivre en harmonie et de façon authentique. Nous discuterons ensuite de l'importance d'oser écouter la sagesse du cœur et de suivre notre intuition. Dans les chapitres ultérieurs, plusieurs exercices pratiques et de réflexion seront proposés pour vous servir de guide dans votre démarche d'auto-coaching. Ils vous serviront de base dans votre programme de développement et de transformation à mettre en place au besoin.

Chapitre 2
À LA DÉCOUVERTE DE NOTRE ESSENCE PROFONDE

....

«Qui suis-je? D'où vins-je? Où vais-je? Ce ne sont pas des questions qui appellent une réponse mais des questions qui ouvrent notre esprit à de nouvelles questions, lesquelles nous font entrer plus profondément dans l'indicible mystère de l'existence.»
— Henri Nouwen

....

Dans la recherche du bonheur et de l'authenticité, il est primordial d'entrer en contact avec son être intérieur, avec cet endroit en nous-mêmes où nous nous sentons vraiment vivants. Plus notre lien est fort avec notre essence, plus celle-ci nous sert de guide ou nous renseigne continuellement dans notre vie de tous les jours. Certains utilisent l'essence profonde comme guide dans leur vie pour orienter leurs choix et être authentiques envers eux-mêmes. Quand nous sommes en juste équilibre avec notre essence profonde, alors notre lien se ressent grâce à une pulsion de vie, à un sentiment de vitalité, d'enthousiasme ou de joie de vivre. Impossible de se tromper, on reconnait immédiatement ce juste équilibre dans notre être entier. Pour imager ce concept, disons qu'il correspond à ce que vous ressentez de plus profond en vous dans votre «cœur» ou dans vos «tripes».

L'hypothèse de base de ce livre est que le premier ingrédient essentiel au bonheur se trouve dans notre relation avec nous-mêmes. Par conséquent, notre essence profonde joue un rôle fondamental dans cette quête du bonheur. Comme condition essentielle, nous devons être ouverts et réceptifs à établir ce lien. De plus, nous devons le maintenir grâce à notre présence attentive.

....

« Tout homme veut être heureux ; mais pour parvenir à l'être,
il faudrait commencer par savoir ce qu'est le bonheur. »
— Jacques Rousseau

« Le bonheur véritable est dans le fond de l'âme. »
— Louis-Claude Chéron de la Bruyère

....

NOTIONS DE BASE SUR LE SOI

Quand nous parlons du leadership du Soi, dans ce livre, il s'appuie sur la quête ultime de sens reliée au besoin de l'accomplissement de l'être. Pour assumer notre leadership véritable, nous devons développer notre conscience et notre compétence globale. Expliquons brièvement plusieurs notions associées, soit à la psychologie ou à la spiritualité, pour mieux comprendre l'essence profonde ou le Soi. Deux notions qui sont utilisées comme synonymes dans ce livre. En psychologie, l'Ego correspond au « Je », le centre de la conscience qui confère notre identité. Il est la partie consciente qui s'associe à l'affirmation de soi. On appelle l'Ego aussi le « Moi ». Nous en discuterons plus en détails dans le chapitre sur le réalignement de l'ego.

Dans ses hypothèses, le psychologue Carl G. Jung définissait le « Soi » comme étant le centre unificateur entre le conscient et l'inconscient qui influence le Moi. Il voyait l'importance de la largesse de l'inconscient dans nos vies et le besoin de communion avec ce qui nous entoure. Pour lui, devenir soi-même exigeait que nous abandonnions certaines prérogatives pour se sentir en union avec la vie et son Soi créateur (nature profonde). Le Soi est avant tout une sensation d'amour, de paix et de liberté pour se sentir pleinement soi-même afin de s'unir à tout ce qui existe. Le Soi est l'essence profonde de l'être où on se sent en paix avec soi-même, il est notre oasis intérieure.

Plusieurs caractéristiques sont associées au Soi qui permettent de mieux le définir. Dans un premier temps, nous pouvons dire qu'il est l'ADN qui programme l'ensemble d'une personne. Le Soi développe et gère les dimensions humaines corporelles, mentales et spirituelles. Carl G. Jung le définissait plutôt comme l'aspect de la psyché consciente et inconsciente. En deuxième lieu, le Soi est un principe organisateur central qui règle l'évolution du moi conscient. On lui reconnaît une dimension plus vaste et plus importante que le côté conscient. En troisième lieu, on considère le Soi comme étant intemporel, c'est-à-dire qu'il n'a pas d'âge, car il est un éternel présent. En quatrième lieu, le Soi permet cette concordance qu'est la synchronicité entre le monde intérieur et extérieur. En cinquième lieu, il est androgyne : il n'est ni homme ni femme, à l'instar de Dieu. En sixième lieu, le Soi harmonise toute la personne, il rétablit l'équilibre entre les fragments de l'être, lorsque nécessaire. En terminant, mentionnons que le Soi représente d'une part, l'être véritable et de l'autre, il est le lien avec l'univers, cet inconscient collectif[1].

Mais si nous parlons de l'essence de l'être, comment alors distinguer le Soi de l'âme ? Nous savons que l'âme est le côté spirituel de l'être considéré comme étant immortel. Elle est parfois insaisissable et difficile à définir avec exactitude à cause de son caractère indépendant de la matière. On relie la notion de l'âme à la spiritualité qui s'exprime par un ensemble de croyances différentes. Elle peut se rattacher à une religion pour identifier la relation avec un être supérieur (Dieu). Elle peut aussi se rattacher à l'intériorité et l'extériorité (Esprit et corps) qui correspond davantage à la philosophie. L'âme peut également désigner la quête continuelle de sens que vous vivez dans votre vie. Selon la psychologie, le Soi est le principe organisateur d'une personne dont son centre est l'âme. C'est en 1930 que le psychologue Carl G. Jung a découvert que l'inconscient collectif était centré sur l'instance du Soi. Pour le décrire, il a proposé plusieurs définitions : « le Soi est l'archétype royal de toute personne ; le Soi est la totalité et la finalité de la psyché, le Soi est l'image Dei (image de Dieu), le « Dieu en nous[2] ».

....

« Le potentiel divin est l'expression intégrale de notre âme ; c'est la découverte de notre profonde capacité à créer et à exprimer la compassion, le pardon, la générosité et la sagesse. Il nous appelle à transcender les besoins du monde matériel[3]. »
« Le véritable amour humain est impossible sans la plénitude de l'âme[4]. »

....

Puisque le Soi est reconnu comme étant le principe organisateur d'une personne dont son centre est l'âme du côté psychologique, nous utilisons les notions du Soi, de l'essence profonde et de l'âme comme des synonymes dans ce livre.

Partons maintenant à la découverte du Soi pour déterminer comment on peut établir ce lien privilégié avec celui-ci et le reconnaître. Mentionnons qu'il se nourrit ou se ressource grâce aux beautés de la vie. Il reconnaît son essence individuelle par la profondeur, la valeur, l'interrelation et le cœur. **Mais comment savoir si vous êtes en lien avec lui ?** Vous pouvez plus facilement le ressentir dans un état de contemplation, comme par exemple à travers la nature, le silence, la méditation, les arts ou autres activités favorites. Quand vous êtes en lien avec lui, vous ressentez un sentiment de béatitude, de profonde quiétude, de communion avec vous-même et de joie réelle. Ce sentiment projette alors une extraordinaire communion, ainsi qu'une satisfaction au niveau de l'être entier.

Les deux prochains témoignages serviront d'illustration pour mieux comprendre la représentation du Soi dans notre vie. Notons aussi qu'il existe des périodes charnières où l'harmonisation entre l'ego et le Soi s'établit plus facilement : dès le plus jeune âge, au mitan de la vie ou lors de changements majeurs dans notre vie. Nous en discuterons plus en détails dans le chapitre sur le réalignement de l'ego.

LES PREMIERS TALENTS CRÉATIFS : L'ART ET SES EXPRESSIONS

En réalité, vos premiers contacts conscients avec le Soi remontent à votre petite enfance. C'est le moment où les filtres de votre éducation n'étaient pas encore totalement installés et que vos perceptions étaient encore très puissantes au niveau du ressenti.

TÉMOIGNAGE : Je me souviens bien de cette grande joie que me procuraient les activités créatives à l'école maternelle. Une de mes activités favorites était la gouache, on se salissait les mains avec la peinture pour l'étaler avec toute notre spontanéité sur des grandes pages blanches. Quelle joie, j'en ai encore des frissons en vous le racontant ! Je ressens encore cette joie profonde, cette excitation soudaine à pouvoir laisser mon être entier s'exprimer sans réserve à travers des couleurs fascinantes. Le fait de laisser ce bonheur me guider sur une page blanche et assister à la création d'un univers spécial me remplissait d'une joie immense. C'était mon premier contact avec l'art, qui demeure toujours une fascination aujourd'hui. Le sentiment de bonheur intense que je ressentais en peignant me connectait avec la profondeur de mon être. Je sentais non seulement la vibration des couleurs, mais aussi celle de mon être. J'étais fière de mes créations et je rêvais continuellement de revivre cette activité à l'école pour ressentir la même vibration de joie profonde.

Possiblement que l'art rejoint un côté intuitif et créatif qui sommeille en moi, qui me nourrit. C'est en l'étudiant que j'ai compris à quel point l'art et l'essence de soi sont indissociables pour ceux qui se sentent interpellés par celui-ci. On peut voir et analyser une œuvre, mais on l'a ressent vraiment à partir de l'intérieur de soi. C'est possiblement la raison pour laquelle certaines âmes d'artistes vous rejoignent plus que d'autres à travers leurs tableaux. Pourquoi certains trouvent de la beauté dans une œuvre, tandis que d'autres sont repoussés par celle-ci ? Vous me répondrez sans doute qu'il s'agit d'une question d'esthétisme, de la définition de la beauté, du niveau de connaissance ou d'appréciation de l'art. Vous n'avez pas tort en disant cela, mais c'est d'abord au niveau de votre ressenti que tout se détermine. Selon mon expérience, quand je lui laisse la place pour un bref instant, tout l'aspect rationnel du cerveau s'éclipse afin de me permettre de voir la beauté et l'intemporalité des choses. Saisir ce moment pour ressentir profondément la connexion avec son être. Celui-ci a besoin de se nourrir quotidiennement, toutes les beautés et l'émerveillement qu'elles suscitent revêtent alors une importance capitale pour notre être. C'est plus fort qu'une drogue, c'est un besoin viscéral d'avoir de belles choses qui l'entourent.

J'ai connu la même sensation plusieurs années plus tard à l'université quand j'ai découvert les peintures de Kandinsky[5]. Musicien d'abord et avant tout, il a transposé sa musique dans la couleur de sa peinture pour que les gens puissent en ressentir toute la vibration. Il fut un des premiers peintres à toucher à la peinture abstraite au début du XXe siècle, ainsi que l'auteur d'un livre sur la spiritualité et la peinture. Je me revois encore interpellée par la vibration de ces couleurs magnifiques sous mes yeux. Nourrie par la beauté qui émanait de sa peinture, je ne savais pas comment retenir et contenir mon excitation. Sans oublier les nombreuses questions qui jaillissaient en moi : comment un tableau pouvait me rejoindre, m'émouvoir et me faire réagir à ce point ?

Avec le temps, j'ai compris que l'être entier voit au-delà des simples apparences. Que ce soit dans une œuvre ou chez une personne, il est capable de vibrer au premier regard. Sans comprendre la raison de cette attirance soudaine, comme si l'âme était totalement interpelée.

Pour ceux et celles qui adorent la musique, l'essence profonde est énergie et peut vibrer aux sons de celle-ci. **N'avez-vous jamais écouté un air de musique qui vous a complètement chaviré?** La musique est très puissante pour vous rejoindre, mais elle soigne aussi les maux du cœur. Elle vous met en lien pour aller puiser au fond de vous une force insoupçonnée. **Avez-vous déjà assisté à un concert où vous vous êtes complètement laissé prendre par la musique et les voix, au point d'avoir l'impression que le temps était totalement suspendu?** Et après le concert, vous êtes sorti le cœur tellement léger, comme si vous aviez dix ans de moins et que toute votre fatigue s'était évaporée par magie. C'est le bienfait curateur de la musique.

Dorénavant, portez attention à ce qui vous fait totalement vibrer ou vous fait sentir pleinement vivant, et noter quelles sont les sensations qui circulent dans votre corps, vous en serez très surpris. Comme nous sommes tous différents, certaines activités plus que d'autres provoquent cette sensation en vous-même. Constatez aussi quelles sont vos passions, vos principaux talents et vos expériences optimales (Flow), ils vous aideront à découvrir ce qui vous rend pleinement heureux. Il sera ainsi plus facile de reproduire ces moments de pur bonheur et de contacts intimes avec vous-même.

Pourquoi chercher la compréhension des découvertes de votre Soi, de votre essence profonde? Pour reconnaître les façons très simples d'établir un lien à elle. Il est possible de le faire à travers les petites choses de la vie; pour cela il suffit de l'écouter pour entendre le Soi s'exprimer.

> Maintenant, fermez les yeux, remémorez-vous les fois où vous vous êtes senti dans un état de béatitude et de bien-être total, que faisiez-vous? Où étiez-vous? Ne vous censurez pas, captez les premières images qui vous viennent à l'esprit. Peut-être avez-vous de la difficulté à vous souvenir, alors prenez un temps de recul et posez-vous de nouveau les questions. Notez vos réponses car elles vous seront précieuses.

Réflexion et réponses aux questions :

• • •

LES PREMIERS RITUELS :
LA CONTEMPLATION, LE RECUEILLEMENT ET LE SILENCE

TÉMOIGNAGE : Pour revenir aux premiers contacts avec le Soi, je me souviens quand je travaillais comme camelot ; je me levais très tôt le matin pour faire ma tournée. J'adorais cela, car quand je marchais dans mon quartier, à l'aube, j'entendais toute la vie qui se réveillait doucement, particulièrement durant les mois de printemps et d'été. Les chants des oiseaux étaient une source de joie immense car ils inspiraient la gaieté. J'avais pris l'habitude de m'arrêter sur une rue qui faisait face à la rivière pour voir le lever du soleil. Je m'assoyais sur le trottoir juste quelques minutes pour regarder cette scène grandiose aux couleurs changeantes et magnifiques, toujours émerveillée devant la puissance de la vie. La nature a quelque chose de merveilleux, car elle vous transporte et vous ressource immédiatement. J'étais là, à peine âgée de 10 ans, assise sur un trottoir et contemplant ce merveilleux décor, mais à quelle fin ? Pourquoi me sentais-je transportée ? Pourquoi me sentais-je comblée ? Pourquoi avoir établi ce petit rituel matinal qui m'exaltait à chaque fois ?

Non seulement j'appréciais ce sentiment de bien-être et de communion avec moi-même, mais j'avais besoin aussi de ce silence, de ce recueillement, de ce petit rituel pour contempler la nature faire son œuvre. Comme si toute connexion avec la nature était une nourriture pour mes yeux et pour mon cœur. Encore aujourd'hui, je m'étonne de contempler la nature sous toutes ses formes et de m'émerveiller devant toutes ses beautés. J'adore toujours la marche qui me permet de me détendre et de faire le vide. Elle me permet de contempler à mon rythme la nature, de sentir le vent, d'entendre la pluie, de voir et d'écouter les oiseaux. La nature possède cette magie de vous ramener directement à la source et de vous remplir immédiatement d'un bien-être indescriptible — comme ce sentiment que l'on ressent quand on entend le bruit apaisant d'un cours d'eau, par exemple. C'est toujours une joie de retrouver la nature, mais cela exige du temps pour s'arrêter, faire le silence, contempler la vie qui EST, tout simplement. On doit être en mesure de la voir à partir de la présence à soi dans l'instant présent.

> Il faut cesser notre course folle pendant quelques minutes pour nous rappeler que nous faisons partie d'une telle beauté. Comme le disait Thomas Moore dans son livre le *Soin de l'âme* : « La vie spirituelle ne progresse pas vraiment quand elle est séparée de son âme ou de son intimité avec la vie[6]. » D'où l'importance de prendre ces quelques minutes d'arrêt quotidiennement pour ressourcer notre être entier.

Le bon côté des rituels est cette forme d'anticipation qui vous prépare systématiquement à vivre une expérience où il y aura une joie et une sérénité. Pour apprivoiser la tranquillité nécessaire, il est essentiel de créer les conditions environnantes vous permettant ce temps d'arrêt. Il faut donc créer une zone « sécuritaire et tranquille » pour vous connecter à votre essence profonde, votre cœur et vos émotions. Par exemple, maintenant, je médite chaque matin et prends du temps pour me calmer et retrouver ma beauté intérieure. Ce rituel me permet non seulement de me reconnecter et de dialoguer avec moi-même, mais ma respiration aide aussi à ralentir le rythme pour me retrouver dans un état second où je me sens en communion avec moi-même. C'est grâce au yoga que j'ai pu redécouvrir la puissance de la présence consciente au corps et à soi. Le yoga permet une intimité accrue ou une union entre l'esprit et le corps dans l'instant présent.

Peu importe les différents types d'activités que vous faites, trouvez ce qui fonctionne bien pour vous. L'important est de garder un temps d'arrêt d'au moins 10 à 15 minutes par jour, idéalement une à deux fois par jour. Allez vous assoir sur un banc de parc, sur une chaise dans votre cour ou faites une autre activité, ce qui importe est de prendre ce temps de recueillement nécessaire pour vous-même. Grâce à la présence à votre corps, ce moment privilégié donne la place nécessaire à l'être pour qu'il puisse respirer et prendre sa pleine expansion.

> Comme le mentionnait Susan Wisehart dans son livre *La vision de l'âme* : « L'âme est à l'intérieur [...]. Nous n'avons nul besoin de la travailler pour l'obtenir ou la mériter ; il suffit de la reconnaître et de l'accepter. La personnalité se reconnaît dans son action ; l'âme se reconnaît dans son immobilité[7]. »

Quoi que l'on pense de la religion et de la spiritualité, elles permettent un retour à soi-même, ainsi qu'à l'amour inconditionnel de soi grâce à certains recueillements ou rituels. Par conséquent, le recueillement nécessaire dans l'expression de sa foi ou de sa croyance est une façon possible d'établir le lien avec son essence profonde. **Un temps d'arrêt constitue une nourriture essentielle au Soi. Dans ce silence et ce recueillement, on touche à cet endroit secret où se dévoile la vérité que l'on ressent profondément. Prendre soin de votre être, c'est honorer vos émotions les plus profondes.** C'est lui offrir la possibilité de se dévoiler et de vivre votre authenticité et votre spiritualité. Vous êtes le seul en mesure de lui donner la possibilité de vivre sa profondeur, sa qualité et son intériorité nécessaires pour se nourrir, lui permettre d'évoluer et de grandir[8], sinon il peut souffrir s'il en est privé. Comme le disait Yankun : « Pour savoir qui tu es, écoute ton silence. » Nous comprenons par cette affirmation que le silence et le recueillement nous transportent à la découverte de nous-mêmes.

En réalité, le recueillement fait place au vide qui peut faire écho aux malaises intérieurs qui nous transpercent et refont surface. D'où la nécessité qu'ont certaines personnes d'être dans l'action constante. Pour faire taire les malaises grandissants, le bruit et l'adrénaline que procure la suractivité sont un remède efficace pour chasser cette impression de vide. Dans un monde de consommation, on oublie parfois l'importance des rituels et du recueillement, car nous sommes des êtres socialement acceptés et acceptables. Notre énergie est concentrée uniquement sur l'action qui prend toute la place.

Avec le temps, on apprend à bien doser notre énergie masculine (action) et féminine (réception), dont nous parlerons au prochain chapitre. On constate que la seule source de joie véritable est notre état d'esprit, ce jardin secret qui demande du temps et de l'entretien pour fleurir. Celui-ci nous permet d'accueillir les simplicités de la vie comme l'amitié, l'amour des gens, la beauté de la nature et les choses simples de l'existence. Il reflète notre bien-être général, notre relation et notre amour de soi. Finalement, tout cela contribue à l'étincelle de l'être, ce rayonnement et cette luminosité qui se reflètent à travers nos relations avec les autres.

> Susan Wisehart disait, dans son livre *La vision de l'âme* : « Lorsque notre âme circule en nous, nous déversons notre amour sur les autres spontanément et sans effort, qu'il s'agisse d'être patient avec un commis qui manque de manières, de sourire à quelqu'un pour qu'on lui remonte le moral, ou d'aider un voisin. […] Lorsque nous aimons l'autre, nous nous aimons nous-mêmes. Il n'y a pas de différence[9]. »

Prenez maintenant une pause bien méritée pour penser à vos moments d'arrêt, de recueillement ou de rituels dans votre vie. Quelle serait la situation idéale pour entretenir ce beau jardin secret, ce bel espace d'amour envers vous-même ?
- Quels sont les rituels dans votre vie ?
- Quels sont vos temps d'arrêt ou de recueillement favoris ?
- Quelle est la fréquence à laquelle vous aimeriez respecter cette discipline de vie ?

Advenant que vous n'ayez aucun rituel ou recueillement, que devriez-vous faire pour pallier à cette situation ? Quel est votre engagement envers vous-même ?

Réflexion et réponses aux questions :
_____
_____
_____
_____
_____
_____
_____

ET QUOI D'AUTRE ?

> Lorsque vous vous sentez relié à quelque chose qui vous touche, cela donne une impulsion ou une sorte de courant qui passe à travers le corps, une énergie positive ou une émotion intense.

Quand on part à la découverte du Soi, on s'écoute d'abord pour mieux s'entendre. J'ai donné des exemples de sources d'inspirations personnelles, mais je suis convaincue que beaucoup d'autres sources ou activités vous permettraient d'entrer en contact avec vous-même. L'important est de les connaître et de les répertorier pour renouveler le lien avec ce sentiment de joie intense, de plénitude et de béatitude. Ces sources ou activités d'inspiration vous émeuvent, car elles vont droit au cœur ou elles suscitent l'étonnement.

Dans cette section du livre, nous avons découvert les différents aspects de l'essence profonde et ses sources d'inspiration. L'objectif est de vous interroger sur vos propres expériences personnelles pour reconnaître vos sources et vos besoins de rapprochement avec votre être.

> Prenez quelques minutes pour réfléchir aux questions suivantes et remplir le tableau sur vos principales constatations :

- Quels sont mes besoins de rapprochement nécessaires avec moi-même ?
- Qu'est-ce qui contribue le plus à m'émouvoir dans la vie ?
- Qu'est-ce qui me donne la sensation d'être totalement vivant ?
- Quand est-ce que je me sens le plus vivant ?
- Quels sont les sensations ressenties ?
- Quels sont les expériences qui m'émeuvent le plus ?
  - ▸ Quels sont les événements spécifiques que j'ai vécus à l'enfance ? À l'adolescence ? Au mitan de ma vie ?
  - ▸ Qu'ai-je ressenti ?
  - ▸ Qu'est-ce que je retiens de ces expériences ?

- Quels sont ou étaient mes principales sources d'inspiration ?
- Quand ai-je ressenti le plus de connexion avec moi-même ?
- Quoi d'autre ?

Réflexion et réponses aux questions :

_____
_____
_____
_____
_____
_____
_____
_____
_____
_____
_____
_____
_____
_____
_____
_____
_____
_____
_____
_____
_____
_____
_____
_____
_____
_____
_____
_____

● ● ●

Chapitre 3
À LA DÉCOUVERTE DE SOI, UN REGARD INTROSPECTIF

....

« Le plus grand voyageur n'est pas celui qui a fait dix fois le tour du monde, mais celui qui a fait une seule fois le tour de lui-même. »
— Gandhi

....

L'objectif principal de ce chapitre est de développer une compréhension générale concernant certains concepts clés qui peuvent influencer nos comportements et notre connaissance de soi. Pour exercer un leadership personnel et professionnel, il est primordial que nous puissions être l'acteur de notre propre vie en assumant notre pleine responsabilité. De plus, nous devons être très conscients des différentes ressources personnelles à notre disposition pour faire face aux situations de la vie quotidienne. Assumer notre authenticité, c'est avoir l'humilité de reconnaître qui nous sommes réellement : nos forces, nos faiblesses, mais également prendre conscience de soi à travers nos émotions et de nos comportements. Cela nous aidera à mieux gérer nos attentes globales, notre relation avec soi et avec les autres, mais surtout à développer des stratégies d'adaptation efficaces par rapport aux difficultés de la vie. N'oublions pas que le bonheur réside dans l'évaluation du sentiment de bien-être et de satisfaction qui provient de notre vie en général. Comme nous l'avons vu, 40 % de notre aptitude au bonheur est directement relié à la gestion que nous faisons de notre existence.

LES OBSTACLES OU DÉFIS À L'EXPRESSION DE SOI

Pour savoir qui nous sommes, nous devons regarder d'où nous venons et les traces du passé. Nous discuterons d'abord de l'enfance, ainsi que des obstacles potentiels ou des défis qui influencent notre libre expression. Nous aborderons des sujets tels que l'estime soi, les blessures et les mécanismes de défense de l'enfance, les croyances limitatives ou restrictives, ainsi que la notion associée à l'ombre. Nous terminerons par le développement de l'être quand il rencontre des épreuves et des schémas récurrents souvent considérés comme des points de bascule.

Nous porterons un regard introspectif en prenant conscience des différents comportements ou défis qui risquent de nous empêcher de vivre en accord réel avec nous-mêmes. La découverte du bonheur et de l'authenticité passe nécessairement par la découverte de soi, par le développement personnel et la recherche de sa vérité au fil des années.

La quête de sens et l'évolution de la conscience représentent « l'affaire de toute une vie ». Cette quête passe par une démarche de développement personnel qui exige une approche holistique pour améliorer notre sentiment de bien-être général. Elle permet de comprendre, de s'ajuster et de réagir à des situations particulières. En comprenant et en neutralisant certains blocages ou comportements nuisibles, vous augmentez automatiquement votre énergie vitale.

Nous avons déjà établi l'importance du ressenti et des émotions dans le développement du leadership authentique. Dans notre exposé sur l'intelligence émotionnelle, nous avons parlé de la conscience de soi, mais également de l'importance de la maîtrise de soi (gestion des émotions). Il est important que vous puissiez évaluer votre capacité à utiliser votre intelligence émotionnelle dans la compréhension et l'expression de vos émotions. Votre conscience de vous-même servira de pierre angulaire dans vos habiletés associées à celle-ci. Dans le chapitre « Développer ses compétences essentielles », vous y trouverez une section entièrement consacrée à l'intelligence émotionnelle, incluant un exercice pratique pour vous aider à cet effet.

L'ESTIME DE SOI

En plus d'améliorer nos relations sociales et affectives, nous constatons que l'estime de soi favorise une autre stratégie du bonheur qui exige d'arrêter de s'en faire et de se comparer socialement. La compréhension de l'estime de soi, dans les défis ou obstacles possibles à l'expression de soi, est fondamentale pour nous permettre de mieux établir le lien à notre authenticité et pour développer des stratégies du bonheur efficaces. De plus, l'estime de soi nous aide dans nos relations, mais aussi à développer les habiletés de notre intelligence émotionnelle.

Pour mieux la comprendre, disons que l'estime de soi représente la valeur, l'unicité et l'importance de soi. Il s'agit de jugements de valeur que l'on porte envers soi-même. L'estime de soi, c'est d'abord et avant tout votre acceptation et appréciation de vous-même tel que vous êtes avec vos qualités, vos défauts, votre personnalité, vos réactions, votre vulnérabilité, etc. On confond parfois l'estime de soi avec l'affirmation de soi. L'estime de soi relève de l'intériorité, tandis que l'affirmation de soi en est son expression.

Une estime de soi harmonieuse se compose de trois éléments clés : l'amour et la perception de soi, ainsi que le niveau d'assurance. Ils sont interdépendants et ils s'influencent favorablement selon l'ordre mentionné. En voici une description[1] :

ÉLÉMENTS	DESCRIPTION
Amour de soi	Il s'agit de la composante la plus importante et qui est sans condition (amour inconditionnel); c'est-à-dire que vous êtes capable de vous aimer tel que vous êtes avec vos défauts et vos qualités. Cela signifie que vous avez une affection profonde et un amour véritable envers vous-même en toute circonstance. Vous êtes digne de respect et d'amour.
Perception de soi	Elle reflète la vision, l'évaluation ou l'appréciation fondée ou non que vous avez de vous-même, ainsi que vos capacités quelles qu'elles soient.
Niveau d'assurance	Il reflète votre façon d'agir face aux événements particulièrement lorsqu'ils sont importants. On peut voir le niveau d'assurance comme la confiance en soi et la conséquence des deux premiers facteurs.

Ces différentes composantes de l'estime de soi aident à affronter les aléas de la vie, car elles permettent de vous affirmer et de faire face aux situations critiques. Regardons maintenant les origines, les bénéfices et les conséquences associés à l'estime de soi. Le tableau suivant est intégralement tiré du livre de Christophe André et François Lelord, *L'estime de soi*[2] :

	Amour de soi	**Vision de soi**	**Confiance en soi**
Origines	Qualité et cohérences des « nourritures affectives » reçues par l'enfant.	Attentes, projets et projections des parents sur l'enfant.	Apprentissage des règles de l'action (oser, persévérer, accepter les échecs).
Bénéfices	Stabilité affective, relations épanouissantes avec les autres, résistance aux critiques ou rejets.	Ambitions et projets que l'on tente de réaliser ; résistance aux obstacles et aux contretemps.	Action au quotidien facile et rapide ; résistance aux échecs.
Conséquences en cas de manque	Doutes sur ses capacités à être apprécié par autrui, conviction de ne pas être à la hauteur, image de soi médiocre, même en cas de réussite matérielle.	Manque d'audace dans ses choix existentiels, conformisme, dépendance aux avis d'autrui, peu de persévérance dans ses choix.	Inhibitions, hésitations, abandons, manque de persévérance.

Lorsqu'on examine les conséquences en cas de manque, on se rend rapidement compte de la portée de ces trois facteurs clés de l'estime de soi. Ils ont une incidence sur la conscience de soi, l'auto-motivation, la connaissance de soi-même et le développement de son authenticité, ainsi qu'un impact sur sa satisfaction générale.

....

Pour maintenir une estime de soi équilibrée, vous avez besoin de la développer et agir pour développer votre sentiment d'efficacité personnelle qui en confirme son importance.

....

À travers vos activités, vous recherchez deux choses essentielles qui nourrissent votre vie : le sentiment d'être aimé et le sentiment d'être compétent (efficacité). Naturellement, les deux vont de paire. D'abord pour le sentiment d'être aimé, il s'associe directement avec le fait de vous sentir aimé, apprécié, désiré, populaire, etc. Ensuite pour le sentiment d'être compétent, vous devez vous sentir performant, habile, doué pour quelque chose. De façon générale, le niveau global associé à l'estime de soi va ainsi influencer vos choix et votre mode de vie. Habituellement, une personne ayant une haute estime d'elle-même a tendance à adopter des choix reliés à son développement personnel et à sa tolérance aux risques. Pour une personne avec une plus faible estime d'elle-même, elle peut mettre parfois l'accent sur la prudence et l'évitement des risques. Par conséquent, l'image de soi a une incidence directe sur notre vie et délimite les choix faits qui sont conformes à notre identité.

Il est important de comprendre que l'estime de soi joue un rôle fondamental dans la formulation de nos croyances. Pour illustrer un exemple d'une croyance limitative ou restrictive, celle-ci pourrait être de croire que vous n'êtes pas digne et ne méritez pas de profiter des bonnes choses de la vie. Cette croyance est fondée sur le précepte selon lequel le bonheur doit se mériter. Elle influence votre gestion de vie, car vous n'osez pas nécessairement faire les choix qui s'imposent ou poser les gestes pour changer les choses. Nous en reparlerons plus loin dans une section de ce chapitre qui parle des croyances limitatives.

Le développement de l'estime de soi dépend en grande partie de la perception de l'amour reçu de sa famille en fonction de ses attentes durant l'enfance. Par le fait même, s'il y a eu des carences affectives, elles ont pu alimenter les blessures de l'enfance et le développement de mécanismes de défense. Les carences à ce niveau peuvent aller jusqu'à engendrer des troubles de personnalité. On doit donc développer une attitude d'amour et une vision positive de nous-mêmes; c'est-à-dire apprendre à s'accepter, à s'apprécier, à connaître ses goûts, ses besoins et ses capacités, ainsi que ses limites. Cette attitude d'amour est d'abord et avant tout un sentiment intérieur, il importe donc de se connaître et de s'aimer comme nous sommes. **Comment alors peut-on espérer entrer dans une relation avec soi-même et les autres si on ne s'aime pas ?** On comprend l'importance de développer et de maintenir une estime de soi appropriée durant les différentes périodes de sa vie.

....

> Il est à noter que le niveau d'estime de soi varie selon les différentes circonstances de la vie. Par exemple, une baisse d'estime de soi peut se produire à la suite de plusieurs revers consécutifs.

....

Il existe divers effets sociaux bénéfiques reliés à une bonne estime de soi. En effet, l'amour et la confiance en soi permettent d'entretenir des relations authentiques et de bénéficier d'une autonomie bienfaisante. Un des bénéfices importants est qu'il rend possible le pardon. Vous devez faire preuve d'une réelle compassion envers vous-même avant de l'éprouver envers votre offenseur. **Ne s'agit-il pas de belles qualités du Soi, celui de la compassion et de la bienveillance?** Une personne qui possède une haute estime d'elle-même donne généreusement des marques d'attention et d'affection. Elle est également capable de remercier avec gratitude celles qu'elle reçoit. Constatons que plusieurs stratégies du bonheur sont ici favorisées par une bonne estime de soi, par exemple, avoir de bonnes relations sociales et affectives, apprendre à utiliser le pardon ainsi qu'à ressentir de la reconnaissance et de la gratitude, pour en nommer que quelques-unes.

L'effet d'une faible estime de soi est la possibilité de développer des déviations de celle-ci et affecter son autonomie, sa confiance ou son efficacité personnelle. Vous pouvez cependant remédier à la situation en changeant votre regard, en modifiant vos émotions et votre dialogue intérieur. La rééducation de l'estime de soi nous libère de situations problématiques comme par exemple : le faux moi, le narcissisme, le perfectionnisme, l'obsession, l'orgueil, la boulotmanie, l'impuissance, la honte, l'anxiété, l'angoisse, la dépendance[3].

Pour changer l'estime de soi, la prise de conscience demeure l'ancrage nécessaire à toutes modifications. Par la suite, il faut vouloir vraiment changer les choses, agir et modifier ses comportements. Voici un exemple de certaines composantes clés qui permettent de modifier notre estime de soi[4] :

Axe d'intervention	**Composantes clés**
Relation avec soi-même	• Développer la connaissance et la conscience de soi. • S'accepter comme nous sommes. • Être intègre et honnête envers soi. • Apprendre à s'aimer comme nous sommes.
Relation et engagement à l'action	• Se maintenir dans l'action. • Arrêter l'autocritique de soi (gérer les discours intérieurs et croyances limitatives). • Accepter les risques et les échecs.

Axe d'intervention	Composantes clés
Relations avec les autres	• Être affirmatif dans nos interactions. • Être conscient des autres grâce à l'empathie. Développer sa conscience sociale. • Développer et s'assurer d'un soutien social. • Arrêter de se comparer aux autres, prendre conscience de sa valeur.

Revenons à la façon de procéder pour faire des changements à notre estime de soi : on établit des objectifs adaptés et on procède par étapes grâce à un plan d'action. Comme par exemple, pour changer la perception de la relation avec soi-même, on établit une liste de ses forces et de ses réussites pour reconnaître sa propre valeur. De plus, on élabore un plan d'amélioration de ses faiblesses qui nous aide à revoir notre manque de confiance. En plus de l'estime de soi, on prend conscience de l'impact de nos croyances limitatives en les travaillant et en les modifiant, tout en développant de nouvelles croyances. Nous en reparlerons plus loin dans les exercices pratiques sur les croyances limitatives et l'estime de soi. Dépendant de la modification recherchée, il est possible que vous ayez besoin d'accompagnement dans votre démarche si certaines émotions persistent comme par exemple : l'insatisfaction, la frustration, l'impuissance et la tristesse. N'hésitez pas à consulter des experts à ce sujet.

Pour le moment, revenons au niveau de l'estime de soi, compte tenu qu'il est très important dans la relation avec soi-même. Voici un questionnaire qui vous permettra de déterminer votre niveau d'estime de soi actuel.

EXERCICE PRATIQUE : ÉVALUER SON ESTIME DE SOI

Ce test est tiré intégralement du livre *L'estime de soi, s'aimer pour mieux vivre avec les autres*, et correspond à l'échelle de Rosenberg, qui est un outil très utilisé dans la recherche en psychologie et psychiatrie[5]. Généralement, on interprète et utilise les résultats individuels en les comparant à ceux d'un groupe d'individus en particulier. Ici, nous proposons cette grille à titre de référence uniquement.

Ce questionnaire donne simplement une indication ou tendance sur votre estime de soi, il doit donc être interprété avec précaution. Vous devez lire attentivement les énoncés ci-dessous et cocher la case qui correspond le plus à votre situation actuelle. Il est important d'y répondre spontanément.

Si vous réagissez à certaines des affirmations, n'hésitez pas d'en indiquer la raison dans la section «commentaires» réservée à cet effet.

❶ Pas du tout d'accord	❷ Plus ou moins d'accord		❸ D'accord		❹ Tout à fait d'accord
AFFIRMATIONS	❶	❷	❸	❹	**COMMENTAIRES**
1. Dans l'ensemble, je suis satisfait de moi.					
2. Parfois je pense que je ne vaux rien.					
3. Je pense que j'ai un certain nombre de bonnes qualités.					
4. Je suis capable de faire les choses aussi bien que la plupart des gens.					
5. Je sens qu'il n'y a pas grand-chose en moi dont je puisse être fier.					
6. Parfois je me sens réellement inutile.					
7. Je pense que je suis quelqu'un de valable, au moins autant que les autres gens.					
8. J'aimerais pouvoir avoir plus de respect pour moi-même.					
9. Tout bien considéré, j'ai tendance à penser que je suis un raté.					
10. J'ai une opinion positive de moi-même.					
Total des points :					

Calculer vos résultats :

Veuillez faire le total des points en fonction des questions suivantes :

Questions 1, 3, 4, 7, 10 :
- Calculez 4 points pour la catégorie «tout à fait d'accord»;
- Calculez 3 points pour la catégorie «d'accord»;

- Calculez 2 points pour la catégorie « pas d'accord » ;
- Calculez 1 point pour la catégorie « pas du tout d'accord ».

Questions 2, 5, 6, 8, 9 :
- Calculez 1 point pour la catégorie « tout à fait d'accord » ;
- Calculez 2 points pour la catégorie « d'accord » ;
- Calculez 3 points pour la catégorie « pas d'accord » ;
- Calculez 4 points pour la catégorie « pas du tout d'accord ».

Interpréter vos résultats :
Faites la somme des points obtenus aux différentes questions. Les points varient entre 10 (basse estime) à 40 (haute estime).
- Si votre résultat est entre 10 et 16, cela indique que vous avez une estime de soi plutôt basse.
- Si votre résultat est entre 17 et 33, cela indique que vous avez une estime de soi moyenne.
- Si votre résultat est entre 34 et 40, cela indique que vous avez une haute estime de soi.

> Maintenant prenez un temps de repos, posez-vous la question à savoir si ces résultats sont représentatifs de votre situation actuelle ? Sinon pourquoi selon vous ? Que pensez-vous de vos résultats ? Quelles sont les modifications que vous aimeriez apporter ?

Réflexion et réponses aux questions :
___
___
___
___
___
___
___
___
___
___

LES BLESSURES DE L'ENFANCE ET LES MÉCANISMES DE DÉFENSE

> « "L'enfant", c'est tout ce qui est abandonné et exposé et en même temps divinement puissant ; le commencement douteux et insignifiant et la fin triomphale. "L'enfant éternel" en l'homme est une expérience indicible, une absurdité, un handicap et une prérogative divine ; un impondérable qui détermine la valeur ou l'absence de valeur fondamentale d'une personnalité[6]. »
> — Carl G. Jung

Tel que nous l'avons vu dans la section sur l'estime de soi, les enfants ont besoin de savoir que leurs parents s'occupent d'eux. Ils ont aussi besoin de ressentir l'importance qu'ils ont à leurs yeux. S'ils ne se sentent pas aimés et que l'on ne leur consacre pas suffisamment de temps, ces facteurs leur donneront une indication sur leur importance et aura un impact important sur leur estime de soi.

> Selon l'auteur John Bradshaw : « Lorsque l'on frustre l'enfant dans son espoir d'être aimé en tant que personne et qu'on n'accepte pas l'amour qu'il a à donner, on lui fait subir le plus grand des traumatismes[7]. »

Pourquoi parler des blessures de l'enfance ? Parce que le vrai Soi remonte à l'enfance quand il était à l'état pur, encore libre et émotionnellement disponible. Mais l'enfant a appris à se détacher du Soi en fonction des exigences de son environnement, soit par peur de perdre l'amour de ses parents, soit parce qu'il désirait leur approbation ou plus d'amour. Il s'est ainsi bâti une cuirasse pour se protéger contre les souffrances du monde extérieur. Malheureusement, en empêchant la douleur, l'enfant peut avoir également empêché tout ce qui est magnifique de parvenir à lui. Cette cuirasse dissimule le Soi, non seulement aux autres mais également à lui-même.

> Selon la psychanalyste et recherchiste sur l'enfance Alice Miller, elle distingue le vrai et le faux Soi dans son livre *Le drame de l'enfant doué*. Selon elle, si le vrai Soi ne peut être développé et différencié, l'enfant développe alors une « personnalité-comme-si ». Il se retrouve blessé dans sa « spontanéité » et son élan essentiel, par conséquent il se protège grâce à des mécanismes de défense. Cependant, le vrai Soi se cache et demeure difficile à démasquer. Le faux Soi joue un rôle de protecteur qui retient le vrai Soi prisonnier en limitant sa marge de manœuvre[8].

Nous savons tous que le développement de l'enfance est déterminant pour le restant de la vie d'un adulte. Si l'enfant à l'intérieur de nous est blessé dans son être parce que ses besoins n'ont pas été comblés adéquatement en fonction de ses attentes, cela pourrait se répercuter négativement, allant même jusqu'à laisser un « sentiment de vide ». Tout dépendant de ses blessures, l'enfant peut aller jusqu'à créer une fausse identité pour mettre son vrai moi en veilleuse. C'est un « trou intérieur », que John Bradshaw a appelé « phénomène du trou de l'âme ». L'enfant devient alors étranger à lui-même, à ses besoins, à ses sentiments et à ses désirs ; en réalité, il est coupé de sa véritable nature. Il perd malheureusement contact avec son moi authentique et agit conformément aux besoins de son environnement. Plus son vrai Soi s'est senti menacé dans sa jeunesse, plus le faux Soi risque d'avoir pris de l'importance afin de développer un sentiment de sécurité autour de lui. Selon Alice Miller, cela amène les gens à se plaindre de leur vie monotone et dénudée de sens. Ils vivent un malaise ou une douleur chronique du vide et peuvent être même déprimés. Par conséquent, ils ne savent pas qui ils sont réellement, si bien qu'un sentiment d'isolement peut se faire sentir par ce vide.

> La création de ce faux moi vient perturber la connaissance de soi-même et créer une confusion autour de son être. À partir du moment où le faux moi est créé, le vrai moi reste figé dans son passé. Il manque totalement de présence au monde et à soi-même, d'où la difficulté de d'établir le lien avec son essence profonde et son authenticité[9].

Les blessures émotionnelles laissent ainsi des traces et prennent différentes formes. Dans son livre, John Bradshaw identifie plusieurs façons de prendre une distance avec ce que nous avons vécu. Parmi celles-ci, on peut laisser tomber ces rôles appris par une démarche qu'il qualifie « d'expression de la première souffrance ». Elle renvoie à l'expression des émotions refoulées pour revivre sa colère et son chagrin afin de se réconcilier avec soi-même. À titre d'exemple, voici une méthode de guérison proposée par John Bradshaw qui repose sur le principe du deuil, c'est un processus qui demande préférablement un accompagnement par des ressources qualifiées. Votre discernement en fonction de vos besoins personnels est requis (voir l'avertissement aux lecteurs au début du livre). Dans ce processus, Bradshaw propose de « mettre un terme aux relations sources » pour développer une pleine présence dans vos relations actuelles. Cela évite de transférer le bagage non-résolu du passé au présent[10].

> **PREMIÈRE ÉTAPE : RESSENTIR SA SOUFFRANCE**
>
> En premier lieu, on doit ressentir sa souffrance originelle et son besoin face au parent concerné. Par la suite, on permet à notre enfant intérieur d'exprimer et de ressentir ce sentiment pour l'extérioriser. Cette étape est le point d'ancrage d'une guérison possible.
>
> **DEUXIÈME ÉTAPE : RECONNAÎTRE LA SOUFFRANCE DE SES PARENTS**
>
> En deuxième lieu, on doit démystifier le parent concerné et reconnaître qu'il a fait de son mieux avec ses défauts et ses qualités. Par la suite, notre enfant intérieur engage un dialogue avec ce dernier pour reconnaître la situation et la souffrance tant de l'enfant que du parent. Une fois cette souffrance reconnue, on procède à l'étape du pardon et on se libère émotionnellement de celle-ci.
>
> **TROISIÈME ÉTAPE : ÊTRE SON PROPRE PARENT**
>
> En troisième lieu, on reconnaît être responsable de ses propres émotions et être le parent de son enfant intérieur. On devient alors son parent aimant. Par la suite, on revoit les souvenirs agréables vécus dans l'enfance pour rendre celle-ci beaucoup plus positive. On met les choses en perspective grâce à notre regard d'adulte.

Bien sûr, en pardonnant à l'autre, vous vous libérez d'une négativité (ou d'une rancœur) qui vous rongeait. **C'est un vrai baume de liberté pour le cœur!** Après avoir complété ce processus, vous devenez le principal acteur pour assumer le leadership personnel de votre vie. C'est à partir de ce moment que vous pouvez finalement renouer avec vous-même et poursuivre votre quête de vérité. **Voilà une des clés du leadership véritable de soi, devenir le principal acteur de sa vie et assumer la pleine responsabilité de celle-ci!**

Pour le moment, parlons des mécanismes de défense développés durant l'enfance. L'impact des mécanismes de défense peut varier énormément dans les réactions d'une personne à l'autre, qui sont plus ou moins inconscients à l'âge adulte.

Comme nous l'avons vu, il est essentiel de comprendre que les besoins émotionnels, tels que l'amour, le respect, la chaleur humaine et le sentiment de sécurité s'avèrent importants dans le développement de l'enfant. S'il se sent en danger, l'enfant développe des mécanismes de défense pour se protéger en empêchant consciemment la douleur. Ces mécanismes sont le déni des besoins, les faux espoirs, la défense primaire et la peur. Pour se soustraire à une souffrance intolérable, l'enfant utilise le déni, le refoulement, la dissociation, la projection, la compensation ou la minimisation de l'événement. En réalité, tous ces mécanismes de défense lui permettent de s'ajuster à son environnement durant sa tendre enfance. Par conséquent, l'enfant développe une conscience altérée de la réalité. S'ils ne sont pas revus et conscientisés, ces mécanismes de défense survivent jusqu'à l'âge adulte, et ce, même s'il n'y a aucun danger réel. Le ressenti expérimenté lors de la menace se loge dans une partie du corps qui conserve le souvenir de l'événement. Donc, advenant qu'un événement similaire à celui vécu dans l'enfance (ou sa perception) se réitère à l'âge adulte, automatiquement et inconsciemment, vous êtes propulsé dans votre conscience d'enfant. Comme vous le comprendrez facilement, dépendant de l'intensité et des réactions, celles-ci peuvent être plus ou moins appropriées dans un contexte personnel ou professionnel exigeant une maîtrise possible de soi. Certaines réactions disproportionnées ou inappropriées peuvent avoir des effets nuisibles dans votre stratégie du bonheur, qui consiste à avoir de bonnes relations sociales et affectives. Malheureusement, les leçons émotionnelles du passé ont été capturées par votre ressenti, elles demeurent donc plus difficiles à comprendre et à les exprimer, car elles peuvent être parfois inconscientes. D'où l'importance de bien conscientiser ce phénomène sur les mécanismes de défense.

> Le corps nous envoie un signal. « Lorsque de vieilles douleurs déclenchées par un symbole dans notre conscience d'enfant remontent à la surface, nous sommes malheureux et mal à l'aise. Pour éviter la douleur, nous nous réfugions rapidement dans notre conscience d'enfant pour escalader le "mur du déni" — un de nos mécanismes de défense [11]. »

Habituellement, la psychologie familiale est en mesure de trouver la racine des problèmes de l'enfance, mais le soin de l'âme ne semble pas exiger le même traitement. Il est donc important de laisser remonter les ressentis que les événements familiaux ont suscités. Si vous estimez qu'une démarche de guérison est essentielle pour vous, alors il est préférable de consulter des experts dans ce domaine. Cependant, pour donner un exemple à titre informatif seulement, voici le processus suggéré par Ingeborg Bosch Bonomo dans son livre *Guérir les traces du passé*. Elle suggère un processus de guérison en cinq étapes. Il repose sur trois piliers que sont : la reconnaissance cognitive (reconnaissance des symboles), le comportement (renverser les mécanismes de défense) et l'émotion (expérimenter la vieille douleur). Les étapes guérissent les effets du passé afin de vivre dans le présent avec une pleine conscience d'adulte. Les principes reposent sur l'expression des anciennes douleurs et leur signification. On combine ainsi un travail cognitif et comportemental à travers les cinq étapes suivantes[12] :

ÉTAPES	DESCRIPTION
Apprentissage et compréhension cognitifs	C'est un aspect important du processus pour comprendre que les réactions inconscientes sont reliées au passé plutôt qu'au présent.
Accès à la conscience émotionnelle	C'est en accédant vous-même à votre propre douleur, avec un abandon total sans vous protéger, que vous pouvez en reconnaître sa profondeur.
Rationalisation et renversement des défenses	C'est en replongeant dans la douleur de l'enfant que vous rationalisez la peur et les mécanismes de défense pour les renverser.
Déconnection et retour à la source	C'est l'expérimentation du retour dans le passé qui permet de déconnecter la douleur pour la reconnecter à sa source, d'où l'élimination dans le présent.
Utilisation à long terme	C'est utiliser la conscience duale, c'est-à-dire la « nouvelle compréhension » face à la réaction du corps et à l'émotion en cas de rechute.

Selon l'auteure, cette méthode développe un niveau de conscience supérieure face aux événements de l'enfance. Elle associe la douleur à une région du corps et s'en sert comme signal préventif. Cette méthode fonctionne très bien pour dégager les mécanismes de défense et se reconnecter avec les émotions. L'exigence associée à cette approche est le temps investi pour trouver la « source » réelle, car on travaille au niveau des comportements. L'important est de trouver « l'émotion source », celle qui est à l'origine de la problématique, et de la traiter.

> Pour nous permettre de prendre du recul face aux événements passés, on doit d'abord porter un autre regard, un regard amoureux sur sa famille et sur soi-même afin d'en apprécier tant les aspects positifs que les moins positifs.

Comme nous le savons, personne ne peut refaire le passé, donc vous devez vivre en harmonie avec lui et vos émotions pour dégager un sentiment de bien-être essentiel à votre bonheur quotidien. Cependant, avec un certain recul et un peu de maturité, on se rend compte à quel point il est normal d'avoir expérimenté des manquements par rapport à nos attentes d'enfant. D'où la nécessité d'utiliser son discernement face à cette thématique dans le développement et les différentes pistes d'actions requises pour améliorer votre leadership personnel et professionnel.

> Devenir « son propre parent » pour guérir ses blessures d'enfance permet de retrouver son enfant intérieur en soi. Il permet également d'assumer ses responsabilités face à sa vie tout en éliminant la possibilité de devenir une victime.

Dans son livre *Retrouver l'enfant en soi,* John Bradshaw propose différentes techniques pour renouer le lien avec son enfant intérieur aux différentes étapes de sa vie. Il propose d'agir comme son propre parent en prenant soin de lui, en libérant une foule d'émotions et en lui offrant un amour inconditionnel. Afin de poursuivre votre quête, la clé du bien-être émotionnel est dans la compréhension de votre enfant à l'intérieur de vous et de ses impacts dans votre vie actuelle. Il s'agit d'une étape de conscientisation importante. Pourquoi ? Parce que votre enfant représente le fondement de votre personnalité. De plus, tant que vous n'êtes pas conscient de votre vulnérabilité et de votre sensibilité, il est difficile d'établir une relation d'intimité avec vous-même et les autres. Comme l'a fait remarquer l'auteur Paulo Coelho : « Ce qui nous blesse, c'est ce qui nous guérit. » Voilà pourquoi vous devez accueillir, en toute sérénité, toutes les parties de vous-même incluant celles qui ont été blessées. D'où l'importance de cette section pour comprendre l'impact de certaines blessures et des mécanismes de défense de l'enfance.

Pour rétablir le contact avec votre vrai Soi, il faut développer votre intelligence émotionnelle au moyen de votre conscience et de votre maîtrise de soi. Idéalement, vous devriez être capable de comprendre vos réactions émotionnelles et de neutraliser (ou d'ajuster) certains comportements à l'expression de votre ressenti et de votre pleine conscience. Pour y parvenir, vous devez développer une bonne connaissance de vous-même en intégrant une compréhension de vos mécanismes de défense. Pour ce faire, vous pourriez utiliser les bienfaits de la présence à soi grâce au rôle d'observateur dans l'instant présent, dont nous parlerons au prochain chapitre.

En terminant, plusieurs spécialistes tels que des psychologues et psychothérapeutes, par exemple, peuvent vous assister de façon beaucoup plus personnalisée si vous ressentez le besoin d'aller plus loin dans une démarche personnelle sur les blessures du passé. L'idée de cet ouvrage est d'illustrer la nécessité d'établir un contact authentique avec soi-même. L'objectif est de prendre pleinement conscience des incidences du passé sur votre présent pour comprendre vos réactions potentielles à l'avenir. En prenant conscience des blessures et des mécanismes de défense de l'enfance qui peuvent être nuisibles dans votre vie d'adulte, en les observant, en les analysant et en les neutralisant, cela vous permet une relation véritable avec vous-même grâce à l'ouverture du cœur et de la pleine conscience. Par conséquent, vous n'êtes plus pris en otage par votre passé en devenant l'acteur de votre vie et vous pouvez ainsi vivre pleinement le moment présent. De plus, comme nous le verrons plus loin, toute forme de souffrance peut devenir un point de bascule ou une source de sagesse et de transformation plus ou moins profonde. Elle nous permet d'établir un lien authentique et une connexion avec soi-même.

• • •

LES CROYANCES LIMITATIVES OU RESTRICTIVES

> « Le tourment des hommes ne vient pas des choses,
> mais des idées qu'ils ont des choses. »
> — Épictète

Les recherches ont montré que durant une journée, nous avons en moyenne entre 60 à 80 000 pensées qui nous traversent l'esprit. Nos croyances façonnent notre vie, elles sont le reflet de nos valeurs, de notre éducation, de nos expériences et de l'environnement dans lequel nous avons évolué. Elles reflètent notre système de croyances bâti au fil du temps en fonction de notre adaptation aux expériences vécues. Celles-ci peuvent être positives ou limitatives et développent notre attitude générale. Notre vision intérieure se reflète donc directement sur notre monde extérieur : notre façon de créer notre réalité ! Par conséquent, la « qualité » de nos pensées a un impact direct, car nos pensées négatives et fausses croyances nous rendent beaucoup moins enthousiastes et énergiques. Vous devez d'abord prendre conscience de ce qui se passe en vous-même (votre flux émotionnel et vos pensées automatiques) si vous désirez changer votre monologue intérieur (discours intérieurs). Un des éléments soulignés dans la section sur l'estime de soi est l'importance que revêtent nos croyances limitatives dans le lien d'authenticité avec nous-mêmes et les autres, ainsi que leur impact sur nos choix et nos comportements dans la gestion quotidienne de notre vie. Toutes croyances ou stratégies d'adaptation sont conditionnées par l'environnement. Ces croyances, qu'elles soient véridiques ou forgées, ne sont ni bonnes ni mauvaises, mais parfois elles dynamisent ou limitent vos actions. Elles prennent la forme des discours intérieurs qui influencent les émotions et les comportements face aux événements de la vie, comme par exemple : le besoin absolu de se faire aimer par les autres, de ne pas déplaire, de prouver sa valeur, de ne pas avoir droit à l'erreur, de faire ce que les autres veulent, ainsi de suite.

> « En tant qu'individu, nous manifestons nos « blocages » à un très jeune âge, lorsque nous nous sentons vulnérables et incapables de survivre au stress de la vie. [...] Ces "blocages" peuvent être évidents comme ils peuvent aussi se situer à un niveau inconscient[13]. »

Il faut donc identifier les pensées sous-jacentes qui permettent de découvrir les formes de croyances, d'émotions et de comportements limitatifs ou destructeurs. Pour illustrer plus en détails une croyance limitative, prenons l'exemple suivant : vous pensez que vous ne méritez pas l'amour ou que vous n'avez pas de valeur. Cette croyance altère la façon dont vous vous comportez avec les autres. Dans ce cas-ci, en guise de comportement, vous cherchez à prouver votre valeur en faisant toujours plus pour les autres. Dans cet excès, vous cherchez l'appréciation et l'amour des autres à tout prix. Ces croyances ne sont pas véridiques et altèrent votre comportement, d'où le besoin d'éliminer ou de neutraliser celles qui ont des impacts plus négatifs ou restrictifs dans votre vie — c'est-à-dire celles qui sont nuisibles et vous empêchent d'être heureux ou d'obtenir ce que vous voulez. Naturellement, il est bon de conserver les croyances qui influent positivement sur vos actions.

> « Ce n'est pas ce que tu dis à voix haute qui détermine ta vie, c'est ce que tu chuchotes à toi-même qui a le plus d'impact pour ta vie. »
> — Robert Kiyosaki

Maintenant, parlons d'un autre phénomène qui peut être associé à nos croyances limitatives, soit nos saboteurs internes qui agissent la plupart du temps pour nous faire échouer. Il est important de reconnaître le phénomène des croyances limitatives et des saboteurs, car ils s'enracinent dans notre cerveau et peuvent devenir très difficiles à déloger. Dans son livre sur les saboteurs internes l'auteur, Shirzad Chamine, nous parle des neuf saboteurs complices et du saboteur universel appelé « le juge ». Il nous aide à déterminer ceux qui sont les plus forts pour que nous puissions les neutraliser. La formation des saboteurs et des croyances est principalement liée à la survie d'un processus mental relié de l'enfance. Celle-ci donne foncièrement un sens à tout ce que nous vivons et expérimentons. Cette survie affective repose sur trois principales motivations, à savoir : l'indépendance face aux autres, le besoin d'entretenir une image acceptable de soi et le besoin de sécurité dans nos sentiments.

Ce qui est intéressant dans la théorie de l'auteur, c'est que le maître saboteur universel (le juge) tend à exagérer le côté négatif des événements qui nous arrivent, car il s'imagine qu'il aide à notre survie. De plus, il entraîne avec lui d'autres saboteurs complices dans la création de sentiments tels que la colère, l'angoisse, la culpabilité, la honte ou la déception. Il est ce harceleur qui identifie continuellement nos erreurs faites ou nos différentes lacunes, d'où son nom de juge. Pour sa part, le saboteur complice est déterminé par de nombreux facteurs (par exemple, nos expériences vécues, nos parents, notre éducation, etc.) et tient compte de nos motivations et des styles prédominants de la personnalité. Voici une description des saboteurs complices pour vous aider à comprendre ce concept[14] :

SABOTEUR INTERNE	DESCRIPTION GÉNÉRALE
L'excessif ou le maniaque	Il est celui qui a un besoin excessif d'organisation et de perfection. Il est ponctuel et méthodique et très critique envers lui-même et les autres. Il est par surcroît très sensible à la critique.
L'accommodant	Il est obligeant et cherche à se faire aimer des autres ou à leur plaire en les aidant ou en les complimentant. Il passe les besoins des autres avant lui-même.
Le super performant	Il doit exceller dans tout ce qu'il fait. Cela justifie sa raison d'être et développe son amour propre dans la performance et dans la réalisation. De nature compétitive, il est préoccupé par son statut et son image social.
La victime	Il aime se poser en martyr et attirer la sympathie des autres par le côté instable de ses émotions. Il aime bien dramatiser les situations et a tendance à être plutôt instable et émotif.
Le super rationnel	Il est de nature analytique et se concentre sur l'aspect rationnel de tout événement, incluant ses relations. Il ne laisse pas facilement les gens voir son côté sensible. De nature sceptique, il peut devenir impatient face au côté émotionnel et irrationnel des choses.
Le super vigilant	Il est toujours soucieux des dangers et des événements qui pourraient mal tournés. De nature angoissée et prudente, il entretient le doute face à lui-même et aux autres.
L'occupé	Il est toujours agité et affairé dans l'action. Il sollicite continuellement des activités stimulantes. Il recherche l'excitation et la variété des activités. Nerveux et impatient, il souffre d'impatience et d'anticipation face au temps présent.

Saboteur interne	Description générale
Le manipulateur	Il gère tout et éprouve un besoin obsessif de prendre toutes les situations en mains pour que tout se passe comme prévu et selon ses besoins. Il est colérique ou angoissé si les choses ne se déroulent pas à sa guise.
Le fuyeur	Il est celui qui évite les conflits et les tâches désagréables à tout prix. Il pense que tout va se régler tout seul. Il éprouve de la difficulté à dire non aux demandes qui lui sont faites.

Comme vous le voyez, vous pouvez vous identifier à un ou plusieurs saboteurs complices. L'important est de reconnaître ceux qui sont prédominants. Également, pour vous aider à les neutraliser, vous bénéficiez de l'aide du « sage ». Ce dernier vous soutient en vous encourageant à avoir de la sympathie envers vous-même. Finalement, le « sage » tente de contrecarrer les effets négatifs que le « juge » (et ses complices) peut avoir dans votre vie. Il tentera de vous faire agir par pure compassion, curiosité ou enthousiasme pour répondre à vos désirs et besoins. Il est doté d'empathie, comme le requiert l'intelligence émotionnelle. Selon sa perspective, il tentera de vous faire accepter les choses telles quelles sont, sans les condamner ou les nier. Il agira comme l'« adulte en vous » plutôt que comme les autres saboteurs qui suscitent surtout des émotions de colère, d'angoisse, de peur, de honte, ainsi de suite.

Comment faire alors pour neutraliser les croyances limitatives et nos saboteurs internes ? Le processus est simple : on les découvre, on les identifie, puis on nomme les sentiments ou les pensées qu'ils nous inspirent. Par la suite, on les travaille pour reprogrammer le scénario de nos croyances limitatives en croyances positives. Également, on pourrait renforcer le pouvoir et le discernement du « sage » pour l'activer davantage afin de nous aider à contrecarrer nos mouvements réflexes. Également, nous pourrions anticiper les différentes actions que nous proposeront nos saboteurs internes.

Vous pouvez cibler dès maintenant certaines de vos croyances qui sont nuisibles dans votre quête du bonheur. Elles sont modifiables à partir du moment où vous en prenez conscience. Naturellement, le plus difficile est de les découvrir, car elles peuvent être parfois coriaces et bien dissimulées, mais il n'en tient qu'à vous de les conscientiser immédiatement.

Comme vous le constatez, ce travail sur les croyances limitatives permet de conscientiser certains comportements inconscients pour nous permettre de neutraliser certaines croyances trop restrictives dans toutes les sphères de notre vie. Cependant, dans cette section, nous n'avons pas abordé l'effet très dynamisant des croyances positives dans votre vie. Ces dernières sont des pensées qui vous aident à traverser différents événements, par exemple, au niveau de votre carrière : croire que vous êtes destiné au succès (positive) versus croire que vous êtes né pour un petit pain (limitative). Dans ce cas-ci, il est évident que cette croyance positive sur le succès vous aidera et vous motivera à entreprendre de nombreux défis professionnels, tout en étant résilient face à l'adversité. La croyance limitative, de son côté, vous restreindra dans vos actions et, par conséquent, limitera vos réalisations. Pour vous aider à contrecarrer vos croyances limitatives, il est important de les remplacer par des croyances contraires (positives). Pour vous aider à cet effet, vous pouvez chercher des preuves ou des contre-exemples ; dans notre cas, il s'agira de faire une liste de gens qui ont connu du succès. Cela vous permettra de confirmer qu'il est possible de le faire et de prouver le contraire de la croyance limitative.

Maintenant prenons le temps de faire des exercices pratiques pour bien illustrer cette démarche, grâce à l'utilisation des croyances positives et limitatives associées à l'estime de soi.

EXERCICES PRATIQUES : DÉCOUVRIR VOS CROYANCES LIMITATIVES

Les exercices suivants vous aideront à reconnaître certaines de vos croyances limitatives ou restrictives. L'objectif premier de ces exercices est de reconnaître ces croyances, par la suite, vous ferez votre propre inventaire de celles qui sont persistantes dans votre vie. Compte tenu des sujets identifiés plus tôt dans ce chapitre, les exercices proposés visent principalement le rapport à l'estime de soi et aux émotions.

Exercice pratique n° 1 : constat des résistances face aux croyances positives qui influencent l'estime de soi.

Regardez cette liste des croyances positives ; sur une échelle de 1 à 10, identifiez, à quel niveau êtes-vous en accord avec leur affirmation ?

D'abord, inscrivez 1 pour totalement en désaccord, et 10 pour totalement d'accord. Pendant l'exercice, cochez les affirmations qui vous font le plus réagir et où vous avez senti une forte résistance. Étant donné qu'elles ciblent l'estime de soi, il est probable que vous réagissiez fortement à certaines affirmations.

Exemples de croyances positives (estime de soi)[15]	
1. Je suis aimé et digne de l'être.	/10
2. Je m'aime inconditionnellement.	/10
3. Je prends l'entière responsabilité de mon estime personnelle.	/10
4. Je m'accorde de la valeur et je me respecte.	/10
5. J'aime être moi.	/10
6. Je me traite avec respect.	/10
7. Je mérite d'être heureux.	/10
8. J'aime avoir une relation aimante avec moi-même.	/10
9. J'aime la personne que je vois dans le miroir.	/10
10. Je m'accepte complètement pour qui je suis.	/10
11. Je m'accorde la reconnaissance et les encouragements dont j'ai besoin.	/10
12. Je m'affirme et j'ai confiance en moi.	/10
13. J'aime inconditionnellement toutes les parties de moi, y compris les parties imparfaites.	/10
14. Je dégage une énergie positive et enthousiaste.	/10
15. Je suis une personne heureuse.	/10
16. Je prends bien soin de moi.	/10
17. Je me fais confiance.	/10
18. Je ressens une profonde paix intérieure et une grande sérénité d'être qui je suis.	/10
19. Je suis un être d'amour spirituel et éternel.	/10
20. J'ai beaucoup à partager avec autrui.	/10
21. Je suis capable de recevoir de l'amour.	/10
22. Je deviens plus fort chaque jour.	/10
23. Ma propre approbation me suffit, je n'ai pas besoin de celle des autres.	/10
24. Je suis enjoué et j'aime m'amuser.	/10
25. Je me pardonne et me libère de mes images erronées du passé.	/10

Une fois le tableau complété, prenez une page blanche et identifiez les croyances auxquelles vous avez le plus résisté (marquées d'un crochet). Rajoutez à cette liste les croyances positives qui ont reçu une évaluation inférieure à 6 points ou moins et que vous n'avez pas cochées. **Une fois votre liste complétée avec toutes les croyances retenues, regardez-les attentivement et posez-vous les questions suivantes :**

- Quelles sont les croyances qui ont une incidence néfaste sur votre vie ?
- Quelles sont les croyances que j'ai besoin de travailler ? De modifier ?
- Qu'est-ce qui me met sur mes gardes dans cette affirmation ?
- Qu'est-ce que cela représente pour moi ?
- Quelle est la croyance ou les saboteurs internes sous-jacents qui me font réagir de la sorte ?
- D'où provient cette croyance ? À quels saboteurs internes est-elle associée ?
- Quels sont les bénéfices ou les impacts négatifs associés à cette croyance ?
- Que dois-je faire pour modifier cette croyance ? Comment neutraliser les saboteurs associés ?
- Par quelle croyance positive puis-je la remplacer ?
- Comment prouvez le contraire de cette croyance limitative ?

Exercice pratique n° 2 : faire une liste des croyances limitatives qui vous influencent.

Cette fois-ci, développez votre propre liste des croyances limitatives en lien avec la liste des émotions suivante. Regardez la liste, et sur une échelle de 1 à 10, inscrivez à quel niveau vous êtes en accord avec leur affirmation. Notez que 1 correspond à totalement en désaccord, et 10 à totalement d'accord. Pendant l'exercice, cochez les affirmations qui vous font le plus réagir et où vous avez senti une forte résistance. Étant donné que les affirmations **visent les émotions**, il est probable que vous réagissiez fortement à certaines d'entre elles.

EXEMPLES D'ÉMOTIONS POUVANT ÊTRE RELIÉES À DES CROYANCES LIMITATIVES[16]	
1. Je ne me sens pas aimé	/10
2. J'ai l'impression d'être ignoré par les autres.	/10
3. Je me sens diminué dans certaines situations.	/10
4. J'ai l'impression d'être privé injustement.	/10

Exemples d'émotions pouvant être reliées à des croyances limitatives[16]	
5. Je me sens terriblement seul.	/10
6. Je suis maltraité par les autres.	/10
7. Je ne me sens pas reconnu à ma juste valeur.	/10
8. Je me sens attaqué par mon environnement.	/10
9. Je me sens jugé par les autres.	/10
10. J'ai l'impression d'être rejeté par certaines personnes.	/10
11. Je me sens manipulé par les autres.	/10
12. Je me sens complètement impuissant face à certaines situations.	/10
13. Je me sens abandonné par les êtres chers ou par la vie.	/10
14. Je sens beaucoup de colère en moi.	/10
15. Je suis de nature anxieuse ou craintive.	/10
16. Je me sens égoïste face aux autres.	/10
17. Je me sens peu aimable envers les autres.	/10
18. Je sens que je refoule certaines émotions.	/10

Une fois le tableau complété, prenez une page blanche et identifiez les croyances auxquelles vous avez le plus résisté (marquées d'un crochet). Rajoutez à cette liste toutes les croyances limitatives où vous avez obtenu un pointage entre 7 à 10 points et qui n'est pas marquée d'un crochet. **Une fois votre liste complétée, examinez les croyances retenues et posez-vous les questions suivantes :**
- Qu'est-ce qui ressort de cette affirmation ?
- Que signifie réellement cette affirmation pour moi ?
- Quelle est la croyance (ou le saboteur interne) sous-jacent qui me fait réagir de la sorte ?
- Qu'est-ce que représente cette croyance dans ma vie ? D'où provient-elle ?
- Quels sont les bénéfices ou les impacts négatifs associés à cette croyance ?
- Que dois-je faire pour modifier cette croyance ? Ou neutraliser le saboteur interne ?
- Par quelle croyance positive puis-je remplacer ma croyance limitative ?
- Comment pouvez-vous prouver le contraire de cette croyance limitative ?

Réflexion et réponses aux questions :

Exercice pratique n° 3 : revoir la liste des croyances complétées.
Une fois que vous avez bien cerné la liste de croyances limitatives sur lesquelles vous devez travailler, prenez un temps d'arrêt et regardez bien vos listes des deux exercices. Mettez par ordre d'importance les croyances et les saboteurs internes que vous jugez les plus nocifs à votre bien-être. Choisissez les croyances limitatives que vous devez travailler en priorité. Ensuite, assurez-vous de bien déterminer les saboteurs internes associés, ainsi que les gestes à poser pour modifier ces croyances et bien comprendre les effets néfastes qu'elles ont dans votre vie.

Comment s'y prendre pour éliminer ou neutraliser ces croyances limitatives ? La première étape à franchir est d'en prendre conscience, ce qui n'est pas toujours facile, dépendant de la croyance. La deuxième étape est de pouvoir vous pardonner et reprogrammer votre discours intérieur ou vos pensées automatiques. Par conséquent, pour chacun identifiez-en la problématique, puis pensez à ce que vous voulez vraiment. Ensuite, une fois que vous avez ciblé ce que vous devez faire pour modifier cette croyance en la reprogrammant par un scénario de croyances positives, n'oubliez surtout pas que pour créer une nouvelle habitude vous devez répétez celle-ci pendant 21 jours de suite. Pendant cette période, soyez très attentif à votre discours intérieur. Dès qu'une croyance limitative refait surface, chassez-la immédiatement et remplacez-la par une croyance positive.

Il est important de travailler une croyance à la fois ou de limiter le nombre que vous voulez travailler pour obtenir de bons résultats. N'essayez pas de tout accomplir en même temps, fixez-vous des objectifs qui sont réalistes et réalisables.

Réflexion et réponses aux questions :

_____
_____
_____
_____
_____
_____
_____
_____
_____
_____
_____
_____
_____
_____
_____
_____
_____

• • •

LES SCHÉMAS COMPORTEMENTAUX DU PASSÉ

> « Ce à quoi on s'oppose persiste. »
> — Carl G. Jung

Pourquoi parlez des schémas comportementaux ou cycles répétitifs dans notre vie ? Premièrement, à cause du travail de conscientisation et de connaissance de soi qui doit être fait pour être en mesure de les repérer. Deuxièmement, si nous voulons concevoir des stratégies efficaces d'adaptation pour être heureux, alors nous devrons reconnaître et modifier les schémas répétitifs. Troisièmement, si nous sommes vraiment authentiques, il sera alors plus facile de choisir le parcours à suivre et les décisions à prendre pour éviter les désagréments de certaines répétitions.

Comme nous l'avons identifié antérieurement, les croyances d'une personne s'élaborent à partir des expériences vécues au cours de sa vie, dont celles de l'enfance qui sont particulièrement importantes. Ces croyances permettre d'établir une base de compréhension que la personne a d'elle-même et des autres et qu'elle utilise dans sa vie quotidienne. En général, ces formes de croyances nous permettent d'avoir des comportements adaptés et relatifs en fonction de l'interprétation que nous nous faisons de la réalité. Ils nous permettent de développer des stratégies d'adaptation et d'ajuster nos croyances au fur et à mesure que nous expérimentons de nouvelles situations qui nous aident à développer des comportements variés et mieux adaptés. Cela sous-entend l'importance de nos réactions face à des situations nouvelles pour vivre en harmonie.

Quelles pourraient être les réactions possibles, si nous sommes face à une attitude défensive? S'il y a un manque de compréhension des situations nouvelles créant des comportements inappropriés, alors cela sous-entend qu'il y aura maintien des anciennes formes de croyances. Voyons un exemple concret d'une personne qui, à tort, ne se sent pas du tout appréciée au travail. Si elle ne juge pas les circonstances adéquatement, elle ne verra pas ce qui se passe vraiment et décidera de maintenir ses anciennes croyances. Cette même personne, si elle n'a pas conscience de ce qui se passe réellement au bureau, pourrait décider de faire de l'évitement ou carrément fuir la situation, comme par exemple changer d'emploi. À la limite, cette personne pourrait décider de compenser ou contre-attaquer la situation, en réagissant de façon inappropriée, par exemple, porter une plainte non justifiée à sa direction.

Le problème réside dans le fait que les réactions et les comportements sont malheureusement inconscients. D'où le défi de conscientiser et de repérer nos pensées automatiques, qu'on peut plus facilement observer que nos croyances. Nos pensées automatiques sont ce que nous nous disons au sujet des différentes situations vécues. Elles semblent peut-être logiques par rapport à nos pensées sous-jacentes mais peuvent manquer souvent d'objectivité et présenter des biais cognitifs. Pour observer et neutraliser les pensées automatiques, voir les techniques suggérées sur les croyances limitatives. L'objectif de cette section, sur la répétition des cycles ou événements dans votre vie, est de vous faire prendre conscience de l'impact des croyances anciennes en fonction de votre capacité d'adaptation. Vous devenez le seul responsable des cycles récurrents que vous vivez. Il existe différentes formes de croyances inadaptées, mais nous n'aborderons pas ce concept dans ce livre.

> « Les pensées mènent aux émotions, les émotions mènent aux actions et les actions mènent aux résultats. »
> — T. Harv Eker

Précédemment, nous avons vu dans la section sur les blessures de l'enfance et les mécanismes de défense, certaines techniques des auteurs Ingeborg Bosch Bonomo et John Bradshaw. Ces méthodes ne traitent pas spécifiquement du phénomène répétitif dans la vie. D'où la pertinence de vous parler d'une autre technique dans ce chapitre.

> Dans son livre, *Répétitions, vies antérieures, vie et rebirth*, Christiane Northrup, mentionne que nous avons au moins trois thèmes problématiques dans notre vie qui se répètent dans une multitude de situations. Elle rappelle aussi la loi universelle de la survie et les besoins d'évolution de l'âme : « Si nous ne changeons pas, l'âme ne s'épanouit pas. Si l'âme ne s'épanouit pas, elle ne réalise pas ce pour quoi elle est venue en ce monde... et alors tout le dessein de sa venue sur Terre et de sa vie dans un corps humain n'a plus de sens[17]. »

Parfois, il est très difficile de prendre conscience que nous sommes dans un cycle répétitif, car nous sommes trop impliqués dans la situation et que nous cherchons une solution à court terme. Notre vision est ainsi trop limitée pour prendre conscience de ce type de phénomène. Par conséquent, nous devons reconnaître l'impact de ces cycles dans les différentes sphères de notre vie et, à la limite, revoir certains schémas de comportements familiaux. Premièrement, une prise de conscience des mécanismes de défense et des phénomènes répétitifs sont essentiels. Deuxièmement, on doit les remettre dans leur contexte pour déterminer si nous sommes les seuls à en souffrir ou si certains membres de notre famille connaissent le même phénomène. Troisièmement, on doit vérifier s'il y a eu des « bénéfices » sous-jacents à conserver un comportement récurrent nuisible dans notre vie. Pour ce faire, on doit se poser des questions difficiles, comme par exemple :

- Pourquoi je permets aux autres ou à moi-même de vivre cette situation ?
- Qu'est-ce que je gagne à demeurer dans cette situation ?
- Qu'est-ce que cette situation m'apporte réellement ?
- Quels sont les impacts négatifs de cette situation ?
- Quels sont les impacts positifs de cette situation ?
- Pourquoi ai-je ce comportement envers moi-même ?

Quels sont les thèmes qui apparaissent fréquemment dans notre vie ? Quels schémas négatifs sont répétés continuellement ? Quand vous vivez un phénomène répétitif, le plus difficile est de le reconnaître tout en découvrant sa source. En utilisant la pleine conscience, vous voyez différemment ce phénomène. Il y a deux options possibles qui s'offrent à vous, soit que votre être s'unit à votre essence profonde, soit qu'il reste camper dans sa position. « Restez camper » signifie que vous n'apprenez pas vraiment de la situation afin de permettre sa compréhension et son intégration réelle. Dans cette situation, les événements récurrents se reproduisent avec beaucoup plus d'intensité. Vous demeurez dans une position fermée à cause de la résistance dont vous faites preuve, d'où la récurrence du phénomène. Plus vous revivez la même chose, plus il y a un risque de développer une position de plus en plus fermée en intensifiant ainsi les expériences répétitives vécues.

....

En réalité, on répète de façon inconsciente les mêmes évènements, car nous essayons de guérir nos traumatismes passés. À bien y penser, la répétition est la seule façon pour apprendre à changer un comportement de façon significative.

....

Il est donc important de revoir votre approche afin de cesser de reformuler les mêmes schémas dans votre vie. Voici une méthode qui aide à guérir ou à amoindrir les répétitions douloureuses que vous expérimentez. Il s'agit d'une méthode de guérison pour se pardonner à soi-même et aux autres, qui a été développée par Doris Eliana Cohen. Dans son livre, elle parle des sept étapes associées à la « renaissance », qui ont été adaptées en rajoutant celle associée au lâcher-prise. Vous allez constater que le processus proposé par l'auteure ressemble beaucoup à la technique de John Bradshaw. Sa méthode met fin aux réactions conditionnées de l'enfant traumatisé en arrêtant les différents réflexes. Les deux auteurs proposent de revoir les blessures de l'enfant traumatisé en chacun de nous. **Cependant cette technique vise à prendre conscience de la répétition et de développer un réflexe pour arrêter le phénomène pendant qu'il se produit.** Voyons les étapes proposées, qui doivent être bien utilisées[18] :

Étapes	Description
Étape 1 : Reconnaissez votre comportement répétitif et mettez-y fin	Vous prenez conscience de vos comportements répétitifs et vous les arrêtez immédiatement quand ils se produisent. Vous créez une image mentale d'arrêt pour rejoindre l'inconscient et reprogrammer le comportement. Pour guérir, vous reconnaissez le schéma de comportement et les réactions qui y sont associées.
Étape 2 : Prenez de grandes respirations	Le corps adopte certaines réactions lors de comportements répétitifs. Il est important de faire une pause pour reconnaître ce qui se passe à l'intérieur de vous, par exemple, l'augmentation de la respiration, du rythme cardiaque, etc. La réaction physique provient du système nerveux sympathique. Dès que la menace disparaît, ce dernier envoie un message au système nerveux parasympathique qui retrouve son calme. La respiration profonde aide dans cette situation. Vous relâchez la tension en expirant par la bouche et en émettant un son de votre choix.
Étape 3 : Reconnaissez votre responsabilité dans cette répétition	La seule façon de guérir est de vous réapproprier votre « responsabilité ». Il est important de reconnaître que vous êtes l'auteur de cette répétition. Vous prenez conscience que les événements sont souvent inconscients, mais il existe des schémas comportementaux qui sont identiques d'une situation à une autre.

Étapes	Description
Étape 4 : Pensez à l'âge de votre enfant intérieur	Laissez monter intuitivement un chiffre entre 0 et 10 qui correspond à l'âge de votre enfant intérieur. Une fois le chiffre obtenu, visualisez un endroit magique comme lieu de rencontre où il est possible d'y retourner chaque fois que vous voulez guérir quelque chose en vous.
Étape 5 : Visualisez votre rencontre avec votre enfant intérieur	Maintenant, imaginez l'enfant en vous à cet âge, prenez le temps de le visualiser et de l'accueillir. Votre intention est d'exprimer un amour inconditionnel d'adulte envers lui, tout en lui procurant la sécurité. Parlez-lui et réconfortez-le par rapport à la situation qui l'effraie. Invitez-le à vous rejoindre dans votre paysage mental, si l'enfant n'est pas prêt, ne forcez pas les choses, sachez l'apprivoiser à son rythme. Il n'est pas important de connaître les détails du traumatisme vécu, reconnaissez seulement la souffrance et les émotions vécues.
Étape 6 : Lâchez prise et pardonnez l'offense	Après avoir reconnu la douleur ressentie par votre enfant intérieur et l'avoir consolé, demandez-lui ce qu'il a besoin pour guérir cette émotion. Écoutez intuitivement ce qui vous vient comme information à intégrer dans votre démarche. Si votre enfant intérieur est prêt à laisser aller, écoutez votre être, aimez-le et félicitez-le pour son courage de se libérer de la peine qui l'emprisonnait. Par exemple, vous pouvez utiliser des phrases telles que : « Je libère les conclusions et les énergies négatives associées à ces expériences. » « Je me sens totalement guéri et je reprends le dessus sur ma vie. »
Étape 7 : Mettez fin à votre rencontre	Il est maintenant temps de mettre fin à votre rencontre et de laisser votre enfant intérieur grandir dans votre univers mental. Rassurez-le en lui disant qu'il est en sécurité et que vous êtes présent. Dites-lui que vous avez cet espace magique d'amour. Mentionnez-lui que vous reviendrez le visiter plus tard. Cette étape est importante car il y a un développement qui se produit : votre enfant intérieur a grandi et il ne dirige plus (ou de moins en moins) vos émotions d'adulte.
Étape 8 : Revenez dans le moment présent	Maintenant, continuez de respirer profondément et revenez tranquillement à la réalité en tant qu'adulte. Reprenez contact avec vous et avec votre environnement. Vous pouvez conclure que vous êtes maintenant le seul maître de vous-même.

En utilisant ce processus, certaines informations reviennent à votre esprit conscient au fur et à mesure de votre guérison. Ces étapes facilitent la compréhension et ouvrent la porte à l'inconscient qui veille en vous. L'efficacité de cette méthode est de vous réapproprier votre histoire, mais ce n'est pas grave s'il est difficile de vous en souvenir, car vous pouvez toujours reprendre le processus jusqu'à ce que cela se réveille en vous. Plus l'adulte conscientise les comportements répétitifs, plus cela libère le passé. Utilisez cette méthode chaque fois que vous en avez besoin ; remarquez que plusieurs séances peuvent être nécessaires pour guérir un même traumatisme. Des changements positifs se produisent en assumant votre entière responsabilité, mais ils sont progressifs. Soyez attentif au progrès que vous réalisez et surtout évitez de vous critiquer (le juge : le saboteur complice en vous). Pour avoir du succès avec cette méthode de transformation, il est essentiel de l'utiliser à plusieurs reprises. Rappelez-vous qu'une nouvelle habitude se développe en répétant la même chose pendant 21 jours consécutifs. C'est à vous de déterminer votre rythme idéal.

....

> La tenue d'un journal de bord peut être une source d'informations incroyable pour comprendre le phénomène de comportements répétitifs.

....

Un autre outil pratique et puissant est l'écriture de sa propre histoire. Vous couchez sur papier ce que vous avez vécu par tranches de 5 à 10 ans, durant 30 à 60 minutes par jour, dépendant de votre temps disponible. En décrivant les agissements par écrit et en utilisant la troisième personne, cela vous donne un rôle d'observateur. Naturellement, on prend le temps nécessaire pour que vos souvenirs et vos émotions reviennent à la surface. On note la perception des souvenirs qui peut être différente de la réalité. Ce n'est pas important si vos souvenirs ne sont pas totalement exacts. En faisant cet exercice, vous élevez votre niveau de conscience, car le message transmis à votre inconscient est que vous êtes prêt à regarder ce qui se passe en profondeur dans votre vie. Notez aussi tous les rêves nocturnes qui surviennent durant le processus. Lorsque vous avez terminé, mettez de côté vos notes et prenez du temps pour les relire par la suite. Avec un certain recul, vous verrez que votre récit recèle des phénomènes récurrents qui seront plus facilement repérables par vous.

Le grand avantage de cette technique est qu'elle facilite votre compréhension des schémas de comportements et des cycles récurrents que vous vivez. On peut utiliser la technique en ramenant un souvenir conscient positif afin de changer immédiatement un état d'esprit négatif. Votre attitude se trouve ainsi modifiée face aux événements et à vos réactions inconscientes.

En terminant cette section sur les cycles de répétition, il faut savoir qu'il s'agit d'un long travail qui demande patience et énergie, tout en gardant une ouverture d'esprit sur les émotions sources. Cependant, les retombées en valent la peine, même si vous ressentez une certaine souffrance. Avec une présence attentive, celle-ci vous aidera à vivre une expérience beaucoup plus douce. **Vous êtes en position de comprendre grâce à votre regard aimant d'adulte, et surtout, soyez bienveillant envers vous !**

• • •

« Ce n'est pas en regardant la lumière que l'on devient lumineux, mais en plongeant dans son obscurité. »
— Carl G. Jung

L'OMBRE

Dans cette section, nous abordons ce sujet pour souligner l'importance de mieux comprendre l'impact ou de réintégrer les sous-personnalités (ombre) dans notre connaissance et conscience de soi, dans cette quête de vérité. L'ombre ne se laisse pas détecter facilement, par conséquent, le fait d'avoir une connaissance théorique à ce sujet pourra vous sensibiliser à la reconnaître en l'expérimentant. En général, deux périodes sont plus propices pour réintégrer l'ombre, soit au début de la jeunesse et au mitan de sa vie, quand on opère des changements majeurs de la personnalité. Vouloir se découvrir et reconnaître les impacts de nos comportements que certaines émotions ou réactions peuvent générer, contribuera à améliorer notre intelligence émotionnelle. Sans oublier que cela vous aidera à avoir de bonnes relations affectives et sociales. En faisant la lumière sur cet endroit un peu plus obscur de vous-même, vous contribuerez à vous rapprocher et établir ce lien avec votre essence profonde (voir plus bas le schéma sur la conception du psychisme de Jung).

> Comment illustrer cette partie refoulée ? « L'ombre, c'est cet obscur trésor fait d'éléments infantiles de l'être, de ses attachements, de ses symptômes névrotiques, enfin de ses talents et de ses dons non-développés. Elle assure le contact avec les profondeurs cachées de son âme, avec la vie, la vitalité et la créativité[19]. »

On peut aimer les autres ou soi-même, même si nous n'avons pas une vision globale de soi incluant nos sous-personnalités. Mais on s'aime et on s'accepte davantage quand on découvre certaines portions inexplorées de soi-même. On comprend grâce aux citations ci-dessus l'importance de l'ombre et de ses incidences possibles dans notre vie. **Que sont-elles au juste ?** Votre ombre correspond à une partie refoulée ou inavouée de vous-même que vous avez enfouie quand vous étiez jeune pour diverses raisons, par exemple, la crainte d'être rejeté. Vous avez ainsi ajusté vos comportements pour être accepté. Par conséquent, vous avez rangé profondément dans votre inconscient ce qui n'était pas jugé « acceptable », ou vous n'avez pas exploré certains côtés de votre être. À force de refoulements ou de répressions, vous avez compressé une énergie qui est toujours vivante et active en vous. Même s'ils sont refoulés, ces éléments survivent et cherchent à refaire surface dans votre vie. La non reconnaissance de son ombre peut occasionner des problèmes d'ordre psychologique ou social sans que vous compreniez pourquoi.

> Vous devez prendre conscience que certaines
> de vos sous-personnalités refoulées (votre ombre)
> dirigent inconsciemment vos comportements.

En réalité, nos sous-personnalités protègent cet enfant vulnérable qui veille en chacun de nous. Comme nous l'avons vu dans les sections sur l'estime de soi, des blessures de l'enfance et des mécanismes de défense, il n'est pas surprenant de constater qu'elles se sont développées pour s'adapter au contexte familial et culturel. L'ombre fait partie de l'ensemble du développement humain. Naturellement, dépendant de notre développement, on comprend que leur degré de concentration et leur impact peuvent varier dans notre personnalité. Pour aider à positionner l'ombre versus le Soi, voici la conception illustrée du psychisme selon Carl G. Jung[20] :

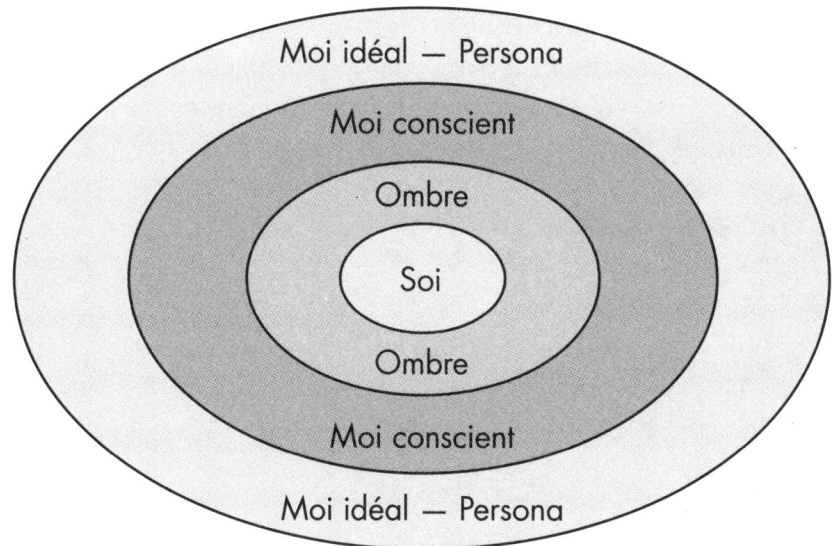

Comme nous pouvons le voir, le centre du psychisme, inconscient et conscient, est le Soi où loge l'âme (appelée aussi image de Dieu). Nous avons déjà abordé cette notion dans le chapitre sur la découverte de son essence profonde. Pour plus d'explications, veuillez vous référer au chapitre 2 sur les *notions de base du Soi*. Par souci d'adaptation de l'ego conscient, l'ombre s'est logée dans l'inconscient. Pour ce qui est des portions associées au moi conscient et au moi idéal (persona), toutes deux résident également dans la partie consciente. Cette dernière portion de nous-mêmes (moi idéal), est celle qui est le mieux adaptée au milieu ou à l'environnement. Vous comprenez par ce diagramme que vos parties du moi (conscient et idéal) sont celles que vous affichez en société.

Donc, dans la quête de notre vérité et du désir d'être soi-même, il y a un travail à faire de compréhension, de reconnaissance et au besoin d'intégration des parties refoulées en nous-mêmes. Ce travail libère les comportements inconscients permettant ainsi d'avoir des choix conscients et une capacité de maîtrise de soi. En réalité, le travail de conscientisation peut nous aider dans notre gestion des choix associés à notre aptitude au bonheur. En reconnaissant ces parties autonomes, cela change la dynamique pour retrouver notre estime de soi authentique et être en paix avec soi-même. Par contre, il faut comprendre qu'il existe une certaine dualité entre l'ego et le Soi qui exige un réalignement entre les deux pour avoir une vie harmonieuse. Le Soi (centre du psychisme conscient et inconscient) permet cette transformation quand vous reconnaissez le besoin d'harmoniser l'ego et l'ombre pour résoudre vos contradictions. Pour cela, l'ego doit « lâcher prise » et se placer sous la gouverne du Soi en abandonnant sa prétention d'être le centre psychique. Nous en discuterons beaucoup plus en détails dans la section sur *vivre son essence profonde* (réalignement de l'ego).

> Une des conséquences connues de l'ombre est de générer des obsessions et/ou des projections sur autrui. L'auteur Jean Monbourquette définit ce phénomène comme suit : « Autrement dit, la projection consiste à voir, à entendre et à sentir, par réverbération sur l'extérieur, des émotions, des qualités, des traits qu'on a refoulés en soi. Il se produit donc un déplacement du matériau psychique "du dedans" de soi "vers le dehors de soi"[21]. »

Ce qui nous fait réagir face à l'autre est parfois le « miroir de nos propres limitations » créant ainsi des réactions et des résistances. Ce que vous projetez sur les autres sont, par exemple, le fruit de vos propres « défauts refoulés ». Plus vos réactions (ou irritations) sont vives face aux autres et plus les projections risquent de vous donner des renseignements précieux sur cette partie refoulée en vous-même. Comme le disait Anaïs Nin, femme de lettres américaine : « Nous ne voyons pas les choses telles qu'elles sont, nous les voyons telles que nous sommes. » Dans ce genre de situation, on peut se poser quelques questions sur soi-même, sans jugement et avec la plus grande honnêteté possible, telles que : **Qu'est-ce qui me fait vraiment réagir dans cette situation ? Qu'est-ce qui m'appartient dans cette réaction ? Quelle image de moi est projetée ? Qu'est-ce qui m'habite en termes de limites ou de croyances ? Comment faire pour m'en libérer dès maintenant ?**

Pour reconnaître son ombre, on fait un travail d'analyse sur soi pour comprendre nos différents comportements. Par exemple, on se découvre par des questionnements, par l'analyse de ses rêves, par la compréhension de soi et aussi par les projections faites sur autrui. Quand on est en interaction avec les autres, on peut analyser nos réactions vives à certaines remarques, à l'expression des interdits et aux blâmes ou critiques qui nous sont adressés. Une fois que le travail de dépistage (conscientisation) des sous-personnalités est complété, on peut procéder à la prochaine étape, qui est d'effectuer leur intégration. Il est important de prendre son temps et d'intégrer les traits de sous-personnalité, un à la fois. Cela signifie que vous avez identifié une qualité opposée d'un trait de sous-personnalité particulier et que vous vous permettez de vivre les deux qualités opposées.

> Il y a un principe fondamental en psychologie et en spiritualité : on doit accepter les choses à changer avant de pouvoir les intégrer à l'intérieur de nous-mêmes.

Cette affirmation signifie qu'il y a une prise de conscience à faire dans la reconnaissance de vos qualités opposées de vos traits de sous-personnalités. Ce travail d'intégration de l'ombre est celui d'une vie, car plus vous intégrez une qualité associée à un nouveau trait, plus vous constatez qu'il reste d'autres côtés ombrageux sur lesquels vous voulez travailler. Pourquoi faire ce travail? Une citation de Carl G. Jung dit ceci : « Si vous ne faites pas face à votre ombre, elle viendra sous la forme de votre destin. » Le travail de conscientisation vous rapproche de votre vraie nature, de votre authenticité réelle.

Apprivoiser les sous-personnalités de l'ombre constitue une tâche délicate, d'où l'importance d'être bien encadré dans ce processus. Une bonne connaissance et estime de soi sont aussi importantes, sans oublier l'humilité qui est essentielle pour les accepter et les reconnaître. Voici certaines stratégies pour aider à l'intégration comme par exemple :
- Conscientiser l'existence des deux qualités opposées dans les traits de personnalité ;
- Dialoguer et se connecter avec soi-même ;
- Retrouver et apprivoiser votre enfant blessé ;
- Comprendre et identifier vos projections
- Prendre le temps d'intégrer de nouvelles habitudes.

Comme vous le constatez, ce travail sur l'ombre permet de se connaître plus profondément et de conscientiser certaines réactions de comportements inconscients. Un des aspects très positifs de l'ombre est la reconnaissance des beaux traits de votre personnalité, par exemple, quand on admire une qualité formidable chez une autre personne, vous utilisez parfois la projection. Cela signifie qu'il y a de fortes chances que cette qualité réside en vous sans que vous en ayez conscience. Par conséquent, l'intégration de l'ombre permet de développer une vision plus globale et de faire de très belles découvertes sur vous-même. Il permet surtout l'épanouissement complet de votre être et de vivre votre authenticité.

• • •

LES POINTS DE BASCULE OU SOUFFRANCES : PLANCHES DE SALUT

> « Nos épreuves contribuent toujours à notre développement lorsque nous les regardons comme des opportunités de corriger les erreurs du passé ou d'acquérir sagesse et entendement[22]. »
> — Edgar Cayce

Sans la satisfaction de son essence véritable, il ne peut y avoir de satisfaction ou de joie de vivre durable. Comme nous l'avons vu, l'essence profonde recherche une vie riche et élaborée. Elle ne recherche pas le superficiel, mais plutôt la profondeur des relations et du cœur. En réalité, vous devez bien l'alimenter sinon certains malaises s'exprimeront sous différentes formes. Vous devez être aux aguets pour reconnaître ses besoins grâce à votre connaissance et vos observations de ses expressions. Pensez à l'expression d'une joie immense à la vue de quelque chose qui vous passionne particulièrement. Cette joie sincère vous renseigne sur ce que votre essence aime et désire. Une chose est certaine, la tranquillité ou la contemplation aide à faire le silence nécessaire pour établir un lien avec votre essence. Comme le disait Yanku : « Pour savoir qui tu es, écoute ton silence. » Malheureusement, il se peut que vous soyez obligé de regarder et d'écouter votre souffrance pour la reconnaître et comprendre ses besoins. À l'extrême limite, si vous ne l'entendez ou la ressentez plus, posez-vous des questions, car il est possible que vous soyez déconnecté d'elle.

Parfois la vie envoie des situations ou des signaux d'alarme qui vous permettent une remise en question. Certains événements sont considérés comme des points de bascule, des tremplins ou des sources d'enseignement pour rétablir le pont avec vous-même. Ils se manifestent la majorité du temps par des souffrances d'ordre physique, psychique ou émotionnel. Voici certains exemples de situations qui génèrent une remise en question :

- Sentiment de vide que l'on cherche à combler (par exemple : perte d'identité à la suite d'une perte d'emploi ou lors de la retraite);
- Manque de sens dans sa vie (par exemple : malaise profond suscité par le manque de buts, de plaisirs ou de réalisation de soi);
- Dépression ou autres maladies physiques;
- Perte de valeur ou autres pertes significatives qui nous remettent en cause (par exemple : accidents avec blessures corporelles importantes, le deuil, la perte de statut social);
- Problèmes associés aux relations et à l'amour (par exemple : séparation ou divorce);
- Besoin d'enrichissement ou de développement personnel à la suite de malaises, traumatismes ou sévices (par exemple : l'inceste);
- Besoin de spiritualité par une quête de sens dans sa vie (par exemple : le besoin d'être guidé par des convictions et croyances profondes).

Lorsque l'on vit un événement similaire à ces exemples, on sent un profond malaise, il nous donne l'impression de vivre une sorte de vacuum laissant un grand vide dans notre vie. Cette absence de sens montre à quel point nous voulons comprendre et expliquer notre vie. Durant cette période, le travail intérieur vécu se fait en accéléré à cause de ce phénomène catalyseur, ce point de bascule où tout semble chavirer et où on perd nos repères.

Les revers, les souffrances ou obstacles rencontrés dans la vie vous offrent l'occasion unique de comprendre ce qui se passe en vous. Ils vous donnent la chance d'exprimer une facette de votre nature cachée. Vous allez vivre ce passage, ce rendez-vous unique avec vous-même avec beaucoup plus d'intensité et de présence à soi. Dans ces situations, il existe un paradoxe, car votre présence à vous-même augmente le ressenti de la souffrance mais elle s'en trouve alléger par la suite. Donc, les souffrances nous permettent une introspection, car le rythme effréné de notre existence ne nous aide pas toujours à vivre ce processus, qui prend un certain temps et du recul. Ainsi quand vous ouvrez votre cœur à la souffrance, vous vous rapprochez de vous-même par la découverte de son vrai fondement. Pour ce faire, vous vous concentrez davantage sur l'accueil et l'acceptation de la blessure qui vous permet d'être plus serein et conscient des événements. Cette attitude plus zen face à la vie vous permet de restaurer votre connexion avec votre essence profonde. Bien que l'on ressente cette souffrance et qu'on s'ouvre à soi-même, cela ne signifie pas que l'on doit se complaire dans le rôle de victime des événements, mais plutôt d'être l'acteur de sa vie.

> Selon Thomas Moore, le résultat est le suivant : « le soin de l'âme ne demande pas que l'on se complaise dans le symptôme, mais il exige plutôt que l'on s'efforce d'apprendre les qualités dont l'âme a besoin à travers lui[23]. »

Lorsque nous sommes confrontés à des revers dans la vie, il y a toujours plusieurs réponses possibles. Nous venons de voir l'acceptation et la compréhension. On réagit en fonction de l'acceptation d'une situation, mais parfois certaines personnes sont tellement captives de leur souffrance qu'elles se désensibilisent à la douleur. Pour d'autres, la fuite de la souffrance devient la seule option. L'être humain peut parfois être porté à utiliser des drogues, de l'alcool, la compulsion alimentaire ou la médicamentation pour éviter de confronter une situation douloureuse. Il cherche à fuir ou à amoindrir une réalité difficile. Il est prisonnier de ses propres ressentiments et de ses colères, qu'il entretient parfois bien malgré lui. On comprend alors que la victime ou le bourreau n'existe pas, seulement le fait que vous devez reprendre le pouvoir. Sinon cela vous empêchera de connaître la joie, mais pire encore, cela peut vous enliser dans une spirale d'autodestruction et de cycles répétitifs. Le ressentiment ne fait que maintenir la spirale des cycles répétitifs, car vos états intérieurs attirent toujours les mêmes situations pour guérir. Pour arrêter ce cycle, vous devez porter un regard amoureux sur vous-même. Cette prise de conscience libère les mémoires et modifie vos états intérieurs.

> En somme, le fait d'accepter de ressentir les émotions qui sont associées à notre souffrance nous permet de prendre le recul nécessaire pour conscientiser et ressentir les différents malaises vécus. Cela peut également nous aider à résoudre des cycles répétitifs dans notre vie. Ces points de bascule doivent être vus comme des planches de salut qui nous apportent de nombreux bénéfices, comme celui de continuer notre chemin beaucoup plus heureux qu'auparavant. Comme le disait Kalil Gibran : « Nul ne peut atteindre l'aube sans passer par le chemin de la nuit. » Les souffrances sont parfois nécessaires pour que l'on découvre la magnifique luminosité en nous !

● ● ●

Dans ce chapitre, nous avons vu l'importance d'avoir un regard introspectif pour développer votre connaissance et votre conscience de soi. Premièrement, nous avons vu l'importance d'avoir une bonne estime de soi pour avoir de bonnes relations sociales et affectives, et pour développer aussi votre intelligence émotionnelle. Deuxièmement, en précisant les différents impacts potentiels des obstacles ou défis à l'expression de soi, cela permet de vous sensibiliser à des comportements inconscients qui peuvent exister, d'en comprendre les impacts et de soigner vos blessures d'enfance, si besoin est. Troisièmement, nous avons discuté de certaines croyances limitatives et de vos saboteurs internes qui peuvent influencer négativement vos comportements. Quatrièmement, nous avons vu l'incidence des projections ou des qualités refoulées de l'ombre et de la possibilité de prendre conscience et de réintégrer vos sous-personnalités. Cinquièmement, nous avons exploré le phénomène sur les schémas comportementaux du passé pour mieux en prendre conscience et limiter ainsi les répercussions possibles dans les différentes sphères de votre vie. Sixièmement, nous avons constaté l'importance des souffrances et des points bascule qui permettent de prendre un recul nécessaire pour rétablir le lien avec vous-même. Dans le prochain chapitre, nous allons porter un regard plus attentif sur soi et la présence à soi-même.

Chapitre 4
À LA DÉCOUVERTE DE SOI, UN REGARD ATTENTIF ENVERS SOI-MÊME

Dans cette section, nous porterons un regard attentif à notre être, que cela soit au niveau du corps physique, de l'esprit ou du Soi. Notre corps est notre temple et un outil précieux pour nous permettre de vivre une vie remplie de bonheur. Nous avons déjà déterminé l'importance de la joie de vivre, des émotions et de développer son intelligence émotionnelle dans notre quête du leadership authentique. Maintenant, nous porterons une attention particulière à notre intelligence corporelle. Comme nous l'avons mentionné, votre corps reçoit plein de signaux à interpréter continuellement. Pour être réceptif à ces derniers, cela se fait par votre présence attentive et votre disponibilité envers vous-même. Vous développez une présence consciente pour adopter ou jouer un rôle d'observateur, et grâce à la pleine présence (présence attentive), vous observez avec détachement certaines situations. Cette pleine présence permet non seulement de ressentir les choses mais de les mettre en perspective. Nous verrons trois sujets clés, à savoir : la présence à soi-même, les soins du corps et du Soi, ainsi que le corps énergétique, signe de vitalité.

LA PRÉSENCE À SOI-MÊME
Le développement de la pleine conscience ou de la présence attentive (*mindfulness*) est fondamental pour accéder à l'essence de soi. Elle se traduit par un état d'esprit calme, bienveillant et attentif à ce qui se passe en vous et autour de vous au moment présent. Elle vous aide à développer

votre capacité à ressentir les émotions et à utiliser votre intuition qui sert de baromètre intérieur. Par conséquent, une des premières choses qui vient à l'esprit quand on souhaite vivre son authenticité, c'est le besoin de développer totalement la présence à soi dans le moment présent pour établir ce lien privilégié avec soi. Malheureusement, nous semblons souvent vivre dans le passé ou dans le futur, en attente de quelque chose, ou dans l'appréhension d'un événement quelconque. Nos pensées ou préoccupations peuvent nous distraire du moment présent et nous perdons alors contact avec notre présence à soi.

> Pour illustrer la présence à soi, l'auteur Eckhart Tolle, dans son ouvrage *Le Pouvoir du moment présent*, parle de l'expression de l'être dans le « je suis » et « je ne fais qu'un avec moi-même ». Ses enseignements montrent comment transformer et vivre la paix intérieure. Son raisonnement se base sur le fait que le passé et l'avenir n'existent pas, seul le PRÉSENT est la VIE. Pour taire le mental et le ramener dans l'instant présent, la seule façon de le faire est de mettre fin à l'illusion du temps[1].

Dès que vous saisissez cette notion, il se produit alors un basculement du mental vers la conscience, ainsi que du temps vers la présence, pour ainsi développer votre pleine conscience de l'être. Certains maîtres spirituels bouddhistes mentionnent que la présence à soi est la clé dans le développement de toute pratique spirituelle. Selon Eckhart Tolle, c'est la seule façon d'exister si on veut obtenir la liberté tout en expérimentant la paix intérieure, un nouvel état de conscience et de plénitude[2].

Pour expérimenter ce sentiment de paix intérieure, il doit exister une certaine simplicité dans ce que l'on vit, que ce ne soit pas compliqué. C'est le flot de la vie douce et paisible qui rejaillit. Ainsi, les décisions sont plus faciles à prendre quand vous êtes dans le moment présent car vous n'extrapolez plus de scénarios inexistants. Vous devenez tout simplement UN! **Vous devez diriger votre attention vers ce qui existe. Comment? En regardant et en écoutant véritablement par la présence alerte qui se manifeste dans un état de calme.** Cela permet l'émergence de la conscience non-conditionnée. Pour la développer, vous devez être capable de reconnaître et de sentir à la fois l'essence de la conscience et celle de la forme physique. Ensuite, vous devez aimer, respecter et accepter ces deux aspects de vous-même. Votre présence consciente dans votre corps EST, tout simplement. Cette présence attentive crée un détachement ou un rôle d'observateur de votre mental. Vous êtes maintenant en mesure de mieux comprendre, d'observer et de gérer ce qui se passe au niveau des émotions et des situations. C'est comme si vous aviez un nouveau regard. Vous vous redonnez de l'énergie tout en accédant à une dimension plus intemporelle. Un exemple de cela, est l'écoute active et véritable que l'on fait en s'arrêtant et en écoutant l'autre, tout en faisant taire ses nombreuses pensées. On suspend son jugement, on écoute simplement sans penser aux réponses possibles. On fait une chose à la fois : c'est cela vivre le moment présent !

> Lorsque vous êtes VOTRE PRÉSENCE CONSCIENTE, vous devenez le réceptacle des perceptions des sens et des événements dans votre vie. Vous développez votre sensibilité à ce qui est dans le monde visible, mais aussi dans celui de l'invisible. Ce qui est merveilleux est que vous avez toujours ce sentiment d'être vous-même, en harmonie avec votre être entier ! C'est un alignement intérieur avec la vie. La VIE devient le MOMENT PRÉSENT et vous l'accueillez pour qu'il puisse exister.

Vous connaissez alors l'interdépendance des choses, ce flux de l'intelligence unique qui s'exprime dans l'univers. La vie devient tellement plus facile, car vous vivez en harmonie avec elle. En profitant pleinement du moment présent, vous ressentez une gratitude et une reconnaissance automatique face à la vie (une des stratégies du bonheur) car vous êtes à même de voir tous ces moments privilégiés. Pour être en mesure d'apprécier ces moments uniques, vous devez faire une bonne utilisation des énergies masculines et féminines en vous. Que l'on soit de sexe masculin ou féminin, nous possédons tous ces deux types d'énergie en nous-mêmes. Chaque composante des énergies possède une fonction spécifique importante à l'autre. Par exemple, l'aspect féminin représente généralement la partie plus intuitive, profonde et prudente. C'est par cette sagesse intuitive que votre intelligence supérieure communique avec vous. Elle se manifeste dans votre ressenti durant votre éveil conscient ou vos rêves. Donc, votre énergie féminine est associée à votre capacité d'être (savoir-être), elle agit comme « récepteur ». Pour l'aspect masculin, il est associé à la volonté de faire bouger les choses. Donc, votre énergie masculine est associée à votre capacité d'agir (savoir-faire), elle agit comme « émetteur ».

Le cerveau occupe un rôle central dans la création des réponses à l'environnement. Une de ses fonctions est de gérer les actions de l'organisme à partir des sensations reçues. Il possède deux hémisphères (droit et gauche) qui reçoivent ces informations sensorielles et commandent les réponses à la moitié opposée du corps. Par exemple, l'hémisphère gauche (appelé hémisphère dominant) est plus efficace pour traiter l'information logique et séquentielle, tandis que l'hémisphère droit favorise un traitement holistique et parallèle. L'hémisphère droit est aussi avantagé dans les traitements spatiaux et les émotions. On associe la partie masculine à l'hémisphère gauche, tandis que la partie féminine relève plus de l'hémisphère droit du cerveau.

Pour développer une vie harmonieuse, on concilie ces deux énergies ou comportements. La capacité masculine permet d'ériger une structure qui protège le côté sensible de l'être. En premier lieu, le rôle de l'énergie féminine sert de réceptacle à l'intelligence, tandis que dans un deuxième temps, l'énergie masculine l'écoute et réagit en conséquence. On comprend ainsi le défi de créer un juste équilibre entre ces deux formes d'énergie. Pour illustrer ceci, on peut faire le lien avec la philosophie chinoise qui parle d'énergie du Yin et du Yang. Elles sont des énergies naturelles complémentaires qui produisent l'harmonie. Si l'une domine, l'autre se retrouvera en déséquilibre.

Toutefois, on n'accorde pas suffisamment de place à chacune de ces énergies. Un exemple courant dans notre société moderne est d'être continuellement en mouvement sans prendre des temps d'arrêt. Si nous donnons trop de place à notre énergie masculine, cela déséquilibre notre énergie féminine dans sa capacité de recevoir les différentes informations. Quand on vit son authenticité, on laisse habituellement plus de place à l'essence profonde guider son être, et celle-ci représente à la partie féminine en nous. Ici, il n'est pas question de renier son sexe, mais de vivre en parfaite harmonie avec ces deux aspects de soi-même.

....

> La présence attentive, c'est la capacité d'observer et de s'occuper des choses, c'est être disponible à soi-même. Cela aide à avoir un certain détachement et une meilleure objectivité face aux événements de la vie.

....

Par la présence attentive, vos décisions et vos actions seront nettement améliorées, car vous aurez une compréhension beaucoup plus grande et réelle des choses. Personnellement, ce qui m'a aidée le plus à développer cette présence attentive a été la pratique de la méditation et du yoga. En utilisant la respiration lente et profonde, la méditation stimule le système lymphatique et nous ramène dans l'instant présent. Un sentiment d'énergie, de vitalité et de détente contribue ainsi à la santé générale. Ce phénomène de respiration lente apporte une certaine cohérence et une résonance cardiaque qui réduisent le stress et l'anxiété du système nerveux.

Il est important de souligner qu'une méthode de cohérence cardiaque a été développée par le Heartman Institute en Californie, qui permet d'augmenter la variabilité et la cohérence des battements du cœur. Elle se pratique autant dans la relaxation que dans l'action. En premier lieu, vous vous centrez sur vous-même pour permettre à votre cœur et à votre cerveau de trouver une paix et un équilibre. Par la suite, vous prenez deux respirations lentes et profondes en concentrant votre attention sur votre souffle. Après 10 ou 15 secondes, concentrez votre attention sur votre cœur en vous imaginant que vous respirez à travers celui-ci. Continuez de respirer et d'expirer lentement. Reconnaissez la sensation de chaleur et d'expansion que vous ressentez dans la poitrine, tout en encourageant votre souffle. Pensez à des souvenirs positifs et souriez. Soutenez une respiration rythmée, lente et abdominale, qui se pratique à une fréquence de six respirations par minute. Au fil du temps, vous parviendrez à un état d'équilibre ente le cœur et le cerveau émotionnel créant ainsi une quiétude et une stabilité du système nerveux. Idéalement, vous pouvez faire cette technique de cohérence cardiaque, qui correspond à une fréquence de trois fois par jour, à concurrence de cinq minutes chaque fois (méthode 3-6-5). Chaque période couvre une durée de trois à quatre heures où vous vous sentez plus calme et moins agité. Avec la pratique, il devient plus facile d'accéder à cet état de présence attentive et d'observation[3]. De plus, pour vous aider à doser le rythme de votre respiration, vous pouvez trouver des vidéos sur You Tube (sous « cohérence cardiaque ») pour débuter.

Pour vous permettre de développer votre présence consciente, des exercices pratiques ont été ajoutés sur la méditation pour ceux et celles qui veulent tenter l'aventure. Il existe aussi de nombreuses vidéos sur You Tube pour faire des méditations guidées sur différentes thématiques. Celles-ci aident ceux qui ont plus de difficulté à se concentrer et qui veulent avoir un soutien auditif au début. Il existe également de nombreux livres sur le sujet de la méditation.

D'autres techniques ou activités peuvent également avoir des effets similaires, reste à déterminer ce qui vous convient le mieux. Par exemple, une autre forme de méditation pourrait être la marche ou une autre activité qui introduit le même effet. Plusieurs activités élèvent sa conscience méditative dans la simplicité, que cela soit de laver la vaisselle, nettoyer son plancher, promener son chien, etc. Elles sont appelées « méditations naturelles » car elles demandent peu d'efforts. Cependant, il est préférable de valider leurs effets et de les comparer en termes de bienfaits réels. Tout dépendant de vous, habituellement une méditation assise de 15 à 20 minutes par jour est bénéfique. Si vous comparez avec la marche, par exemple, le temps requis pour accomplir un état similaire est beaucoup plus long. Pour ma part, je sais que je dois marcher l'équivalent d'au moins une heure (60 minutes) si je veux obtenir un état similaire de plénitude que la méditation assise. L'expérimentation et la comparaison de ces différentes méthodes constituent la meilleure façon de déterminer celles qui vous conviennent le mieux. N'oubliez pas que les nouvelles habitudes se créent si vous les répétez pendant 21 jours consécutifs. Passez à l'action et inscrivez immédiatement un temps de méditation ou un moment privilégié de recueillement dans votre agenda pour le prochain mois. Vous en connaîtrez les bienfaits et un sentiment de quiétude si vous persistez.

Certaines personnes s'attendent à expérimenter quelque chose de spécial avec la méditation, mais il n'y a rien de spectaculaire au début, cependant, si vous persévérez dans votre nouvelle habitude vous découvrirez une certaine magie autour de vous. Vous sentirez votre essence « sacrée » et vous vous ouvrirez à votre environnement en remarquant les détails plus subtils, parfois oubliés, que vous offre la vie. Que ce soit les beautés de la nature ou autre, votre pleine conscience et votre paix intérieure vous permettront de goûter et de ressentir un bonheur profond et durable : un sentiment d'être connecté à l'essence même de la vie. Vous finirez par ne faire qu'un avec le moment présent et la vie ; votre corps ressentira beaucoup plus les émotions qu'avant et votre spontanéité renaîtra. Ce n'est qu'à travers le temps et la pratique que l'on apprécie toute la splendeur de ce nouvel état de présence consciente. Toutefois, il faudra porter attention à votre mental, qui tentera sans cesse de remplir le vide et les silences. Vous devez donc apprendre à maîtriser votre ego et vos pensées pour vous permettre d'en bénéficier.

En terminant, notons que les différentes drogues ou les alcools qui altèrent les états de conscience. Bien qu'ils donnent l'illusion de nous amener vers d'autres niveaux de conscience, ils altèrent en fait la conscience réelle. Rappelez-vous : la présence à soi se développe sans artifice dans le moment présent !

> Et vous, qu'allez-vous faire pour développer votre présence à vous-même ? Quelles habitudes avez-vous ? Lesquelles voulez-vous développer ? Que devez-vous faire pour profiter du moment présent ?

Réflexion et réponses aux questions :
_____
_____
_____
_____
_____
_____
_____
_____
_____
_____
_____

EXERCICE PRATIQUE : DÉVELOPPER LA PRÉSENCE À SOI PAR LA MÉDITATION

> « La méditation n'est pas une manière de découvrir l'illumination, ni même une méthode pour atteindre un but de quelque nature qu'il soit. La méditation, c'est la béatitude et la paix. C'est la concrétisation de la sagesse, la vérité ultime dans l'unicité de toute chose [...] Par la méditation, vous devenez le miroir qui reflète la réponse à vos questions[4]. »
> — Grand maître sen Dogen

La pratique de la méditation assise est un des fondements de la pratique bouddhiste. Elle se nomme également « conscience du souffle » qui

permet la pratique de la conscience attentive. Elle apporte de nombreux effets bénéfiques, à savoir :
- Libère votre esprit ;
- Libère et diminue le stress : rend plus calme et détendu ;
- Permet un sentiment d'équilibre ;
- Développe votre capacité d'amour ;
- Permet une meilleure conscience de la réalité ;
- Stimule votre conscience et votre concentration ;
- Renforce le système immunitaire ;
- Améliore votre capacité physique ;
- Améliore votre sentiment de bien-être en général.

Il existe de nombreuses raisons pour s'adonner à la pratique de la médiation. La plus grande motivation est de rétablir le contact entre le corps, l'âme et l'esprit. Elle permet notamment de prendre conscience de soi dans une activité simple à faire. Pour vous guider dans la méditation assise, voici les principales étapes à suivre :

Phase 1 : Préparation
- Portez des vêtements confortables et souples afin de respirer plus facilement.
- Assurez-vous de vous recueillir dans un endroit propice où vous ne serez pas dérangé pendant les prochaines minutes.
- Si vous possédez une minuterie, programmez votre temps de méditation, cela vous empêchera de regarder votre montre ou d'être distrait.
- Assoyez-vous sur un coussin ou un banc de méditation, les jambes en lotus ou croisées. Il est très important de vous sentir à l'aise et de ne pas avoir les jambes engourdies dans cette position.
- Gardez votre corps et votre dos bien droit, ainsi que la tête alignée avec le restant du corps. Assurez-vous que vos épaules sont relâchées.
- Posez vos mains sur vos cuisses ou genoux de façon naturelle.
- Fermez les yeux pour plus de concentration et commencez à respirer lentement par le nez. Concentrez-vous uniquement sur votre respiration et dès qu'une pensée survient, chassez-la immédiatement. Ne pensez à rien, seulement à suivre le rythme de votre respiration. Au début de la pratique, certaines personnes préfèrent compter le nombre de leurs respirations, cela leur permet de mieux maîtriser leurs pensées.

Phase 2 : Développement et concentration
- Soyez détendu, plus la respiration est profonde, plus vous entrez en contact avec vous-même rapidement. Laissez-vous aller paisiblement et sentez les bienfaits qui commencent à émerger.
- Si vos pensées vagabondent, ramenez votre attention à votre respiration.

- Pour aider à la concentration, certaines personnes utilisent une chandelle allumée, ou elles répètent un mantra particulier. Libre à vous d'utiliser un moyen pour vous concentrer au début, habituellement l'attention aux respirations est ce qui calme le plus rapidement.

PHASE 3 : ACCEPTATION ET PLÉNITUDE

- Reconnaissez maintenant le sentiment de bien-être dans lequel vous êtes. Soyez dans le moment présent et dans votre corps. Vous êtes d'un calme paisible. Cette période est la plus importante car vous sentez votre énergie revigorée, une fois la méditation complétée.
- S'il y a des bruits ou des sons qui surviennent, acceptez-les, mais ne les laissez pas interrompre votre état. Concentrez-vous sur vos respirations.
- Si vous êtes plus familier avec la méditation, vous pouvez utiliser cette période pour poser des questions à votre moi supérieur. La méditation vous aidera à développer votre côté intuitif.

PHASE 4 : TRANSITION

- Une fois la méditation terminée, prenez un temps d'arrêt et reprenez doucement contact avec votre environnement. Exprimez votre gratitude. Ne vous levez pas trop rapidement, respectez votre état d'esprit.
- Dès que vous vous sentez prêt, reprenez le rythme de vos occupations régulières. Il est intéressant de faire une activité paisible par la suite pour bénéficier de votre état d'esprit.

Vous pouvez faire de la méditation à tous les moments de la journée en fonction de votre horaire. Les périodes idéales sont au réveil, le matin, ou le soir avant d'aller se coucher. Ces moments ont l'avantage de constituer des rituels de calme et de transition dans la journée. Idéalement, il est préférable de toujours faire vos méditations aux mêmes moments de la journée afin de développer une constance et d'en faire une habitude. Mais si vous êtes déjà habitué à méditer, vous pouvez simplement le faire sur une chaise en prenant une respiration profonde pour quelques minutes seulement. Cela vous revigorera durant une journée chargée d'activités.

La meilleure façon de pratiquer la méditation est d'essayer plusieurs fois. Au début de la pratique, votre mental est très actif, ce qui risque d'éliminer les bienfaits ressentis. Cependant, en persévérant, vous ressentirez rapidement les effets bénéfiques. Il est donc normal que durant les périodes intenses de la vie, vous ayez de la difficulté à faire le vide. Ne vous en faites pas si cela vous arrive, accueillez la chose tout simplement et concentrez-vous de nouveau sur votre respiration.

• • •

PRENDRE SOIN DE SON ESSENCE PROFONDE ET DE SON CORPS

> « C'est par le bien faire que se crée le bien-être. »
> — Proverbe chinois

Pour se développer et grandir, le Soi a besoin de nourriture au même titre que l'on nourrit son corps. De plus, comme nous l'avons vu, prendre soin de son corps et de son esprit fait partie des stratégies courantes du bonheur. Par conséquent, il faut tenir compte de toutes les activités qui permettent l'amélioration ou le maintien d'une bonne forme physique, car elles contribuent à maintenir un sentiment positif sur votre humeur en général. En premier lieu, avoir une bonne hygiène de vie est essentiel pour permettre à celle-ci de prendre plus d'expansion. Le besoin d'équilibre exige d'inclure des périodes régénératrices ou de détente totale en prenant un temps d'arrêt nécessaire. Ces périodes ressourcent notre être tout entier. Pour ce faire, il nous faut des points de repère, que ce soit des rituels ou autres activités qui aident à bien se structurer. Naturellement, toutes vos différentes sphères d'activités en seront positivement affectées, telles que : la famille et les amis, le(la) conjoint(e) et le couple, le travail et la carrière, l'habitation et les finances personnelles, les loisirs, la santé et le bien-être, la spiritualité et le sens de la vie.

Un des éléments de la vie courante est de bien gérer notre stress. Le stress n'est pas nocif en soi car il nous stimule et nous garde en action, cependant, une exposition trop longue ou excessive peut nuire à la santé générale. Par conséquent, on doit équilibrer ces moments de stress par des périodes de détente ou de loisirs pour conserver une santé optimale. Vous devez donc bien reconnaître comment vous réagissez et à quel type de personne stressée vous vous identifiez. **Subissez-vous davantage le stress physique ou mental, ou une combinaison des deux ?** La réponse contribue à établir des stratégies adaptées pour bien évacuer le stress, comme par exemple, l'exercice physique ou la relaxation. L'important est de trouver les stratégies qui fonctionnent le mieux pour vous et de les utiliser quotidiennement pour apaiser votre corps et votre esprit.

Pour se réaliser pleinement, il est important de reconnaître les besoins fondamentaux, progressifs et interactifs de l'être humain qui doivent être comblés. La hiérarchisation des besoins humains de la théorie de motivation de Maslow décrivent très bien ceux-ci dans le schéma suivant :

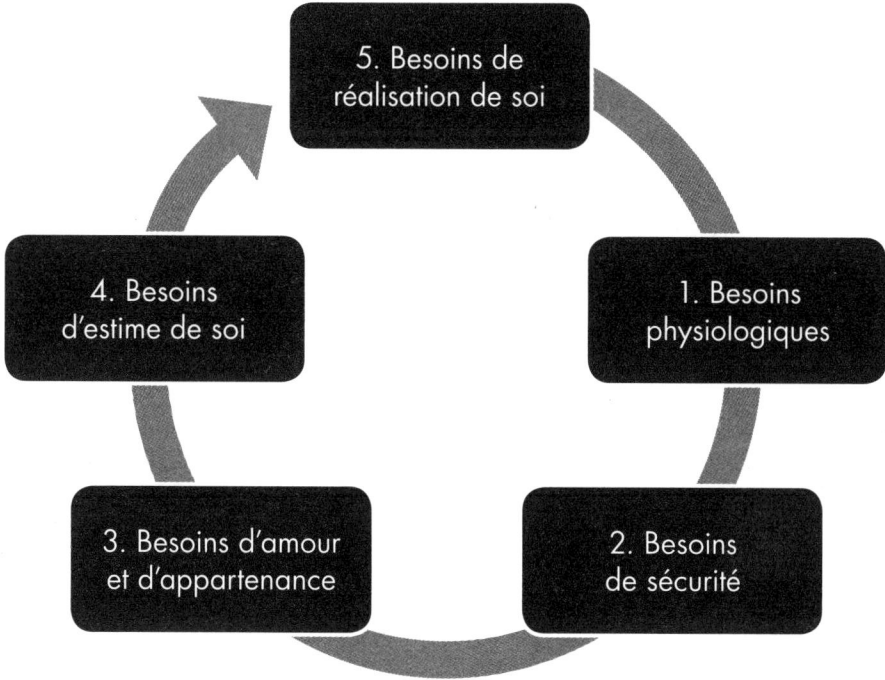

Dans ce schéma, on distingue plusieurs besoins de base avant d'atteindre la réalisation de soi. Au début du cycle, les besoins physiologiques correspondent aux besoins primaires, à savoir : la faim, la survie, le repos, la sexualité, etc. Par la suite, les besoins de sécurité (physiques et psychologiques, ou besoins d'organiser sa vie pour survivre) se traduisent par la stabilité, soit : l'emploi, la confiance, la santé, etc. En troisième lieu, les besoins d'amour et d'appartenance (ou besoins de savoir que l'on compte pour les autres) reflètent l'importance d'être aimé, écouté, compris et d'appartenir à un couple, une famille ou autre. Tandis que les besoins d'estime de soi (ou besoin de recevoir des signes positifs d'appréciation) sont associés au besoin de se respecter, d'être respecté, d'être valorisé, d'être compétent et de réussir. En recherchant l'acceptation et le dépassement de soi, cela sous-entend qu'une personne tente de vivre régulièrement l'état de flux (Flow). C'est à ce niveau que la théorie de motivation de Maslow rejoint la théorie des expériences optimales (Flow) dans la réalisation de soi (ou besoins d'affirmer son potentiel, son caractère unique et ses dons) par la répétition de ces expériences. Naturellement, les besoins de réalisation de soi sont reliés à l'accomplissement de soi et à la quête de sens que nous aspirons à vivre quand nous développons notre leadership authentique. Cela sous-entend que si vous n'avez pas les éléments de base (besoins physiologiques et de sécurité) pour votre confort primaire, il sera plus difficile de se réaliser puisque vous vivez de fortes inquiétudes.

Nous avons identifié nos sources d'inspiration et nos activités génératrices de plaisir plus tôt, revenons maintenant à cette nourriture essentielle à l'essence profonde. Vous devez d'abord faire votre propre recherche pour déterminer ce qui est important pour vous. En réalité, la simplicité de la vie apporte très souvent ce dont vous avez besoin pour alimenter votre essence profonde. Il faut donc oublier les choses grandioses et regarder ce qui vous est facilement accessible. Rappelez-vous que la vie doit d'être simple, facile et agréable. Voici des exemples qui vous guideront dans votre recherche :

La beauté

> Dans l'introduction de ce chapitre, vous avez compris que notre essence profonde se nourrit de la beauté : « La nourriture est au corps ce que sont les images saisissantes, complexes et agréables à l'âme. [...] Si notre vie manque de beauté, notre âme souffre probablement de troubles familiers : dépression, paranoïa, absence de sens et dépendance. **L'âme a faim de beauté**[5]. »

Le livre de Thomas Moore sur le *Soin de l'âme* nous fait comprendre à quel point l'âme se nourrit de choses très simples — tellement simples, qu'elles demandent de retourner à la base de la vie pour éliminer les artifices non essentiels.

Pour le bien-être de l'âme, il est donc important de sortir de l'action et de s'adonner à la contemplation. Quand vous prenez le temps nécessaire pour lui offrir ce type de nourriture, vous lui donnez ce qu'elle a besoin. Cela devient une nécessité, jour après jour, pour l'alimenter au même titre qu'on alimente le corps. Pas besoin de faire de grands détours pour nourrir votre âme, vous pouvez simplement vous attarder à de belles choses sur votre route qui la combleront. De toute façon, vous reconnaissez immédiatement sa réaction, car l'âme réagit aussi spontanément qu'un enfant en s'exclamant devant la beauté! L'être humain recherche dans la vision des choses une invitation à la contemplation et à l'abandon. Il importe donc de faire une place à la beauté, de s'entourer de belles choses et de s'accorder des moments privilégiés. Voilà une raison pour laquelle les églises possèdent autant d'œuvres d'art. Elles ont une vocation éducative à travers les symboles, mais comblent aussi les besoins de l'âme pour la beauté de l'art et de l'architecture dans un moment unique de contemplation et de recueillement.

Le recueillement

Le recueillement est aussi une autre nourriture essentielle à l'âme quand vous prenez un temps d'arrêt. Qu'il soit en mode contemplatif ou pas, le recueillement est nécessaire, car le Soi n'est pas capable de suivre un rythme de vie effréné. En plus de ce temps d'arrêt, le recueillement exige que vous ralentissiez votre cadence et que vous fassiez les choses plus lentement.

Toutefois, certaines personnes sentent un profond vide dans le recueillement et sont incapables de se laisser imprégner par elles-mêmes, par la nature ou la beauté des choses. Le sentiment de vide est tel que cela effraie le mental. Pourtant, ce temps d'arrêt et cette contemplation permettent de ralentir notre mental et de s'harmoniser avec la présence du Soi. C'est comme si vous viviez un très grand moment d'intimité et d'harmonie avec vous-même. Pour cela, point besoin de faire des activités extraordinaires. On peut simplement faire des choses simples pour se recueillir, comme par exemple : faire du tricot, laver la vaisselle, arranger des fleurs, ou faire la cuisine, etc. En somme, toute activité qui laisse place à la rêverie et qui nous fait plaisir !

L'art et la créativité

> « La plus belle chose dont nous pouvons faire
> l'expérience est le mystérieux. »
> « L'imagination est plus importante que le savoir. »
> — Albert Einstein

Le « Soi » est le centre unificateur du conscient et de l'inconscient, qui influence le Moi. Pour devenir soi-même, nous devons vivre en union avec la vie et son Soi créateur (nature profonde). En ayant accès au Soi, cela nous permet d'accéder à cet artiste qui sommeille en nous. La créativité fournit ainsi cet espace où réside une énergie pure qui s'imprègne de la vie, elle touche une dimension spirituelle et une sagesse intérieure de notre être. Tout dépendant de nos croyances, il est normal qu'il existe un sens du sacré et du mystérieux rattaché à la création. Pour développer notre côté créatif, nous devons prendre le temps de le cultiver et de le soigner, ce qui nous aidera dans la relation d'authenticité avec soi-même. Si nous l'acceptons, nous serons en mesure de l'exprimer en toute confiance dans la sécurité et la joie ; y compris notre capacité de nourrir la connexion de notre être avec l'univers et l'inconscient.

Votre intuition et votre essence profonde établissent le lien à l'art et la créativité, si cela vous rejoint naturellement. Elles permettent d'entrer dans un état d'admiration et de contemplation. Pour vivre les expériences optimales (Flow), il est important de comprendre ce qui vous fait particulièrement plaisir. Donc, n'hésitez pas de faire des tests et des expériences et de vous amuser, tout en identifiant ce qui vous fascine et vous fait vibrer pour faire le plein de satisfaction. Prenez rendez-vous avec l'artiste qui sommeille en vous ! **Préférez-vous la musique ou les arts visuels ? Sondez-vous.**

En plus, si vous possédez des talents artistiques, vous remarquerez assez facilement comment ces activités nourrissent votre essence profonde. Pensez au plaisir de peindre pendant des heures, ou encore l'écriture, car ces activités sont imparables pour se vider l'esprit, particulièrement quand on utilise la technique d'écriture automatique. En somme, il y a plein de possibilités qui s'offrent à vous, il ne vous reste qu'à choisir celles qui vous conviennent le mieux.

L'auteure Julie Cameron, qui enseigne l'art de la créativité, a écrit un livre dédié aux artistes intitulé *Libérez votre créativité*. Ce livre présente un programme sur 12 semaines qui vise à libérer la vie créative. Il est intéressant de constater que la notion d'authenticité et la connexion avec son essence profonde constituent la pierre angulaire de sa démarche. Dans son livre, l'auteure parle de reconquérir la créativité et propose plusieurs exercices. Voici deux outils intéressants qui permettent d'expérimenter ses bienfaits[6] :

> **ÉCRITURE AUTOMATIQUE OU SPONTANÉE : LAISSEZ LIBRE COURS À VOS PENSÉES**
>
> En remplacement ou en complément de la méditation, l'écriture spontanée pratiquée quotidiennement permet la découverte de soi-même et d'accéder à son « moi créateur ». Cet exercice a l'énorme avantage de développer l'intuition et la vision intérieure qui sont à la base de l'élan créatif. Il permet à la volonté de faire des changements. Il libère des zones créatives qui étaient ignorées. C'est un outil concret où votre main écrit sans restriction tout ce qui lui vient à l'esprit. Ce processus vise une projection du Soi de l'intérieur vers l'extérieur.

> L'exercice prend entre 10 et 30 minutes, idéalement le matin, et correspond à trois pages d'écriture où vous laissez libre cours à vos pensées. Une période minimale de trois mois est recommandée pour accéder à la puissance du contact intérieur et un fort sentiment de soi. Vous pouvez aussi réduire le temps entre 5 et 10 minutes si vous combinez cet exercice avec une brève méditation, mais les bénéfices prennent un peu plus de temps à se manifester.

RENDEZ-VOUS AVEC VOUS-MÊME ET L'ARTISTE EN VOUS

Ce processus vise l'intériorisation des éléments explorés dans l'écriture, il s'agit d'une deuxième étape. Vous recevez beaucoup d'informations via votre écriture automatique, à prendre en considération dans vos activités, ou constituent des sources d'inspiration possibles. Ce processus vous sensibilise à votre vision intérieure, aux inspirations ou aux conseils reçus. Pendant ce processus, vous développez une plus grande intimité avec vous-même.

C'est un rendez-vous que l'on se réserve pour vivre les expériences identifiées par l'écriture automatique qui permettent de nourrir la conscience créative. Ces rendez-vous prennent différentes formes : une promenade à la campagne, la contemplation de la nature, le recueillement dans une église, un spectacle de votre choix, etc.

Selon votre disponibilité, fixez-vous un rendez-vous hebdomadaire à cet effet.

Cette approche peut convenir mieux à certaines personnes que d'autres, il est donc important de déterminer si celle-ci vous rejoint ou non et de l'adapter en fonction de vos besoins personnels.

Convictions profondes : l'amour et le sacré

Il est important de comprendre que l'être aspire à un amour inconditionnel et qu'il a une mission de vie. Il a besoin de se connecter au moyen du corps physique, mais aussi avec l'aspect plus subtil de son être. Qu'on le veuille ou non, l'aspect religieux ou spirituel est indissociable de notre essence profonde. Votre être a besoin d'une appréciation du sacré ; reste à voir comment tout cela s'interprète dans votre vie en fonction de vos convictions personnelles.

L'énergie et les soins du corps physique

L'importance de maintenir un niveau élevé d'énergie est vitale. **On peut résumer l'approche du Soi par le dicton : « un esprit sain dans un corps sain ».** Donc, si vous prenez soin de votre essence profonde, vous prenez soin de vous-même. Pour cela, vous entretenez de saines habitudes de vie et vivez dans un environnement de qualité pour éviter les pertes d'énergie. Ensuite, vous éliminez ou réduisez les problèmes qui grugent de l'énergie en prenant les actions appropriées. Pas besoin de vivre dans un environnement totalement ZEN ou de changer complètement votre façon de vivre, vous faites plutôt des ajustements qui s'imposent. Comme par exemple, en ayant de saines habitudes pour vous entraîner et vous remplir de vitalité, vous découvrez ce qui vous donne de l'énergie et l'encouragez au quotidien. Avec le temps, plus les gens deviennent authentiques, plus ils portent une attention particulière à leur santé et leur énergie, car ils sont plus à l'écoute d'eux-mêmes.

Rappelons que notre corps nous envoie des signaux et des symptômes continuellement. Quand nous avons des signes de malaise, nous devons nous demander qu'est-ce que le corps essaie de nous dire. Quels sont les types de symptômes ressentis, par exemple : s'agit-il de symptômes physiques, émotionnels, psychologiques ? Rappelons-nous que certains événements provoquent des fuites importantes d'énergie : un stress démesuré, un événement personnel grave (divorce, deuil), une dépendance quelconque (drogue, alcool) ou des perturbations importantes (changement d'emploi, déménagement ou autres). Si vous vivez des pertes d'énergie, il faut valider leur importance et identifier les actions à prendre pour changer la situation. Regardez également si vous avez besoin d'aide à ce sujet, si oui, de quelle nature ?

En résumé, pour avoir une vitalité du corps et de l'esprit, tout passe par un mode de vie sain. Quelles en sont les principales composantes pour avoir un mieux-être ? La première est une saine alimentation pour permettre au corps d'obtenir toute l'énergie nécessaire à son fonctionnement. Parmi de bonnes habitudes, celles de manger des aliments vivants, de réduire les viandes et de diminuer les portions aident à se garder en santé. La deuxième est de boire beaucoup d'eau et de consommer des aliments sains (fruits et légumes), votre corps étant composé à plus de 70 % d'eau, un apport suffisant d'eau a des effets plus que bénéfiques. Surtout, éviter les boissons gazeuses qui retirent inutilement de l'énergie. La troisième composante est l'exercice physique : il est prouvé que plus vous êtes inactif, plus il est difficile de bouger. En principe, 30 minutes d'exercices par jour sont suffisantes pour maintenir la forme. Cela aide à améliorer votre bien-être général, votre concentration, votre productivité et votre niveau de calme. De plus, il ne faut pas sous-estimer les bienfaits d'une bonne respiration abdominale et de prendre de l'air frais pour vous ressourcer, alors pourquoi ne pas marcher à l'extérieur ? La quatrième composante est un sommeil réparateur pour bien fonctionner. Toutes ces composantes permettent d'obtenir de nombreux bienfaits au quotidien, comme l'augmentation de votre énergie et endurance, un état d'esprit détendu et serein, plus d'enthousiasme et de confiance et une meilleure résistance au stress.

De votre côté, quels changements devez-vous faire dans votre vie pour respirer la santé ? Voici un tableau pour vous permettre de les identifier :

Buts	Activités	Échéances

Avant d'évaluer votre niveau d'énergie grâce à l'exercice pratique ci-dessous, il est primordial de déterminer ce qui vous donne ou vous enlève de l'énergie dans votre vie quotidienne.

Posez-vous les questions suivantes pour vous guider sur les éléments qui contribuent ou diminuent votre niveau de vitalité :

- Sur une échelle de 0 à 10, où 10 étant le plus élevé, comment j'évalue mon niveau d'énergie en général ? Quelles sont mes constatations ?
- Qu'est-ce qui me donne le plus d'énergie *(ÉNERGISANT)* ?
- Qu'est-ce qui me gruge mon énergie *(ÉNERGIVORE)* ?
- Comment est-ce que je prends soin de moi ?
  - Comment est ma santé physique, mentale, émotionnelle, spirituelle ?
  - Qu'est-ce qui me manque ?
  - Qu'est-ce que je dois faire de différent ?
- Quelles sont les activités qui me donnent le plus d'énergie ?
- Quelles sont mes sources d'inspiration qui me donnent de l'énergie ?
- Quelles sont les habitudes de vie qui m'aident le plus ?
- Quelles sont les habitudes de vie que je dois modifier ?
- Qu'est-ce que je dois changer pour augmenter ma vitalité ?

Réflexion et réponses aux questions :

_____
_____
_____
_____
_____
_____
_____
_____
_____
_____
_____
_____
_____
_____
_____
_____
_____
_____
_____
_____

EXERCICE PRATIQUE : ÉVALUER VOTRE NIVEAU D'ÉNERGIE

Votre niveau d'énergie se mesure par la vie harmonieuse que vous vivez avec votre environnement. Il s'évalue par rapport à votre situation financière, vos relations avec les autres, votre bien-être et votre environnement physique. Il s'agit d'un réservoir important dans lequel il peut y avoir certaines fuites ou non.

Ce test identifie votre niveau d'énergie d'une manière plus approfondie. Il fournit surtout des pistes à investiguer pour déterminer une amélioration possible mais qui demande persévérance, patience et temps. S'il existe des fuites d'énergie, n'oublions pas que les petites victoires mènent à des grands triomphes, d'où l'importance d'identifier ce qui aide à colmater ces fuites d'énergie et à les mettre en pratique pour ressentir un regain d'énergie.

Pour compléter le test, vous devez lire attentivement les énoncés ci-dessous et cocher la case qui vous correspond le plus actuellement. Il est important d'y répondre spontanément.

ÉVALUER VOTRE NIVEAU D'ÉNERGIE

❶ Pas du tout d'accord **❷ Plus ou moins d'accord** **❸ D'accord** **❹ Tout à fait d'accord**

BIEN-ÊTRE	❶	❷	❸	❹
1. Je prends soin de moi continuellement au niveau émotionnel et physique. Je n'éprouve aucune souffrance persistante.				
2. Je prends soin de mon corps et je possède de bonnes habitudes de vie. Je fais régulièrement de l'exercice.				
3. Je possède de bonnes habitudes alimentaires. Mon poids est idéal ou à son poids-santé. Je n'abuse pas de caféine, de chocolat, d'alcool ou de substances toxiques.				
4. Je suis de nature enthousiaste et optimiste. Je réussis à garder cette attitude durant toute la journée.				
5. J'ai une vie active à l'extérieur du travail. Je m'accorde des temps de loisirs pour me divertir. Je prends des vacances régulièrement.en mes émotions et ce que je ressens habituellement.				
Total des points par catégorie				

Total sur 25 points	Total de vos points	/25
Évaluer votre satisfaction générale	Identifier votre satisfaction générale sur une échelle de 1 à 10 — 10 étant le plus élevé.	/10

ENVIRONNEMENT	❶	❷	❸	❹
1. J'habite un endroit que j'aime. Ma demeure correspond à ce que je veux, elle est propre, confortable et bien éclairée.				
2. J'ai tout l'espace nécessaire pour satisfaire mes activités et mes besoins essentiels (intimité, travail, loisirs).				
3. Mon environnement au travail permet de me réaliser. Je me sens appuyé et respecté dans mon milieu de travail.				
4. Je n'ai pas de soucis de différentes natures, que ce soit à la maison ou au travail.				
5. Mes biens et mes besoins (voiture, maison, propriété, valeurs particulières) sont protégés et assurés.				
Total des points par catégorie				

Total sur 25 points	Total de vos points	/25
Évaluer votre satisfaction générale	Identifier votre satisfaction générale sur une échelle de 1 à 10 — 10 étant le plus élevé.	/10

❶ Pas du tout d'accord	❷ Plus ou moins d'accord	❸ D'accord	❹ Tout à fait d'accord

FINANCES	❶	❷	❸	❹
1. Mon travail m'offre une situation financièrement satisfaisante et convenable.				
2. Mon budget me permet de satisfaire mes besoins de façon satisfaisante. Je rembourse mes dettes de façon adéquate.				
3. J'ai une planification financière et je mets de l'argent de côté pour planifier mes projets, mon indépendance financière et/ou ma retraite.				
4. J'ai une réserve financière pour faire face aux imprévus à court terme.				
5. Mes biens et mes besoins (voiture, maison, propriété, valeurs particulières) sont protégés et assurés.				
Total des points par catégorie				
Total sur 25 points	Total de vos points			/25
Évaluer votre satisfaction générale	Identifier votre satisfaction générale sur une échelle de 1 à 10 — 10 étant le plus élevé.			/10

RELATIONS	❶	❷	❸	❹
1. Au niveau de mon couple ou de ma vie amoureuse/affective, j'ai une relation qui me satisfait pleinement.				
2. Au niveau de la famille, j'ai une bonne relation avec mes frères, mes sœurs, mes parents et mes principaux liens de parenté.				
3. Au niveau de mes amis, ils m'apprécient pour qui je suis vraiment. J'ai une ou des amitiés sincères.				
4. Au travail, j'entretiens de bonnes relations avec mes supérieurs, mes collègues, mes collaborateurs, mes clients et/ou mes fournisseurs.				
5. Je n'entretiens pas inutilement de mauvaises relations. Je me sens bien grâce à l'amitié et l'affection autour de moi. Mes relations passées se sont terminées dans le respect et l'harmonie.				
Total des points par catégorie				
Total sur 25 points	Total de vos points			/25
Évaluer votre satisfaction générale	Identifier votre satisfaction générale sur une échelle de 1 à 10 — 10 étant le plus élevé.			/10

Calculer vos résultats :

Veuillez faire le total des points en fonction des questions suivantes :
- Calculez 0 point pour la catégorie « pas du tout d'accord » ;
- Calculez 1 point pour la catégorie « moins d'accord » ;
- Calculez 3 points pour la catégorie « d'accord » ;
- Calculez 5 points pour la catégorie « tout à fait d'accord ».

Interpréter vos résultats :

Faites la somme des points obtenus aux différentes questions par catégorie. Les notes varient entre 0 à 25 points.

Compilez vos totaux par catégorie :

- Catégorie 1 : *Bien-être* ____/25
- Catégorie 2 : *Environnement* ____/25
- Catégorie 3 : *Finances* ____/25
- Catégorie 4 : *Relations* ____/25

Pour les quatre catégories, regardez vos résultats obtenus :

- Que constatez-vous pour chacune des catégories ?
- Ensuite, regardez pour chacune des catégories le niveau identifié du degré de satisfaction sur une échelle de 1 à 10 (10 étant le plus satisfaisant).
    - Si les deux niveaux sont bas (catégorie et satisfaction), posez-vous la question sur ce que vous devez faire pour augmenter votre énergie, réparer cette fuite ou changer la situation ?
    - Identifiez le plan d'action à mettre en place pour diminuer ces pertes d'énergie.
- Reprenez les résultats pour chacune des catégories suivantes.

Réflexion et réponses aux questions :
_____
_____
_____
_____
_____
_____

Jusqu'à maintenant, nous avons vu dans ce chapitre tout ce qui touchait notre vitalité de base, à savoir les soins du corps et de l'esprit. Nous avons vu les différentes formes de nourriture requises pour subvenir à leurs besoins quotidiens. Selon certaines croyances, votre corps est plus qu'un corps physique, mais il est également constitué d'un corps énergique qui s'alimente différemment. Ce dernier a également une incidence sur votre être entier. Même si cela semble un peu ésotérique, nous verrons dans la prochaine section de ce chapitre, ce qui touche le corps énergétique pour comprendre certaines bases de son fonctionnement.

• • •

CORPS ET VITALITÉ ÉNERGÉTIQUE

Nous venons de voir l'importance de prendre soin de soi et de son corps. **Pourquoi parlez du corps énergétique ? Qu'est-ce que cela signifie ?** Votre corps passe par six phases de quatre heures durant la journée. Il importe de trouver un équilibre entre l'activité et le repos pour vous assurer d'avoir toujours votre pleine vitalité. Mieux comprendre ce qui se produit dans votre corps énergétique permet de vous ajuster et d'en prendre soin au même titre que votre corps physique. Pour bien comprendre cette dimension, regardons plus en détails les notions associées au yoga, qui signifie l'union avec la source d'énergie suprême. La pratique du yoga permet de nous relier à notre corps, notre esprit et notre Soi. Cette pratique intégrante de l'hindouisme existe depuis des millénaires, et en tant qu'exercice physique, elle est douce et non-compétitive. Les techniques de respiration consciente sont au centre de cette pratique. Après quelques séances, on sent immédiatement les bienfaits dans le corps et son être tout entier. Également, avec les étirements et les positions, le yoga améliore le maintien corporel, augmente la flexibilité et tonifie l'organisme. Les gens qui s'adonnent à cette pratique le font pour avoir une meilleure forme physique, une meilleure santé, une réduction du stress, une augmentation d'énergie.

> « La posture du corps, la respiration et la visualisation œuvrent de concert afin d'équilibrer et d'harmoniser notre énergie avant de la conduire au canal primordial. Le yoga redresse le squelette et la musculature. Il stimule les organes, améliore notre santé et accroît notre respiration, défait les nœuds qui obstruent les canaux de notre psychisme et de notre énergie cachés[7]. »

Plusieurs philosophies orientales perçoivent le corps humain en termes de circulation d'énergie universelle dans l'organisme. Selon elles, la pratique du yoga et ses techniques de respiration aident à maintenir un équilibre énergétique. Elle met en relief la circulation du flux énergétique par le biais des chakras (centres énergétiques) que nous avons dans le corps. La notion des chakras en yoga est importante car elle maintient un équilibre énergétique. Si la circulation est bloquée, alors certaines maladies peuvent survenir.

Selon l'auteur William Collinge, il est évident que la vie est imprégnée d'une énergie provenant au-delà de la dimension électromagnétique ou physique. Votre énergie vitale prend la forme d'un champ entourant le corps désigné comme : « champ bioénergétique », « corps énergétique bioplasmique » ou « aura ». Ce champ inclut plusieurs corps subtils. Selon l'auteur, cela aurait été prouvé dans le domaine de la guérison (toucher) énergétique[8]. On suppose l'existence de ces enveloppes au nombre de sept (7) corps identifiés comme suit : corps physique, éthérique, astral ou émotionnel, mental, causal ou spirituel, bouddhique ou christique, et atomique ou divin. Ces corps sont reliés à des chakras spécifiques qui désignent des « centres spirituels » ou « points de jonction des canaux d'énergie » localisés dans le corps humain. Apparemment, Hiroshi Motoyama a établi la première preuve scientifique en ce qui concerne les chakras qui a été confirmée par le Dr Valerie Hunt. D'après eux, quand les chakras sont activés, ils tournoient comme une turbine dans les deux sens (une pour la réception et l'autre pour l'expulsion) et génèrent un rayonnement élevé de photons. Dans son livre, l'auteur identifie que les chakras sont des transducteurs qui transforment l'énergie supérieure en énergie physique[9]. Ainsi, l'état de santé physique de l'individu influence son équilibre énergétique.

LES CHAKRAS ET LEURS DIFFÉRENTES FONCTIONS

Revenons maintenant à la description des chakras, il en existe sept principaux, d'une dimension de 7 à 10 centimètres, qui se développent durant les différentes phases de la vie. Ils dirigent les organes vitaux et principaux qui fournissent le corps en énergie vitale. De plus, 14 chakras secondaires, d'une dimension de 3 à 5 centimètres, maîtrisent les parties moins importantes. Les chakras occupent plusieurs fonctions importantes, comme par exemple : ils redistribuent le prana à travers le corps ; ils s'occupent du bon fonctionnement des différentes parties du corps et ses organes ; et permettent le développement de certaines facultés psychiques[10]. À présent, regardons une brève définition des différents chakras et identifions où ils sont localisés dans le corps. Vous trouverez dans le diagramme ci-joint le symbole du chakra à gauche et la numérotation associée à droite, ainsi que leur description respective dans le tableau suivant[11].

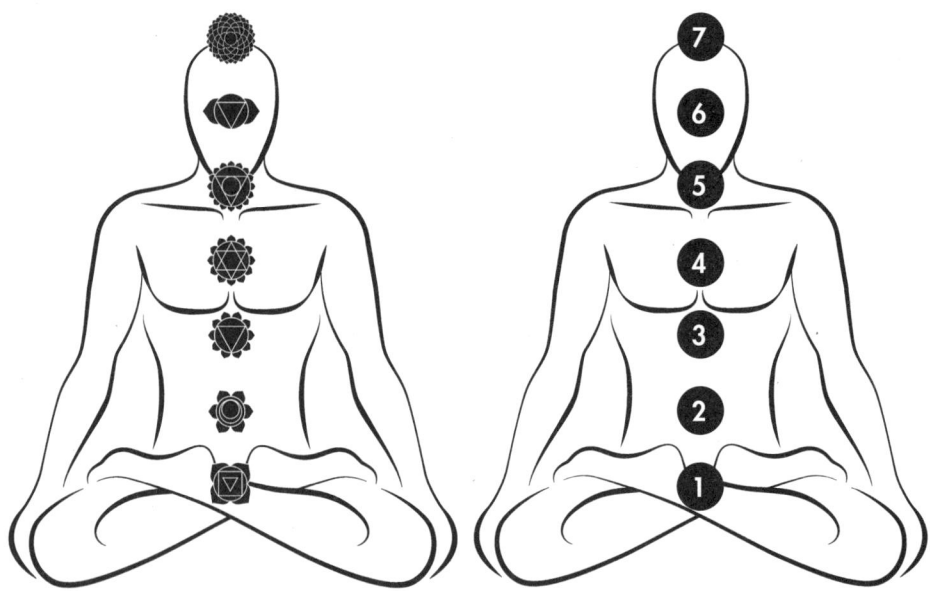

Nom du chakra	Description
Muladhara (position 1)	Centre énergétique de la base ou de la racine, couleur rouge. Fonction : enracinement, instinct de survie. Physique : glandes surrénales, intestins.
Swadhistana (position 2)	Centre énergétique du sacré, couleur orange. Fonction : sexualité, équilibre. Physique : appareil reproducteur, vessie, reins.

Nom du chakra	Description
Manipura (position 3)	Centre énergétique du plexus solaire, couleur jaune. Fonction : volonté, désir, centre solaire intérieur. Physique : appareil digestif.
Anahata (position 4)	Centre énergétique du cœur, couleur vert. Fonction : amour. Physique : cœur, appareil circulatoire, poumons, thymus, système immunitaire.
Vishuddha (position 5)	Centre énergétique de la gorge, couleur bleu. Fonction : créativité, communication. Physique : thyroïde, larynx, oreilles, respiration, gorge.
Ajna (position 6)	Centre énergétique du frontal ou 3e œil, couleur bleu indigo ou violet. Fonction : perception, concentration. Physique : yeux, cerveau inférieur, système nerveux.
Sahasrara (position 7)	Centre énergétique du coronal, couleur violet ou blanc. Le sommet de la tête (couronne) est considéré comme le point d'entrée de l'Esprit à l'intérieur du corps. Fonction : union, sagesse, symbole de l'infini. Physique : cerveau supérieur, épiphyse, hypophyse.

Les chakras redistribuent le prana qui est une énergie vitale permettant de maintenir le corps physique en bonne santé et en vie. Habituellement, c'est à travers le corps subtil que le prana est absorbé et redistribué au corps physique. Les bases du prana proviennent des éléments de la nature, tels que le soleil, l'air et la terre. Celui de l'air est capté soit par la respiration ou par les centres énergétiques (chakras). On peut donc augmenter la quantité absorbée en exerçant une respiration lente. De plus, le prana est également contenu dans la nourriture, plus elle est fraîche et plus elle contient de l'énergie[12].

Naturellement, il n'y a pas que le corps humain qui émet de l'énergie, vous n'avez qu'à penser à la nature. Par exemple : mettez vos mains en contact avec l'énergie d'un arbre, vous pouvez les placer de chaque côté de l'arbre, sans le toucher directement, et vous verrez que vous ressentez assez facilement l'énergie qui y circule. Donc le principe est le même pour les humains, dès que vous êtes à proximité d'un individu, vos champs énergétiques se touchent. Certains d'entre vous peuvent être sceptiques face à ces informations, mais elles relèvent de croyances spécifiques qui sont devenues populaires lors de la venue du Yoga en Occident au XIXe siècle.

Dans le prochain chapitre, nous verrons comment le lâcher-prise et l'acceptation nous permettent de changer notre perception du monde et de vivre plus en harmonie avec notre environnement.

Chapitre 5
LE LÂCHER-PRISE ET L'ACCEPTATION

Dans les chapitres précédents, nous avons fait une démarche introspective sur notre vie et avons porté un regard sur soi. Maintenant, nous développerons une vision de soi en découvrant ce qui nous rend vraiment heureux pour exercer pleinement notre leadership. Si vous voulez avoir une vie des plus enrichissantes, pouvoir créer cette vision de soi est essentiel. Elle s'appuie d'abord sur une bonne connaissance de soi. En plus, l'affirmation du leadership passe par une vision, une mission et l'établissement d'objectifs spécifiques, que ce soit au niveau personnel ou professionnel. Vous devez donc découvrir ce qui vous passionne, vos talents, vos valeurs et vos objectifs de vie. Ultimement, votre accomplissement de soi passe par la réalisation de votre mission de vie. Pour articuler celle-ci et vos objectifs, il ne s'agit pas d'un simple exercice fait en quelques minutes. Il s'agit plutôt du fruit d'une démarche complète. Par la suite, vous aurez besoin de les revisiter régulièrement, car ils évolueront au fil du temps. Dans ce chapitre et les suivants, nous allons explorer plusieurs sujets qui contribuent à développer notre leadership authentique, à savoir : le lâcher-prise et l'acceptation, l'état de flux au travail (Flow), vivre sa mission, développer ses compétences personnelles, questionner les fondements de son leadership, déterminer son plan de transformation, oser se transformer et vivre en harmonie et de façon authentique.

> La vie qu'on désire est là, il suffit d'avoir le courage d'abandonner
> celle que l'on a pour arriver à celle que l'on veut.

LE LÂCHER-PRISE ET L'ACCEPTATION

Jusqu'à maintenant, nous avons vu l'importance de ressentir les émotions et de développer une présence à soi pour être en mesure d'établir le lien avec son essence profonde. Cependant, il existe une étape fondamentale pour vivre en harmonie, c'est le lâcher-prise. Malheureusement, si vous ne lâchez pas prise dans certaines circonstances spécifiques de la vie, alors vous créerez de la résistance inutile.

Mais qu'est-ce que cela signifie au juste? L'acte du lâcher-prise exige de renoncer à la résistance intérieure qui s'oppose à ce qui est, et plutôt de s'ouvrir à ce qui se présente à nous, tout en l'acceptant. La résistance ou l'attitude défensive est une forme de négation par rapport à ce qui se passe et implique une émotion négative.

> Pour l'auteur Eckhart Tolle, la résistance s'associe au mental tandis que le lâcher-prise provient de l'intérieur en communion avec l'extérieur. Il mentionne que si vous voulez vous libérer de la souffrance dans votre vie, vous devez accepter ce qui est, et vous êtes immédiatement libérer du mental. Cette action vous remet directement en lien avec votre être. Pour lui, cela ne signifie pas qu'on abandonne ou qu'on ne passe pas à l'action pour apporter des changements. Il voit plutôt le lâcher-prise comme l'acceptation de la situation dans le temps présent. Il ne s'agit pas de résignation, bien au contraire[1].

Cette approche permet de devenir beaucoup plus objectif. Elle diminue votre charge émotionnelle et permet d'entrevoir les bonnes solutions à déployer. Si vous prenez du recul, sans porter de jugement, vous vous ajusterez alors à la situation présente. Par conséquent, vous serez plus heureux et en harmonie avec les événements qui se présentent à vous. **Tout cela semble tellement simple et logique, pourquoi alors est-ce si difficile d'en faire l'application?** La problématique est là : il est plus facile de rationaliser les bienfaits du lâcher-prise que de le mettre en pratique à cause de nos comportements souvent inconscients. Par conséquent, la présence à soi-même et la conscientisation de certains comportements associés à nos croyances limitatives, qu'ils soient répétitifs ou non, sont essentielles.

> Le lâcher-prise est un agent déterminant pour le futur. Il amène un changement de conscience beaucoup plus positif et une énergie totalement différente. Il est compatible avec l'action, mais sa conscience largement augmentée amène une perspective différente. Cela permet de voir beaucoup plus clairement les choses pour déployer des actions positives.

En réalité tout est une question d'attitude face aux événements vécus. Le lâcher-prise vous libère de vos réactions conditionnées, il enlève la buée de vos lunettes pour voir plus adéquatement ce qui est. Il ne fait plus écho à vos peurs et vos appréhensions se dissipent grâce à votre présence consciente. De plus, le lâcher-prise concentre vos énergies vers ce que vous voulez vraiment, tout en permettant de vous transformer s'il y a lieu. Comme disait l'auteur Dan Millman : « Le secret du changement consiste à concentrer son énergie pour créer du nouveau, et non pas de se battre contre l'ancien. » Cette affirmation démontre très bien le phénomène du lâcher-prise et de l'acceptation !

Que faire alors avec la résistance ou l'attitude défensive si vous voulez vraiment changer de comportement ? La réponse se trouve dans la prise de conscience sur votre résistance grâce à votre « état d'observateur » créé dans votre présence à vous-même. Elle vous aidera à lever le voile sur vos comportements. Il deviendra alors plus facile de pouvoir vous ajuster et de comprendre ce qui se passe vraiment.

> Pour ce faire, on se pose quelques questions sur le comportement conditionné :

- Qu'est-ce qui guide mon comportement ?
- Qu'est-ce qui résiste en moi ?
- Quelle est l'intention de ma résistance ?
  - Quelle est sa raison d'être ?
  - De quoi ai-je peur ?
- Qu'est-ce qui me maintient dans ce comportement ?
- Quelle corde sensible est-ce que cela touche ?
- Comment puis-je prendre conscience de ce qui se passe ?
- Quels sont les comportements que j'aimerais modifier ?
- Que dois-je faire pour les mettre en action ?
- Qu'est-ce que cela va m'apporter ?

Réflexion et réponses aux questions :

_____
_____
_____
_____
_____
_____
_____
_____
_____
_____

En adoptant le lâcher-prise, une énergie plus positive et plus spirituelle se dégage face à la vie. Vous n'êtes plus dans les comportements inconscients ou les différents scénarios dirigés par l'ego. Le lâcher-prise permet de changer la perception des situations, et ce, même si vous ne pouvez pas les modifier immédiatement. Cette acceptation vous « élève au-dessus » d'elles pour mieux les comprendre grâce à votre conscience présente. Le lâcher-prise ne transforme pas la situation, elle *vous* transforme face à celle-ci, car elle modifie votre attitude. En vous libérant de votre résistance, ceci modifie votre perception et vous permet de traverser les différents revers de la vie. La résistance vous maintient dans un espace de temps qui n'existe pas. Elle s'éloigne du regard amoureux envers soi et les autres. Par conséquent, le lâcher-prise vous donne accès à un moment de liberté, exempt des luttes intérieures et extérieures, pour prendre de meilleures décisions. Il vous libère des souffrances inutiles créées en vous retenant sans cesse dans une même situation. Il ne vous soustrait pas complètement de la souffrance mais en diminue l'impact. Votre nouvelle conscience ne vous épargne pas des revers de la vie, elle permet de les vivre de façon moins chaotique. Quoi qu'on en dise, le lâcher-prise vous recentre sur l'essentiel de soi dans un espace d'amour et de compassion. Il vous permet de traverser les épreuves de la vie avec plus de sérénité.

En réalité, le lâcher-prise c'est accepter de reconnaître ce qui est sous notre pouvoir ou pas. Ce recul nous permet d'avoir une plus grande objectivité face à ce qui se passe dans notre vie. Le lâcher-prise amène une plus grande harmonie, ménage nos émotions et nos énergies pour nous concentrer sur ce qui est essentiel à nos yeux.

> Le lâcher-prise trouve son expression parfaite dans la prière de la sérénité des Alcooliques anonymes, qui dit ceci : «*Mon Dieu, donnez-moi la sérénité d'accepter les choses que je ne peux changer, le courage de changer les choses que je peux, et la sagesse d'en connaître la différence.*»

Voilà qui résume très bien toute la sagesse associée à ce fameux lâcher-prise !

Chapitre 6
L'ÉTAT DE FLUX AU TRAVAIL (FLOW) OU LE TRAVAIL D'UNE VIE

Lorsque les gens prennent conscience de tout le temps investi dans leur travail, tous désirent y trouver une certaine satisfaction. Dans ce chapitre, nous verrons comment le travail peut devenir une expérience optimale et satisfaisante, et verrons brièvement les concepts qui y sont associés. Dans une deuxième optique, nous aborderons la possibilité de voir ce concept élargi à toutes les sphères de notre vie.

Voulez-vous réussir votre carrière ou vous voulez réussir votre vie ? Si vous vivez une vie qui a un sens, reconnaissez que le monde du travail est un merveilleux terrain d'expérimentations. Particulièrement, si vous contribuez à une mission d'entreprise à laquelle vous croyez, que vous endossez, et dans laquelle vous investissez vos énergies. Sans oublier que le travail permet de s'accomplir et de ressentir de la joie. Généralement, chacun décide du degré d'investissement dans son travail en fonction de la façon dont il est traité et des opportunités offertes.

....

Selon le contexte et ses valeurs, chaque personne dirige sa vie en faisant des choix qui permettent d'établir une direction, de se réinventer, de changer son avenir et d'influencer sa destinée.

....

Votre liberté de choisir a un impact direct sur votre croissance et votre bonheur. Cette prise de conscience de l'impact de vos choix ouvre la voie à de multiples potentialités, toutefois elle peut être menaçante. **Pourquoi ? Car vous êtes le seul responsable de votre destinée.** Votre liberté de choisir ne demande qu'à être utilisée, elle vous est offerte dès votre naissance. Tout être humain bénéficie de valeurs telles que : l'équité, la bonté, le respect, l'honnêteté, l'intégrité etc. Ces valeurs déterminent vos principes qui guident vos comportements, elles peuvent aussi être associées à des normes sociales. Vous utilisez les différentes intelligences : physique (corps), intellectuelle (QI, mental), émotionnelle (QE) et spirituelle qui vous guideront et deviendront pour vous une véritable boussole identitaire.

....

Une des façons de développer son intelligence émotionnelle et spirituelle passe par l'importance de développer son authenticité. Plus vous êtes ancré dans vos valeurs profondes, plus il est facile d'adopter des comportements et de prendre des décisions en accord avec celles-ci.

....

Mais qu'est-ce que l'authenticité ? Elle permet d'avoir des rapports sincères avec les autres et vous-même, car vous êtes en harmonie et vous respectez vos valeurs et vos principes tout en faisant preuve de compréhension. **C'est d'abord et avant tout dans le rapport à soi-même que l'on est authentique. En réalité, l'authenticité est une congruence entre ce que l'on pense et ce que l'on expérimente intérieurement. Elle se reflète à l'extérieur de nous.** Celle-ci puise sa profondeur dans votre cœur. Vos valeurs constituent un point d'attache, elles sont des points de repère qui ont une signification particulière pour vous. S'affirmer en fonction de celles-ci signifie que vous adoptez une cohérence entre vos valeurs, vos principes et vos actions. D'ailleurs, les principes auxquels vous tenez découlent directement de vos valeurs fondamentales, qui se transforment en des comportements généraux. Vos principes servent de cadre de référence lorsque vous prenez des décisions. Habituellement, vous reconnaissez plus facilement vos valeurs fondamentales lorsqu'il y a une transgression, car vous éprouvez un malaise. Il est donc important de les reconnaître afin qu'il n'y ait pas d'incohérence entre votre vie personnelle et votre vie professionnelle.

Cette conscientisation de vos valeurs améliore la connaissance de vous-même et permet de les appliquer. Toutefois, quand vous agissez en conformité avec vos principes, il reste quand même un certain « seuil de tolérance » par rapport à vos valeurs. Par exemple, si un père considère que sa famille est une valeur essentielle à ses yeux, mais qu'il a un emploi qui l'ennuie, peut-on dire qu'il n'est pas authentique ou qu'il manque d'intégrité face à son travail? Non, car en vérité si sa valeur personnelle est plus importante à ses yeux, cela peut l'amener à accepter un certain compromis au niveau professionnel. L'intégrité d'une personne constitue le respect de l'éthique sociale et des règles de justice, elle suppose un devoir envers soi et les autres, par exemple : le respect de ses promesses, la courtoisie envers les autres. Le mot intégrité signifie « entier ». Avoir le courage d'être intègre, c'est être loyal face à soi-même, et ce, dans un monde où nous risquons d'être opposés à d'autres convictions qui peuvent nous exclure.

Par conséquent, si vous favorisez un leadership véritable dans votre vie personnelle et professionnelle, vous développerez des points forts d'attache ou d'ancrage. Vous aurez ainsi une meilleure connaissance de vous-même, une meilleure hygiène de vie, un alignement avec vos valeurs et vos principes, ainsi qu'une cohérence dans votre façon d'être. Cependant, ce qui est le plus important est d'avoir une vision claire de ce que vous voulez être et faire.

> Une bonne introspection vous permet de clarifier votre orientation. Voici des questions qui servent de guide au besoin. Il est à noter que certains des sujets traités ici seront repris dans des exercices pratiques plus détaillés dans les prochains chapitres.

- Que signifie pour moi assumer le leadership de ma vie?
- Quels sont mes valeurs et mes principes de base dans ma vie?
    - ▸ Dans quelle mesure sont-ils respectés?
- Quels sont mes principaux points d'attache dans mes sphères d'activités? (famille et amis, conjoint(e) et couple, travail et carrière, habitation et finances personnelles, loisirs, santé et bien-être, spiritualité et sens de la vie.)
    - ▸ Sur une échelle de 0 à 10, indiquez votre degré de satisfaction actuelle par rapport à chacun d'eux : 10 étant le plus élevé.

- ▸ Indiquez votre objectif de satisfaction que vous aimeriez avoir par rapport à chacun d'eux : 10 étant le plus élevé.
- ▸ Quelles sont vos principales constatations face à ces écarts ?
- ▸ Quels sont vos objectifs précis pour chacun de vos points d'attache ?
- Dans quelle mesure ma vie est équilibrée ?
- Dans quelle mesure suis-je une personne intègre et authentique ?
- Quelle est ma responsabilité sociale ?
- Comment est-ce que je bâtis ma santé financière et physique ?
- Comment mes besoins principaux sont satisfaits ?
- Dans quelle mesure suis-je heureux dans ma vie personnelle ? Dans ma vie professionnelle ?
- Que dois-je faire pour renouer avec un bonheur durable ?
- Quelle est ma mission de vie ? Comment suis-je aligné par rapport à elle ?
- Que dois-je faire pour mieux m'aligner avec ma mission ?

Réflexion et réponses aux questions :

En revenant au développement de vos quatre intelligences, il est important de comprendre que vous ne pouvez pas développer une seule à la fois. Il est clair que ces intelligences sont interdépendantes et qu'elles doivent travailler ensemble. Pour les entreprises, le fait de négliger ces quatre intelligences de l'individu génère parfois des problématiques, telles que le manque de confiance, l'absence de vision partagée et de valeurs communes et le désalignement. Le leadership des dirigeants (et des gestionnaires) devient efficace ou inspirant quand il donne l'exemple, tout en étant guidés par leur conscience et leur autorité morale. L'individu se sent alors respecté et apprécié. Pour permettre l'engagement des individus et la compréhension de ceux-ci, une entreprise doit partager sa vision, ses valeurs et ses objectifs avec ses employés. Mais plus que cela, elle doit les engager tout en créant un climat de confiance réciproque essentiel dans la poursuite des idéaux et la performance de ses équipes de travail. « Si les employés ne se sentent pas propriétaires, s'ils sont en désaccord avec la stratégie, si on leur donne des priorités contradictoires ou s'ils sont incapables de voir le lien entre leurs tâches et la vision de l'entreprise, leur aptitude à concrétiser cette vision est compromise[1]. » Par la responsabilisation, les dirigeants et les gestionnaires permettent aux individus travaillant pour eux de libérer leurs passions et leurs talents. Par conséquent, ils les incitent à avoir une performance supérieure en donnant le meilleur d'eux-mêmes. Pour arriver à cette responsabilisation, on doit être dans un processus de « gagnant-gagnant » où les deux parties sont mutuellement engagées envers la réussite d'un projet commun. Il s'agit d'une entente morale où chacun a une compréhension mutuelle et où l'on définit les attentes des autres. Dans une telle entente, il y a naturellement plusieurs facteurs à considérer, comme le contexte, la maturité, les caractères, les compétences des membres de l'équipe, ainsi que les structures et les processus. Ce qui est clair est que cette approche permet une participation maximale des deux parties dans le projet qu'elles ont en commun.

Certains psychologues ont parlé d'une expérience optimale (Flow), qui rend les travailleurs plus heureux, que nous avons vue au chapitre 1. Cette expérience procure une sensation de bien-être lorsque vous êtes totalement captivé par une activité qui vous procure du plaisir. Elle procure un sentiment de bonheur, de satisfaction et de joie intérieure. On pourrait d'ailleurs résumer cette théorie en disant ceci : « déterminez ce qui vous procure du plaisir et répétez souvent l'expérience[2]. » Comme nous l'avons mentionné, ce concept a été élaboré par le psychologue Mihaly

Csikszentmihalyi. Pour vivre l'état de flux au travail (Flow), vous aimez naturellement votre emploi et il correspond à vos aptitudes/compétences. Idéalement, vous avez le sentiment d'y contribuer et qu'il a un sens pour vous, tout en permettant de ressentir un sentiment de bien-être et de motivation. Vous éprouvez alors un sentiment d'engagement et vous êtes investi. Comme prérequis, il faut un juste équilibre entre vos compétences et le degré de difficulté de la tâche. La présence à soi dans l'exécution de la tâche s'avère tout aussi importante que la poursuite des objectifs fixés. **Comment tout cela est possible?** Si vous avez choisi un emploi qui correspond bien à vos attentes, vos valeurs, vos compétences et vos aspirations. **Comment le reconnaître?** Votre emploi devrait vous permettre de vivre des émotions positives et de vous épanouir sur le plan personnel et professionnel. Quand vous expérimentez l'état de flux, vous ne voyez pas le temps passer, car vous êtes complètement absorbé par vos tâches. Les caractéristiques de l'état de flux au travail (Flow) sont les suivantes :

CARACTÉRISTIQUE	DESCRIPTION
Adéquation de la tâche	La tâche représente un défi pour l'individu. Il existe un équilibre entre la difficulté de la tâche versus les aptitudes/compétences de l'individu.
Satisfaction	L'activité représente une source de satisfaction pour l'individu.
Objectifs précis et significatifs	Les attentes et les règles sont claires. Les objectifs fixés sont atteignables. Ils sont de plus importants pour l'individu.
Concentration	Le degré exigé demande un niveau plutôt élevé de concentration de la personne durant l'exécution.
Maîtrise de soi	L'individu perçoit une maîtrise de lui et de son environnement durant l'exécution.
Rétroaction	Le comportement est immédiatement ajusté en fonction des réussites et des difficultés, car l'individu reçoit une rétroaction directe et immédiate.
Conscience de soi	La conscience de soi semble disparaître à cause du manque de distance entre le sujet et l'objet.
Temps	La perception du temps est déphasée par rapport au temps réel.

> Serait-ce « l'état de flux », l'expérience ultime recherchée par notre essence profonde? Cette expérience n'est possible que si l'on est en contact avec son « être intérieur profond ». L'aisance et l'harmonie se reflètent alors dans vos faits et gestes[3].

Si vous connaissez cet état au plan professionnel, cela signifie qu'il y a un très bon alignement entre ce qui vous apparaît essentiel (valeurs, principes, compétences) et le travail que vous exécutez. Il est donc important de bien se connaître et de s'écouter pour être en mesure de faire les bons choix professionnels. **Si l'adéquation est parfaite entre vous et votre employeur, alors vos attentes seront comblées! Mais est-ce vraiment réaliste?**

Les notions de plaisir, de satisfaction, mais également d'amour peuvent être présentes au niveau du travail. Leur importance varie en fonction des différentes personnes, de leurs valeurs et leur degré d'implication. Pour certaines personnes, il serait difficile d'occuper un emploi qu'elles n'aiment pas vraiment. Cela pourrait même gruger leur énergie, voire une certaine vitalité. Évidemment, la notion de plaisir contribue significativement dans votre satisfaction au travail. Si on regarde le travail sous l'angle de l'essence profonde, elle se satisfait d'expériences impliquant la beauté et le plaisir. Par conséquent, vous pouvez expérimenter certains plaisirs dans votre travail, voire même ressentir un plaisir plus profond « si vous êtes à la bonne place ». C'est la signification personnelle que vous attachez au travail qui dicte votre attitude face à celui-ci.

On doit donc se demander si c'est le travail en soi qui compte le plus, ou la façon dont on travaille par rapport à la signification et les avantages qu'on en retire. Vous pouvez chercher un travail que vous aimez, mais vous pouvez aussi apporter de l'amour et du plaisir dans votre travail. **Avez-vous déjà vu des gens qui sont extrêmement heureux et contagieux dans leur milieu de travail?** Indépendamment de la tâche à accomplir, certaines personnes ont un enthousiasme débordant, car elles reconnaissent une valeur dans ce qu'elles font. Elles adoptent une attitude positive en reconnaissant l'importance et la valeur ajoutée de leur contribution. Cela suscite de bons questionnements à savoir : quel est le rapport entre la satisfaction générale de notre vie versus celle de notre travail? Est-il possible que notre satisfaction globale influence celle qui est reliée à notre emploi? Ou l'inverse? De plus, d'autres éléments doivent être pris en considération dans la recherche d'un travail. Par exemple, l'importance de nouer des amitiés ou d'être en présence de personnes qui vous soutiennent et vous accompagnent. On reconnaît l'influence des relations avec les autres sur notre bonheur et l'importance d'un bon climat relationnel pour créer une ambiance favorable à la collaboration au travail. On peut aimer notre travail même si notre vie n'est pas parfaitement en équilibre. L'auteur Thomas Moore nous met en garde contre les émotions négatives qui interfèrent avec cet amour du travail. Selon lui, la spiritualité affecte positivement votre travail dans trois dimensions : elle vous engage à un travail qui donne un sens à votre vie ; elle vous demande de faire un travail de façon éthique ; et elle vous inspire à faire un travail qui contribue à la société. Il ne faut donc pas choisir un emploi uniquement pour le salaire, mais pour un ensemble de considérations qui nous conviennent qui respectent nos valeurs et nos compétences. Si on choisit un travail qui va à l'encontre de nos valeurs et notre éthique, cela créera un sentiment d'inconfort et de division[6].

Dans votre quête de sens et de l'accomplissement de soi au niveau professionnel versus personnel, vous devriez considérer cette quête au niveau du « **travail d'une vie** » plutôt que du « **travail dans votre vie** ». Cela permettrait un plus grand équilibre dans les différentes sphères de votre vie si vous le désirez. Il est fort possible que certaines activités qui donnent un sens à votre vie soient indépendantes de votre travail. Elles font partie du « travail d'une vie », car chaque composante et chaque activité participent à la contribution du sens global dans votre vie. En sachant que votre carrière est seulement un aspect de ce travail de vous-même, vous y consacrez de l'énergie mais pas nécessairement toute votre dévotion. Thomas Moore mentionne que le niveau de satisfaction de vos différentes passions démontre toute la richesse de vos multiples vocations. En regardant de façon plus globale vos différentes activités, vous leur permettez de se chevaucher. Car le « travail de votre vie » commence d'abord par « votre vie », et quand vous adoptez cette perspective, cela relativise l'importance que vous accordez à chacune de vos sphères d'activités. Elle fait émerger votre essence qui est inséparable de votre évolution et permet de trouver votre place dans la société. **Vous vous enrichissez à regarder votre vie sous une multitude de facettes plutôt que de la scinder à un seul aspect. Voilà ce que signifie le « travail d'une vie », c'est le considérer dans sa globalité**[4].

Dans ce chapitre, nous avons vu deux scénarios potentiels. Le premier où l'on s'épanouit en donnant un sens à sa vie par l'accomplissement de son travail. Le deuxième, par l'élévation du discours et en démontrant que le travail est un aspect de sa vie. La recherche du bonheur, de l'authenticité et de l'évolution de l'être est en réalité le « travail d'une vie ». Il est important d'adapter sa perspective personnelle et professionnelle pour être heureux. En plus de se poser des questions sur sa vision, sa mission, ses valeurs et son authenticité, on se questionne sur son adéquation personnelle et professionnelle. Sans oublier que l'on doit se montrer réaliste quant aux compétences et aux talents versus le poste convoité professionnellement. Il est donc possible de vivre des expériences satisfaisantes et optimales au travail selon les différentes caractéristiques que nous avons explorées. Dans le prochain chapitre, nous parlerons de notre mission de vie.

Chapitre 7
VIVRE SA MISSION —
LE RÊVE DU SOI

Vivre sa mission de vie est le but que toute personne rêve d'accomplir, c'est le besoin de réalisation du Soi. Cette mission consiste d'abord dans l'apport personnel que nous apportons au monde, l'héritage personnel que l'on veut laisser. C'est le besoin d'apprendre, de se développer, de vouloir créer et de vivre en harmonie, tout en construisant quelque chose d'unique. Connaître votre mission de vie permet d'éviter beaucoup de distractions inutiles pour se concentrer sur ce qui est essentiel dans celle-ci. Elle permet de vivre davantage votre intégrité et votre authenticité puisque vous maintenez le cap grâce à vos valeurs fondamentales et vos décisions plus alignées avec vous-même. De plus, votre mission détermine clairement le but de votre vie en alimentant votre motivation tout en vous servant de phare pour éclairer votre route.

Ensuite, elle permet de mieux gérer votre temps et vos efforts en vous concentrant sur l'essentiel de vos priorités. C'est une règle importante pour le succès tant personnel que professionnel : rappelons la loi de Pareto (80-20) qui signifie que 80 % des accomplissements découlent de 20 % des activités prioritaires. Si l'on regarde les gens qui connaissent le succès et respirent le bonheur, on constate à quel point ils connaissent ce qui est important pour eux et savent choisir leurs priorités. Leur principe de gestion du temps repose sur leurs priorités et leurs buts. Ils déterminent les activités qui font une différence et se concentrent sur celles-ci. C'est l'une des raisons qui justifie l'importance de connaître notre mission puisqu'elle nous sert de guide dans les choix que nous faisons au quotidien. Vous connaissez peut-être la matrice de gestion du temps de Stephen R. Covey, auteur du livre *Les Sept habitudes des gens efficaces*, qui établit les quatre quadrants des priorités auxquelles nous faisons face au quotidien. Celle-ci rappelle l'importance d'être vigilant dans notre emploi du temps. Le secret est de faire les choses importantes et essentielles (activités primaires) lorsque planifiées. Voici une version adaptée pour visualiser où les gens qui excellent dans leur gestion personnelle passent la plupart de leur temps, soit dans le quadrant T1 et T2 du schéma suivant :

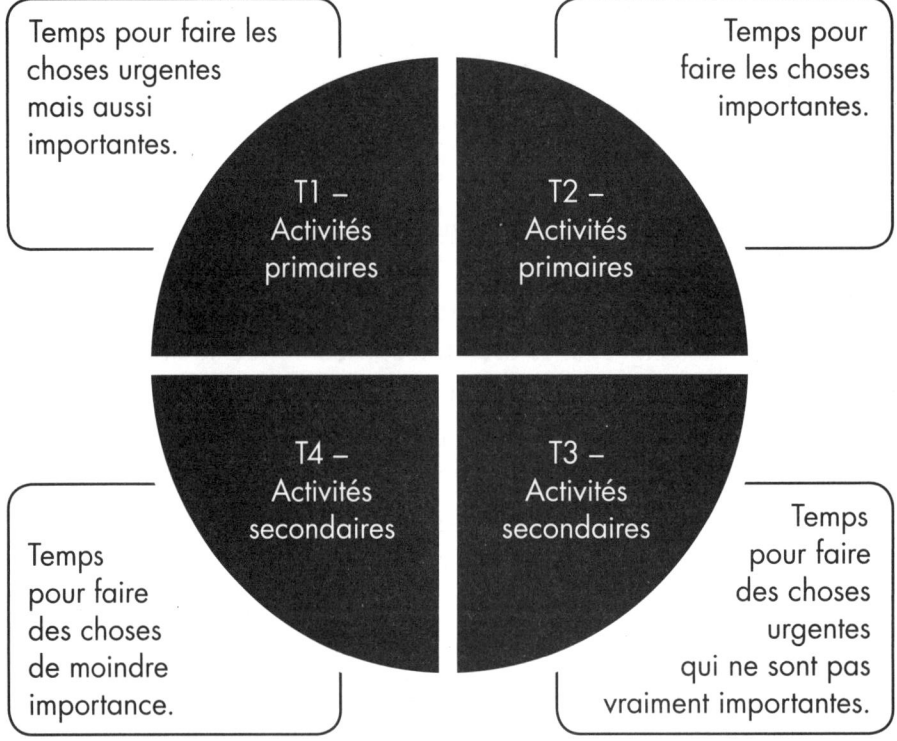

Nous avons 168 heures de disponibles dans une semaine, d'où l'importance de bien évaluer comment nous voulons les répartir à travers nos différentes sphères d'activités. Pour ce faire, nous devons bien connaître nos priorités et nos objectifs afin d'effectuer les bons choix et de refuser ce qui n'est pas important pour nous. En réalité, notre gestion des priorités aidera notre gestion du temps pour avoir ainsi une certaine rigueur et discipline dans nos activités. Cela sous-entend notre capacité de dire « non » à certaines demandes qui se présentent à nous. Les gens qui ont réussi ont bien compris ce principe, ils sont plus productifs sans nécessairement être plus occupés. Prenez le temps de déterminer des critères de décision pour vous aider dans vos choix. Prenez 15 minutes et identifiez ce que représenterait pour vous une journée, une semaine et/ou une année idéale. **Pensez à ce qui est important pour vous : Quelles sont vos priorités pour lesquelles vous voulez investir du temps ? Que devez-vous faire pour vous améliorer sur tous les plans ?** Dressez une liste de questions ou de critères clés qui vous aideront à décider au quotidien de vos priorités parmi toutes les demandes reçues. Si vous avez de la difficulté à entrevoir ce qui est important, continuez la lecture et revenez-y plus tard.

Comment connaître votre mission dans la vie ? Votre mission de vie, c'est surtout l'orientation ou le sens que vous donnez à celle-ci. Elle se découvre habituellement à travers un idéal, une passion, un but à atteindre, un enthousiasme débordant ou un désir profond à combler. Et la connaissance de soi est l'élément fondamental pour la découvrir. Plus on connaît sa mission, plus il devient facile de concentrer ses énergies et de prendre de bonnes décisions dans la grande aventure qu'est la vie.

> Vous êtes le seul à être capable de la découvrir, personne ne peut le faire pour vous. Certaines questions vous aideront à mieux cerner votre mission, par exemple :

- Qu'est-ce que j'aime vraiment faire dans la vie ?
- Quel est le fil conducteur de ma vie ?
- Qu'est-ce que je désire accomplir dans ma vie ?
- Qu'est-ce qui me garde vivant ?
- Quel est le but ultime de mon existence ?
- Qu'est-ce que je souhaite accomplir avant de mourir ?
- Quel est le legs que j'aimerais offrir au monde ?

Réflexion et réponses aux questions :
_____
_____
_____
_____
_____

En réalité, il existe deux périodes charnières pour découvrir sa mission : soit à l'adolescence ou au mitan de sa vie. L'adolescence est propice, car elle offre une foule d'intuitions sur l'existence. Nous n'écoutons pas toujours celles-ci, laissant la vie nous apporter d'autres projets qui ne sont pas nécessairement alignés avec l'essence de notre être. La plupart des gens négligent ou oublient simplement ces intuitions ressenties. L'autre moment fort pour la découvrir est au mitan de sa vie, durant cette période, habituellement entre 40 à 50 ans, on fait un bilan de vie qui permet parfois de la découvrir. En plus, on constate les rêves qu'on a accomplis et ceux qu'on n'a pas encore réalisés, ce qui est un bon indicateur pour révéler sa mission. Pour la découvrir et la vivre, c'est une quête continuelle de sens et d'influences. « L'estime de soi et la mission s'influencent l'une et l'autre : plus on a confiance en soi, plus on persévère dans la réalisation d'un travail ou d'une carrière, parce qu'on accomplit et s'épanouit. Plus nous sommes engagés dans notre projet de vie, plus la confiance en soi augmente et plus nous sommes motivés à aller au bout de nos initiatives[1]. »

La poursuite de votre idéal exige du courage pour faire des changements dans votre vie, particulièrement si votre mission n'est pas alignée avec vos réalisations passées. Tout dépendant de la situation, vous pouvez être obligé de faire des choix difficiles si vous voulez vraiment vivre en fonction de votre authenticité et de votre essence profonde. Comme nous l'avons vu, il existe également des passages difficiles qui sont salutaires pour confirmer sa mission, par exemple : les blessures de l'enfance, les souffrances ou autres événements de la vie. Ces passages nous font prendre conscience que nous devons faire des changements significatifs dans notre vie. Ils permettent habituellement de découvrir ou de retrouver un sens réel à notre vie.

Comme disait l'auteur Jean Montbourquette : « La découverte de sa mission à la suite d'une épreuve permet d'expérimenter une nouvelle liberté intérieure et de dévoiler des nouveaux horizons. On ressort enrichi d'une expérience qui aurait pu nous détruire[2]. »

Voici certaines questions qui permettent de transformer vos passages difficiles en découverte de votre mission :

- Qu'est-ce que j'ai appris de cette expérience ?
- Quelles sont les ressources découvertes ?
- À quoi cette épreuve a-t-elle servie ?
- Quelles prises de conscience ai-je réalisées ?
- Quelles sont mes nouvelles raisons de vivre ?
- Comment puis-je maintenant poursuivre ma vie ?
- Qu'est-ce que je veux vraiment faire de ma vie ?

Réflexion et réponses aux questions :

_____
_____
_____
_____
_____
_____
_____
_____
_____
_____
_____
_____
_____

Pour trouver votre mission personnelle, il ne s'agit pas d'un exercice purement rationnel, mais vous entrez également en contact avec votre cœur (et vos tripes). Certaines personnes savent facilement ce qui les fait vibrer, si bien que leur raison d'être est parfois très claire : cela nécessite peu ou pas de réflexion sur ce sujet. Malheureusement, ce n'est pas aussi facile pour tous. Pour certains d'entre nous, on réfléchit et médite sur notre vie pour en découvrir certains aspects qui nous guident, comme par exemple : nos passions, nos visions, nos intuitions, nos rêves, nos désirs, nos intérêts. L'idée est de découvrir ce qui nous fait vraiment vibrer pour être fondamentalement heureux. On découvre un fil conducteur en constatant les principales tendances ou éléments communs qui se dégagent dans notre vie. Une autre façon est d'examiner les différentes passions et les activités qui nous ont le plus comblés dans notre existence. Une fois les principaux constats notés, il ne reste plus qu'à articuler une mission viable.

Pour certains d'entre nous, l'utilisation d'un processus formel permet de prendre des engagements face à soi-même et de formuler sa mission par écrit. Cela permet aussi de décrire ses principaux objectifs de vie et d'établir un plan d'action approprié qu'on peut mettre en œuvre. On se questionne et découvre ses passions, ses valeurs, ses talents, sa mission et ses objectifs pour la formuler adéquatement. Une fois que vous avez tous les éléments en mains, vous procédez à la définition de votre mission, comme par exemple :

- Faire la rédaction d'un énoncé général de votre mission grâce à des éléments et des objectifs plus concrets.
- Tenter de confirmer la réalisation de l'énoncé de votre mission en confrontant votre énoncé versus votre situation actuelle.

Une fois satisfait de l'énoncé de votre mission, il ne reste plus qu'à la mettre en pratique. Toutefois, lors de ce processus, il est inévitable que certaines peurs ou obstacles surviennent particulièrement si des changements significatifs s'imposent. Cependant, rappelez-vous que vivre votre mission vous donne une énergie nouvelle que tous ressentiront. C'est contagieux !

Vivre sa mission, c'est la quête du sens et la réalisation de soi. Dans ce chapitre, nous avons parlé de l'importance d'avoir une mission qui constitue le gouvernail dans votre vie. Elle oriente vos énergies en fonction de vos objectifs spécifiques et contribue pleinement à votre leadership véritable. Nous avons vu qu'elle se découvre habituellement grâce à un idéal, un talent, une passion ou un but à atteindre. Nous avons suggéré une approche sommaire pour ce faire. Dans les chapitres suivants, vous pourrez consulter des exercices beaucoup plus détaillés à cet effet. Ils vous permettront de réfléchir et de découvrir vos passions, vos talents, vos valeurs et vos objectifs de vie afin de consolider le tout avec votre mission de vie.

Chapitre 8
QUESTIONNER LES FONDEMENTS DE SON LEADERSHIP AUTHENTIQUE

....

Oser être un leader authentique, c'est oser être vrai !
C'est oser vivre le résultat de ses propres décisions !

....

QUESTIONNER ET ASSUMER LA PERTINENCE DE SON LEADERSHIP AUTHENTIQUE

À quoi reconnaît-on un leader authentique ? Comme nous l'avons déjà souligné, il est d'abord le leader de sa propre vie. Il peut être sans ou avec un titre, cela importe peu. Il possède une très bonne connaissance de lui-même et de son environnement. Sa connaissance a été développée grâce à son expérience, mais aussi à sa capacité d'introspection. Être authentique signifie qu'il est vrai, qu'il se connaît bien, qu'il s'accueille comme il est et qu'il s'affirme avec courage et humilité. Il utilise ses expériences, sa formation au même titre que la conscience de lui-même. Il démontre son leadership en exprimant le plein potentiel de ses talents et en respectant ses valeurs. Il est compétent et crédible auprès de ses proches, de ses pairs, de ses employés et de ses supérieurs. Il sait aussi faire preuve de courage dans ses décisions. Il se fait confiance ainsi qu'à ses proches et à ses collaborateurs. Il s'assume complètement dans les succès, les demi-succès et même les échecs !

Vivre son authenticité implique l'acceptation de sa différence, de s'accepter tel que l'on est, avec ses qualités et ses défauts, ses convictions et ses doutes, sa confiance et ses peurs. En principe, les autres ne perçoivent pas d'écart entre l'image qu'un leader a de lui-même et celle qu'il transmet (savoir, savoir-être et savoir-faire). Un leader authentique est toujours en quête de la vérité, et de sa vérité. Il ne cherche pas à imiter un style de leadership quelconque. Il inspire les autres à le suivre vers l'atteinte d'une vision commune. Il aide habituellement les autres à développer leurs talents. Tout ce qu'il réalise permet l'adéquation de la performance, des résultats, de l'équilibre et du bien-être avec un niveau d'énergie élevé. Pour exercer son leadership authentique professionnel cela doit nécessairement passer par son leadership personnel!

Comme nous l'avons mentionné au chapitre 1, plusieurs étapes sont similaires entre les développements du leadership personnel et professionnel à cause de l'introspection requise. Dans les prochaines sections de ce chapitre, nous verrons différents sujets de questionnement pour déterminer les fondements du leadership authentique. Chaque thème sert de base de réflexion pour reconnaître les éléments importants contribuant à la détermination de vos objectifs et de votre mission de vie. Tous les éléments obtenus dans ces réflexions vous guideront quotidiennement dans vos décisions, vos priorités et vos activités. Nous les traiterons individuellement pour faciliter votre réflexion, cependant il faut les considérer par la suite dans une globalité. L'énoncé d'une mission écrite agira comme le consolidateur de toutes les réflexions qui seront mises de l'avant.

ÉVALUER SON NIVEAU DE SATISFACTION DANS LES DIFFÉRENTES SPHÈRES DE SA VIE

Comme nous l'avons vu dans l'aptitude au bonheur, 40 % de celle-ci est associée à la capacité de gérer son existence et de prendre les actions appropriées pour les différentes sphères d'activités. Nous avons abordé ce sujet très brièvement à différentes reprises dans ce livre, cependant une réflexion beaucoup plus complète s'impose pour être en mesure d'avoir une vision plus globale.

Pour avoir un équilibre de vie et une vie pleinement satisfaisante, vous devez consacrer suffisamment de temps et d'énergie pour être satisfait dans vos différents points d'attache. Votre indice de satisfaction sert d'indication pour votre plan d'action et de transformation. Voici différentes questions formulées, prenez le temps d'y répondre et notez votre réflexion :

- Une semaine comporte approximativement 100 heures en excluant le temps consacré au sommeil. Par rapport à vos différentes sphères d'activités, identifiez le nombre d'heures ou le pourcentage de temps que vous aimeriez leur consacrer.

Temps consacré à vos différentes activités (en heures ou en pourcentage)	
Famille et amis	
Conjoint(e) et couple	
Travail et carrière	
Habitation et finances personnelles	
Loisirs	
Santé et bien-être	
Spiritualité et sens de la vie	
Total	100 heures ou 100 %

Pour chacune de vos différentes activités, sur une échelle de 0 à 10, indiquez votre degré de **satisfaction actuelle**, 10 étant le plus élevé.

Degré de satisfaction actuelle	
Famille et amis	/10
Conjoint(e) et couple	/10
Travail et carrière	/10
Habitation et finances personnelles	/10
Loisirs	/10
Santé et bien-être	/10
Spiritualité et sens de la vie	/10

Indiquez maintenant votre **objectif de satisfaction désirée** par rapport à chacun de ces domaines, 10 étant le plus élevé.

Objectif de satisfaction désirée	
Famille et amis	/10
Conjoint(e) et couple	/10
Travail et carrière	/10
Habitation et finances personnelles	/10
Loisirs	/10
Santé et bien-être	/10
Spiritualité et sens de la vie	/10

Regardez bien les résultats obtenus entre votre degré de satisfaction actuelle et désirée, et posez-vous les questions suivantes :
- Quelles sont mes principales constatations dans ces écarts ?
  - Quels sont mes objectifs précis pour chacun de ces points d'attache ?
  - Que dois-je faire pour augmenter mon niveau de satisfaction ?
  - Quelles sont mes actions prioritaires à envisager ?
- Quel genre d'hygiène ou équilibre de vie ai-je besoin ?

Réflexion et réponses aux questions :
_____
_____
_____
_____
_____
_____
_____
_____
_____
_____
_____
_____
_____
_____

Plan d'action à envisager :
_____
_____
_____
_____
_____
_____
_____
_____
_____
_____
_____

● ● ●

ÉVALUER SON NIVEAU DE SATISFACTION PROFESSIONNELLE

L'objectif de cette section est de définir jusqu'à quel point vous êtes heureux et satisfait de votre vie professionnelle actuelle. Cette réflexion n'est pas un exercice facile mais nécessaire, car il s'agit de se poser des questions difficiles et d'y répondre avec la plus grande sincérité possible. Naturellement, si votre évaluation de votre situation professionnelle actuelle est excellente, cette réflexion pourrait s'avérer moins pertinente pour vous en ce moment. Cependant, il peut être intéressant de la compléter quand même pour déterminer si vous pouvez la rendre encore plus satisfaisante.

Pour débuter, voici quelques exemples de questions pour alimenter votre réflexion, prenez le temps nécessaire et notez vos réponses :

- Comment j'exerce ma profession actuellement ?
- Suis-je vraiment heureux dans mon travail ?
  - Sur une échelle de 0 à 10, indiquez votre degré de satisfaction actuelle, 10 étant le plus élevé.
  - Si non, qu'est-ce qui manque vraiment ?
- Quels sont mes plus grands succès et échecs professionnels ?
- Qu'est-ce que je veux faire dans les cinq prochaines années ?
- Quelles réussites aimerais-je obtenir professionnellement ?
- Quels sont mes rêves et mes objectifs professionnels les plus importants ?
  - Quels sont les impacts de mes objectifs sur les autres sphères de ma vie ?
- Comment obtenir la vie professionnelle dont je rêve ?
- Comment donner un sens à ma vie professionnelle ?
- Que dois-je faire pour renouer avec un bonheur durable au travail ?

Réflexion et réponses aux questions :

_____
_____
_____
_____
_____
_____
_____
_____

Plan d'action à envisager :

_____
_____
_____
_____
_____
_____
_____
_____

Questionner et assumer la pertinence du leadership authentique professionnel

Prenez donc le temps de réfléchir à la façon dont vous exprimez votre leadership au travail. Comment cela se traduit-il dans votre quotidien ? Prenez aussi le temps de réfléchir à l'importance de vivre en cohérence avec vos valeurs et vos principes dans votre milieu professionnel. Vivre votre authenticité implique l'acceptation de votre différence, de vous accepter tel que vous êtes. Oser être un leader authentique, c'est oser être vrai ! Cela signifie avoir le courage et la confiance d'oser tout en s'assumant complètement ! Dans un contexte organisationnel, il est possible de vous accomplir et de réussir même si les valeurs de votre environnement sont légèrement différentes des vôtres. C'est grâce au seuil de tolérance de vos valeurs que vous acceptez de vivre dans certains environnements. Ce seuil identifie jusqu'où vous êtes prêt à accepter la transgression de certaines valeurs clés. S'il s'agit de valeurs fondamentales très importantes pour vous, votre seuil de tolérance sera généralement bas. Tandis que s'il s'agit de valeurs secondaires, alors votre seuil sera plus élevé. Par exemple, si l'intégrité et l'honnêteté sont des valeurs fondamentales à vos yeux et que l'on vous demande de falsifier un document, alors cette demande provoquera une vive réaction pouvant aller jusqu'à remettre votre démission. Tandis que si on utilise le respect comme valeur secondaire, alors vous supporterez certains manquements mieux que d'autres, par exemple le manque de respect des échéances comparativement au manque de respect des personnes. Il est donc important de déterminer la priorité de vos valeurs par rapport à votre environnement professionnel. Nous avons un exercice pratique plus loin à ce sujet. La pertinence d'assumer son véritable leadership signifie qu'il existe une bonne adéquation entre qui vous êtes, vos valeurs, l'exercice de vos responsabilités et votre milieu professionnel.

> Pour réfléchir à la pertinence d'exercer votre authenticité et votre leadership dans votre environnement professionnel, voici quelques questions. Prenez le temps nécessaire pour noter vos réflexions. Certaines questions touchent la notion associée aux valeurs, si vous avez de la difficulté à y répondre, vous pouvez attendre la prochaine section sur ce sujet et y revenir plus tard.

- Que signifie pour moi le leadership au niveau professionnel ?
- Comment est-ce que j'exerce mon leadership actuellement ?
- Quels sont les éléments importants dans l'exercice de mon leadership ?
- Que représente pour moi l'exercice d'un leadership authentique ?
  - Comment est-ce que je le vis actuellement ?
  - Jusqu'à quel point je veux l'assumer au travail ?
  - Quelles sont les conséquences de l'exercer au travail ?
  - Quelles sont les conséquences de ne pas l'exercer au travail ?
  - Quels sont les compromis que je peux faire ou ne peux pas faire ?
  - Quels sont les changements que je devrais apporter ?
- De quoi ai-je besoin ?
- Qu'est-ce que j'ai ou je n'ai pas versus mes besoins ?
- Quels sont les principes et/ou les valeurs auxquels je tiens ?
  - Comment est-ce que je les vis au travail ?
  - Quels sont les compromis que je peux faire ou ne peux pas faire ?
  - Comment je me sens face à cela ?
  - Que dois-je faire par rapport à cela ?

Réflexion et réponses aux questions :

_____
_____
_____
_____
_____
_____
_____

Plan d'action à envisager :

_____
_____
_____
_____
_____
_____

•••

TROUVER, DÉTERMINER ET RECONNAÎTRE : SES PASSIONS, SES VALEURS, SES TALENTS, SES OBJECTIFS ET SA MISSION DE VIE

Dans cette section, nous aurons plusieurs exercices pratiques qui vous aideront à mieux comprendre les concepts proposés dans ce livre. Ces questionnements sont les fondements pour vous permettre d'assumer et d'exercer un leadership authentique. Ultimement, les exercices sur les passions, les valeurs et les talents dans votre vie vous serviront de base pour alimenter votre réflexion sur votre mission de vie. De plus, les différentes réponses obtenues vous permettront de vous guider dans vos choix, décisions ou activités au quotidien.

Pour chacun des exercices pratiques, vous pouvez soit utiliser l'espace réservé afin de noter vos réflexions dans les prochaines pages du livre ou utiliser les notes personnelles du journal de bord. Il est préférable de traiter les sujets dans l'ordre proposé.

EXERCICE PRATIQUE 1 : DÉCOUVRIR SES PASSIONS DE VIE

Lorsque l'essence profonde s'exprime à travers vous, vous êtes en synchronisme avec la vie, et tout devient plus facile. Quand vous êtes guidé par elle, vous ressentez cette joie de vivre, indépendamment de ce que vous vivez. Vous êtes transporté par cette énergie de joie et de communion comme si votre vitalité s'en trouvait renouvelée. L'essence profonde est d'abord et avant tout centrée sur le cœur, sur cet amour inconditionnel face à soi-même et aux autres.

Dans notre quête du bonheur et du leadership authentique, nous désirons vivre des expériences pleinement satisfaisantes (Flow). Une des caractéristiques de l'état du flux est que vous êtes transporté par l'activité que vous faites. Cela sous-entend que vous pouvez vivre des activités que vous aimez particulièrement, mais vous pouvez aussi vivre certaines de vos passions. Ces dernières vous apportent un niveau d'énergie et de satisfaction qui sont très importantes dans votre vie. L'objectif de cette section est de vous faire réfléchir sur ce qui pourrait constituer des passions et des aspirations profondes dans votre vie. Être passionné pourrait vouloir dire que nous attachons toutes nos forces à ce que nous faisons ou expérimentons, il existe un lien très fort entre notre intériorité et ce que nous vivons. Les passions sont une source d'émotions et de motivations profondes pour nous permettre de passer à l'action.

Voici certaines questions utiles pour mieux les identifier et les reconnaître. Il est important de faire cet exercice avec le plus de spontanéité possible. Notez plus loin les premières réponses qui vous viennent à l'esprit :

- Qu'est-ce qui me rend « vraiment, vraiment, vraiment » heureux ?
- Quand est-ce que je me sens le plus vivant ?
- Qu'est-ce qui me fait le plus vibrer ?
- Vers quoi suis-je attiré naturellement ?
- Quelles sont les activités et/ou les choses qui m'inspirent le plus ?
- Quand est-ce que je sens des moments de béatitude dans ma vie ?
  - ▸ Qu'est-ce qui me donne le plus d'énergie ?
  - ▸ Quelle place tient la joie de vivre dans ma vie ?
  - ▸ Qu'est-ce qui m'émerveille au quotidien ?
- Suis-je sur la bonne voie ? Pourquoi ?
- Quelles sont mes passions connues ?
- Quelles sont mes passions les plus profondes ?
- Quelles sont mes aspirations ou désirs profonds ?
- Quels sont les souhaits ou désirs que j'aimerais voir se réaliser ?
- Quels sont mes souhaits ou désirs les plus chers ?

Comme complément de réflexion, voici un exercice de visualisation faite pour définir vos rêves. **Quels sont vos rêves les plus fous que vous aimeriez vivre ?** Premièrement, fermez vos yeux et visualisez votre vie comme si elle était idéale dans tout ce qu'elle peut offrir ; par la suite, répondez aux questions suivantes en identifiant au moins une dizaine d'éléments :

Qu'arriverait-t-il si votre vie était parfaite ?
Que feriez-vous ? Que seriez-vous ? Qu'auriez-vous ?

Une fois votre visualisation complétée, regroupez vos passions ou aspirations par ordre d'importance et identifiez au moins les cinq premières. Ne perdez pas de vue que vos descriptions correspondent à des situations idéalisées. Pour chacune d'entre elles, énumérez à quoi votre vie actuelle ressemblerait si vous la viviez pleinement. Comment réagissez-vous face à celle-ci ? Si vous jugez que votre liste complétée est pertinente, alors choisissez les passions ou les aspirations qui vous conviennent le plus et que vous aimeriez vivre dans votre vie. Par la suite, il vous reste à penser à votre plan d'action pour les intégrer dans votre vie personnelle/professionnelle.

Réflexion et réponses aux questions :
_____
_____
_____
_____
_____
_____
_____
_____
_____
_____
_____

Plan d'action à envisager :
_____
_____
_____
_____
_____
_____
_____
_____

● ● ●

EXERCICE PRATIQUE 2 : DÉCOUVRIR SES VALEURS DE VIE

Vos valeurs de vie permettent d'identifier des principes et des comportements clés qui servent à être cohérent face à vous-même et face aux choix que vous faites. Ces valeurs vous servent lorsque vous exercez votre jugement ou que vous êtes en action. Elles vous servent de repère identitaire dans votre vie de tous les jours. Les valeurs fondamentales sont celles qui sont les plus centrales et qui guident votre vie en général. On les reconnaît habituellement par l'expression des choses importantes dans la vie. Quand vous vivez en accord avec ces dernières, vous êtes alors en contact avec votre essence intérieure.

Les valeurs sont parfois inconscientes, mais plus facilement repérables lorsqu'une situation transgresse l'une d'elles en provoquant une vive réaction. Vous comprenez alors que vous êtes en désaccord et c'est une façon de les reconnaître facilement. De plus, lorsque vous ne vivez pas en accord avec vos valeurs fondamentales, cela consomme une grande part de votre énergie pouvant même aller jusqu'à des désordres psychologiques. Voyons maintenant quelles pistes de réflexion pour mieux les cibler :

1) Valeurs fondamentales

Identifiez au moins 3 à 5 valeurs les plus fondamentales pour vous par catégorie (faites l'exercice pour les sphères d'importance pour vous). Pour les découvrir, voici certaines questions utiles, comme par exemple :
- Quelles sont mes valeurs fondamentales dans les différentes sphères d'activités de ma vie ?
- Quelles sont les valeurs qui ont le plus d'importance pour moi ?
- Quelles sont mes principales croyances de base dans ma vie (code de conduite morale) ?

EXEMPLE DE VALEURS	
Famille et amis, conjoint(e) et couple	Amour, considération, disponibilité, fidélité, loyauté, partage, respect, responsabilités, sensibilité ou autres.
Habitation et finances personnelles	Harmonie, indépendance, liberté, sécurité, plaisir ou autres.
Loisirs	Amitiés, sports, hobbies ou autres.
Valeurs personnelles	Authenticité, beauté, communication, confiance, courage, créativité, croissance, détermination, développement personnel, enthousiasme, honnêteté, humilité, innovation, loyauté, ouverture, passion, performance, plaisir, réputation, respect, responsabilité, simplicité, succès ou autres.

Exemple de valeurs	
Santé et bien-être	Exercices physiques, nutrition, respect du corps, santé, sommeil ou autres.
Spiritualité et sens de la vie	Civisme, engagement social, respect ou autres.
Travail et carrière	Adaptabilité, ambition, compétitivité, convivialité, discipline, efficacité, esprit d'équipe, excellence, initiative, partenariat, participation, performance, professionnalisme, rapidité, réputation, responsabilité, satisfaction entre employés/clients/actionnaires, savoir-faire, solidarité, succès ou autres.
Valeurs sociales	Égalité, équité, éthique, humanisme, intégrité, liberté, responsabilité, sécurité, solidarité, ou autres.

Réflexion et réponses aux questions :

_____
_____
_____
_____
_____
_____
_____
_____
_____
_____
_____
_____
_____
_____

2) Principes associés aux valeurs

Par rapport aux 3 à 5 valeurs les plus fondamentales pour vous, par catégorie, identifiez maintenant les principes associés à vos comportements. Un principe se traduit en comportement qui reflète votre valeur. Par exemple, vous êtes toujours disponible pour aider un ami qui vous sollicite. Votre disponibilité (principe) repose sur la loyauté (valeur) et l'entraide (valeur). Parfois, il est plus facile de faire l'exercice à partir des principes (comportements) plutôt que des valeurs ; donc, si c'est le cas pour vous, commencez par ce qui est le plus facile. En remplacement ou en complément de la question précédente, décrivez-vous en utilisant l'une des formulations suivantes :

« Je me comporte toujours de façon... »
« Je suis une personne... »
(Identifiez la valeur ou le principe associé)

- Quels sont les principes directeurs qui dictent mes comportements dans ma vie ?
- Quels sont les principes directeurs qui ont le plus d'importance pour moi ?
- Dans quelle mesure suis-je une personne intègre et authentique face à mes principes ?
- Quelles sont les valeurs qui ont le plus d'importance pour moi ?

Réflexion et réponses aux questions :

_____
_____
_____
_____
_____
_____
_____
_____
_____
_____
_____
_____
_____
_____
_____
_____

3) Association aux valeurs personnelles

Vous pouvez aussi faire cet exercice en sondant votre personnalité. Regardez si les éléments que vous avez ressortis correspondent à celle-ci

- Quelles sont les valeurs qui vous correspondent le plus ? Comme par exemple :

EXEMPLES DE VALEURS ASSOCIÉES AUX TRAITS DE LA PERSONNALITÉ	
Agréabilité	Amabilité, civisme, coopération, harmonie, gaieté, loyauté, optimisme, serviabilité, etc.
Conscience	Authenticité, collaboration, discipline, éthique, excellence, fiabilité, fidélité, honnêteté, intégrité, etc.
Extraversion	Confiance, courage, détermination, indépendance, persévérance, sociabilité, etc.
Ouverture	Autonomie, curiosité, créativité, liberté, imagination, innovateur, originalité, ouverture d'esprit, etc.
Stabilité émotionnelle	Amour, compassion, compréhension, empathie, équilibre, patience, respect, etc.
Travail et carrière	Adaptabilité, ambition, compétitivité, convivialité, discipline, efficacité, esprit d'équipe, excellence, initiative, partenariat, participation, performance, professionnalisme, rapidité, réputation, responsabilité, satisfaction entre employés/clients/actionnaires, savoir-faire, solidarité, succès ou autres.
Valeurs sociales	Égalité, équité, éthique, humanisme, intégrité, liberté, responsabilité, sécurité, solidarité, ou autres.
Autres	Toutes autres valeurs jugées pertinentes à votre personnalité.

Réflexion et réponses aux questions :

_____
_____
_____
_____
_____
_____
_____
_____
_____
_____
_____
_____
_____
_____

4) Regroupement des valeurs

Regroupez et regardez maintenant l'ensemble des valeurs associées que vous avez énumérées. Est-ce que le tout est cohérent ? Quels sont les éléments à ajuster ?

Réflexion et réponses aux questions :

_____
_____
_____
_____
_____
_____
_____
_____
_____
_____

5) Valeurs par ordre de priorité

Une fois la liste des valeurs complétées et regroupées, identifiez-les par ordre d'importance. Identifiez au moins vos 5 premières valeurs fondamentales. Comment réagissez-vous face à elles ? Sont-elles applicables dans votre vie personnelle et/ou professionnelle ? Quels sont les ajustements à faire ? Gardez précieusement votre liste car vous en aurez besoin lors de l'énoncé sur votre mission de vie.

Réflexion et réponses aux questions :

_____
_____
_____
_____
_____
_____
_____

EXERCICE PRATIQUE 3 : DÉCOUVRIR SES TALENTS

Quand vous vivez de façon authentique, il est important de vivre en harmonie avec vos talents. La première difficulté réside dans leur évaluation précise et dans leur compréhension pour obtenir une meilleure connaissance de soi. La deuxième difficulté est reliée davantage à leur expression. Pour cela, il faut faire la distinction entre compétence, talent, et aptitude. Une compétence est habituellement reliée à une connaissance particulière (savoir, savoir-faire, savoir-être) nécessaire dans l'exercice d'une activité spécifique; elle s'acquiert et se développe dans le temps. On parle de talent lorsqu'une personne fait quelque chose de remarquable. Le talent est une qualité naturelle, généralement innée, ou un don précis qui permet d'exceller dans un domaine particulier. Il sert de multiplicateur à nos compétences. L'utilisation de nos talents nous permet de réussir de façon remarquable dans une activité. Le talent fait émerger tout le potentiel possible d'une activité, car il est réalisé avec aisance et grâce. Pour illustrer un talent, prenons l'exemple de quelqu'un qui possède celui de la communication. Ce talent lui permet d'exceller dans son rôle de leader d'équipe, car il est jumelé à d'autres compétences clés (par exemple : savoir diriger, informer, organiser, déléguer) et contribue au déploiement de celles-ci. L'aptitude, pour sa part, relève d'une disposition naturelle ou d'une habileté reconnue, parfois acquise.

Pour développer votre plein potentiel, il est donc indispensable que vous puissiez découvrir vos talents personnels et professionnels. En général, vous excellez dans les domaines que vous aimez et qui vous procurent du plaisir. En mettant l'accent sur vos talents, cela vous permet d'augmenter votre impact, mais contribue aussi à améliorer votre niveau de satisfaction et votre estime de soi.

Pour découvrir vos principaux talents professionnels ou personnels : prenez un crayon, puis pensez aux questions suivantes tout en notant vos réponses. Identifiez les talents clés que vous possédez :

- Quels sont les talents que j'utilise à l'occasion, régulièrement ou très fréquemment ?
- Quels sont les activités qui me donnent de l'énergie ?
- Quels sont les activités qui me procurent beaucoup de satisfaction et de plaisir où j'exprime mes talents ?
- Quels sont mes talents qui sont reconnus par les autres ?
- Qu'est-ce que je réussis à faire sans effort ?
- Quelles activités me permettent de me sentir vraiment bien ? Pourquoi ?

- Quels sont mes talents personnels que j'aime le plus utiliser ?
- Quels sont mes talents professionnels que j'aime le plus utiliser ?
- Quel genre de travail me permet d'exploiter pleinement mes talents et mon potentiel ?

Réflexion et réponses aux questions :

Regardez maintenant la liste des talents que vous avez élaborée. Est-ce que le tout est cohérent ? Quels sont les éléments à ajuster, à ajouter ou à éliminer ? Une fois la liste complétée, regroupez vos talents par ordre d'importance. Essayez d'en identifier au moins trois à cinq qui sont les plus représentatifs et importants pour vous. Comment réagissez-vous face à ceux-ci ? Gardez précieusement votre liste car vous en aurez besoin lors de l'énoncé de votre mission de vie.

Réflexion et réponses aux questions :

EXERCICE PRATIQUE 4 : DÉCOUVRIR SA MISSION DE VIE

Voici certaines étapes qui vous guideront dans la définition de votre énoncé et la découverte de votre mission de vie. Faites cet exercice après avoir effectué votre réflexion sur les passions, les valeurs et les talents. Vous pouvez utiliser l'espace réservé à cet effet pour noter vos réflexions, ou utiliser les pages de notes personnelles du journal de bord à la fin de ce livre.

RÉDIGER UN COMPTE RENDU GÉNÉRAL DE VOTRE MISSION :

1) **Faire l'inventaire de vos objectifs de vie et de vos passions.**
   - Déterminez une période de référence (1 à 3 ans) qui soit réaliste pour vos objectifs.
   - Identifiez vos principaux objectifs de votre vie (travail, couple, famille, finances personnelles, santé, loisirs et spiritualité).
   - Reprenez la liste obtenue de vos valeurs et principes.
   - Faites ressortir les principaux constats et conclusions.

Réflexion et réponses aux questions :
_____
_____
_____
_____
_____
_____
_____
_____
_____
_____
_____
_____
_____

2) **Faire l'inventaire de vos activités les plus satisfaisantes.**
   - Reprenez la liste obtenue de vos passions.
   - Reprenez les trois à cinq activités les plus satisfaisantes pour vous.
   - Identifiez les éléments communs entre celles-ci.

- Notez certains mots ou expressions qui vous font vibrer particulièrement.
- Au besoin, faites ressortir les principaux constats et conclusions.

Réflexion et réponses aux questions :

___

3) Faire l'inventaire de vos talents.
- Reprenez la liste des talents déjà identifiés.
- Faites ressortir les principaux constats et conclusions.

Réflexion et réponses aux questions :

___

4) **Faire l'ébauche de votre énoncé de mission de vie.**
   - Reprenez les constatations faites avec vos objectifs, vos passions, vos activités préférées et vos talents.
   - Examinez ce qui ressort et essayez de dégager un fil conducteur particulier, par exemple : vous aimez apprendre et enseigner aux autres.
   - Identifiez un énoncé qui correspond à la conviction profonde de votre présence sur terre. Utilisez les éléments qui ressortent de vos différents constats.
   - Faites un énoncé général d'une à trois phrases maximum en utilisant des mots ou verbes d'action, positifs et concis. Rajoutez de façon explicite ou implicite une ou des valeurs associées et importantes. Ensuite, identifiez vos objectifs à atteindre, ainsi que les individus/groupes concernés, par exemple :

Libellé	« Ma mission est d'accompagner les gens et/ou organismes pour qu'ils puissent développer leur plein potentiel afin qu'ils soient prospères. »
Verbe d'action	Accompagner.
Valeurs	Entraide, amélioration, éducation.
Individus/groupes	Gens, organismes.

   - À présent, rédigez votre énoncé personnel ; vous pouvez utiliser l'exemple des verbes d'action ci-dessous, au besoin. Personnalisez votre énoncé pour qu'il soit inspirant et motivant au quotidien.

TYPE D'ACTIVITÉS	EXEMPLES DE VERBES D'ACTION
Accompagnement	Accompagner, aider, écouter, entraider, faciliter, prendre soin, servir, soutenir, réconcilier, etc.
Communication	Communiquer, convaincre, défendre, écrire, informer, inspirer, négocier, motiver, persuader, présenter, vendre, etc.
Création	Concevoir, construire, créer, cuisiner, dessiner, imaginer, innover, fabriquer, peindre, photographier, etc.
Développement	Améliorer, bâtir, développer, éduquer, enseigner, montrer, etc.
Divertissement	Animer, chanter, danser, divertir, interviewer, faire rire, produire, etc.
Gestion	Décider, diriger, évaluer, financer, gérer, organiser, planifier, présider, etc.

Type d'activités	Exemples de verbes d'action
Services	Conseiller, guérir, guider, nourrir, protéger, rassembler, redresser, rénover, réparer, servir, soigner, sécuriser, traduire, etc.
Autres	Tous les autres verbes que vous jugez pertinents d'inclure.

Ma mission personnelle est de...	
Verbe(s) d'action	
Valeur(s)	
Individus/ groupes concernés	
Libellé	

- Relisez votre énoncé, éliminez toutes les choses qui semblent superficielles. Finalisez votre énoncé dans le tableau ci-joint :

Libellé de mission

- Examinez votre réaction face à ce nouvel énoncé, faites les ajustements nécessaires au besoin.
- Mettez-le de côté, prenez une pause avant de continuer.

AFFIRMER LA RÉALISATION DE LA MISSION :

5) **Faire la validation de l'énoncé de votre mission.**
    - Reprenez et relisez l'énoncé de votre mission.
    - Examinez votre nouvelle réaction face à celle-ci. Est-ce bien cela ?

- Comment cet énoncé s'applique-t-il dans votre quotidien ?
- Réajustez les éléments qui ne sont pas cohérents et rajoutez de nouveaux éléments au besoin.
- Complétez votre nouvel énoncé.

Réflexion et réponses aux questions :

_____
_____
_____
_____
_____
_____
_____
_____
_____
_____
_____
_____
_____
_____
_____

6) **Comparer votre mission de vie à votre quotidien.**
    - Observez vos comportements dans les prochaines semaines pour déterminer si votre énoncé de mission de vie est représentatif de votre vécu.
    - Pensez à vos gestes et ce qui vous interpelle le plus. Qu'est-ce que cela vous apprend sur votre mission ?
    - Est-ce que votre énoncé est identique à ce que vous avez constaté, sinon que devez-vous changer ?
    - Faites ressortir les principales constatations et conclusions.

Réflexion et réponses aux questions :

_____
_____
_____
_____

7) Finaliser l'énoncé de votre mission de vie.
- Peaufinez votre énoncé au besoin.
- Faites-en la lecture à voix haute : est-ce que cet énoncé vous emballe et vous inspire ? Sinon, continuez votre travail jusqu'à ce qu'il soit satisfaisant.

Réflexion et réponses aux questions :

8) **Prendre des engagements envers vous-même.**
- Pour la mise en œuvre de votre mission et de vos objectifs de vie, faites votre plan d'action (1 à 3 ans) et identifiez des échéances réalistes.

Quels sont les étapes de mon plan d'action et les échéances ?	

Noter qu'une mission de vie est évolutive dans le temps, donc ne soyez pas trop rigide dans son application systématique. Utilisez-la plutôt comme un guide pour répartir vos énergies adéquatement. Elle vous permet d'avoir une vie plus satisfaisante car elle vous sert de guide dans vos décisions, vos priorités, votre gestion de temps et vos activités quotidiennes. Elle est ce gouvernail qui vous aidera à vous orienter au gré du vent pour que vous puissiez avoir une vie riche de sens.

....

« Puisqu'on ne peut changer la direction du vent,
il faut apprendre à orienter les voiles. »
— James Dean

....

Chapitre 9
DÉVELOPPER DES COMPÉTENCES ESSENTIELLES

DÉCOUVRIR ET DÉVELOPPER SON INTELLIGENCE ÉMOTIONNELLE

> La gestion des émotions exige une conscience et une maîtrise de soi. L'intelligence émotionnelle est cette boussole des émotions qui nous guide efficacement au niveau personnel et interpersonnel dans nos réactions, nos communications et nos interactions avec les autres. On pourrait dire qu'il s'agit de notre capacité à reconnaître nos propres sentiments et ceux des autres. Elle permet de se motiver et de s'autoréguler pour composer efficacement avec nos émotions et de bien interagir dans nos relations avec les autres.

L'intelligence émotionnelle correspond à l'intelligence du « cœur ». Il ne faut surtout pas sous-estimer toute la puissance des émotions dans sa vie personnelle et professionnelle. Elle représente un aspect important de la force vitale en nous. Nous avons vu qu'il y a deux compétences associées à l'intelligence soit : la compétence personnelle (propre à soi) et la compétence interpersonnelle (relations avec les autres). Les habiletés associées à la compétence personnelle sont la conscience de soi, la maîtrise de soi et l'auto-motivation (voir descriptions au chapitre 1). Parmi ces composantes, la conscience de soi demeure le fondement sur lequel s'appuient toutes les autres. Elle implique une bonne connaissance de soi. Plus la conscience de soi est élevée, plus il y a une facilité au niveau du ressenti, de l'intuition et de la sensibilité. Pour les habiletés associées à la compétence interpersonnelle, nous retrouvons la conscience sociale et la gestion des relations interpersonnelles (descriptions au chapitre 1). La conscience sociale exige que nous fassions preuve d'empathie ou de compréhension envers les autres. Celle-ci nous aide dans la gestion des relations interpersonnelles, car nous sommes en mesure d'interpréter ce qui se passe chez les autres et de nous ajuster au besoin.

> Les personnes qui sont dotées d'une intelligence émotionnelle supérieure à la moyenne réussissent mieux à faire face aux exigences, pressions et contraintes du quotidien. Elles savent mettre en œuvre différentes solutions et possèdent une meilleure capacité d'adaptation.

L'intelligence émotionnelle sert de guide dans les communications et les situations de conflits potentiels avec les autres. Du côté professionnel, l'intelligence émotionnelle et les habiletés communicationnelles sont essentielles pour bien développer les habiletés politiques requises dans certaines entreprises. On comprend rapidement que les habiletés reliées à l'intelligence émotionnelle permettent de bien interagir avec les autres dans le cadre de ses fonctions professionnelles. L'intelligence émotionnelle permet également aux gestionnaires de mieux réussir : une étude de Hay Group 2010 auprès de 4 000 personnes montre qu'un leader ayant des compétences en intelligence émotionnelle et sociale crée un climat organisationnel plus favorable jusqu'à 92 %. Nous savons que le climat de collaboration est une caractéristique influençant la performance dans la gestion des équipes au travail.

Même si l'intelligence émotionnelle se développe avec le temps, nous avons rarement la chance de nous y attarder à cause d'un manque de formation ou de temps. Pour vous aider à cet effet, vous trouverez deux exercices pratiques, soit un petit test pour identifier vos habiletés reliées à l'intelligence émotionnelle et un autre exercice de réflexion adapté en fonction du leadership professionnel pour le travail d'équipe. Vous pouvez adapter le deuxième exercice en fonction de votre leadership personnel si vous le désirez.

EXERCICE PRATIQUE : ÉVALUER LES HABILETÉS DE L'INTELLIGENCE ÉMOTIONNELLE

Ce test identifie les différentes facettes ou habiletés associées à l'intelligence émotionnelle. Il vous fournit une piste de réflexion et d'amélioration pour vous ajuster au besoin.

Vous devez lire attentivement les énoncés ci-dessous et cocher la case qui correspond le plus à votre aptitude (ou votre aisance) à utiliser cette habileté ou non. Il est important d'y répondre spontanément.

ÉVALUER VOTRE APTITUDE POUR LES HABILETÉS SUIVANTES				
❶ Pas du tout d'accord ❷ Plus ou moins d'accord ❸ D'accord ❹ Tout à fait d'accord				
HABILETÉ N° 1	❶	❷	❸	❹
1. Vous savez lorsque vos pensées et vos discours intérieurs sont constructifs ou négatifs.				
2. Vous êtes capable de reconnaître vos différents changements d'humeur durant la journée.				
3. Vous êtes conscient de vos sens et associez les différentes réactions physiques à vos émotions.				
4. Vous reconnaissez l'impact de vos comportements et de vos communications sur les autres.				
5. Vous êtes conscient d'une dissonance lorsque ce que vous communiquez est différent de ce que vous ressentez.				
Total des points par catégorie				
Total sur 25 points	Total de vos points			/25
HABILETÉ N° 2	❶	❷	❸	❹
1. Vous êtes capable de reconnaître et de maîtriser vos changements d'humeur durant la journée.				
2. Vous pouvez garder votre calme malgré votre colère intérieure ou celle des autres.				
3. Vous êtes conscient et capable de modifier vos pensées et vos états émotifs négatifs.				
4. Vous êtes une personne calme et efficace en période de stress intense.				
5. Vous êtes capable de développer de nouveaux comportements plus productifs.				
Total des points par catégorie				
Total sur 25 points	Total de vos points			/25

❶ Pas du tout d'accord	❷ Plus ou moins d'accord	❸ D'accord	❹ Tout à fait d'accord

Habileté n° 3	❶	❷	❸	❹
1. Vous vous parlez pour modifier vos états émotifs.				
2. Vous êtes de nature résiliente et vous vous ressaisissez rapidement après un échec.				
3. Vous êtes une personne énergétique même si ce que vous accomplissez est ennuyeux.				
4. Vous êtes capable de changer des habitudes inefficaces.				
5. Vous êtes une personne qui passe rapidement du discours à l'action.				
Total des points par catégorie				
Total sur 25 points	Total de vos points			/25

Habileté n° 4	❶	❷	❸	❹
1. Vous reconnaissez les impacts de vos comportements et de vos paroles sur autrui.				
2. Vous êtes perspicace et vous pouvez déceler la différence entre les émotions et les comportements des autres.				
3. Vous êtes empathique et vous comprenez objectivement les sentiments précis exprimés par autrui sans les prendre en charge.				
4. Vous aidez les autres à bien se sentir et gérer leurs émotions au besoin.				
5. Vous êtes capable d'influencer les autres directement ou indirectement.				
Total des points par catégorie				
Total sur 25 points	Total de vos points			/25

Habileté n° 5	❶	❷	❸	❹
1. Vous avez de la facilité à entretenir des relations interpersonnelles avec les autres.				
2. Vous êtes une personne expressive et communicative. Vous aimez animer les conversations et les groupes.				
3. Vous suscitez la confiance chez les autres pour bâtir vos relations.				
4. Vous communiquez efficacement avec les autres et vous êtes capable de dire ce que vous ressentez.				
5. Vous recherchez les consensus avec les autres et vous vous impliquez dans la résolution de conflits au besoin.				
Total des points par catégorie				
Total sur 25 points	Total de vos points			/25

Calculer vos résultats :

Veuillez faire le total des points en fonction des questions suivantes :
- Calculez 0 point pour la catégorie « pas du tout d'accord » ;
- Calculez 1 point pour la catégorie « moins d'accord » ;
- Calculez 3 points pour la catégorie « d'accord » ;
- Calculez 5 points pour la catégorie « tout à fait d'accord ».

Interpréter vos résultats :

Faites la somme de tous les points que vous avez obtenus aux différentes questions par catégorie. Les notes varient entre 5 à 25 points.

Compilez vos totaux par catégorie :

- Habileté 1 : *Conscience de soi* ____/25
- Habileté 2 : *Maîtrise de soi* ____/25
- Habileté 3 : *Automotivation* ____/25
- Habileté 4 : *Conscience sociale* ____/25
- Habileté 5 : *Maîtrise des relations humaines* ____/25

Regardez vos résultats obtenus :

- Posez-vous la question à savoir si ces résultats sont représentatifs. Sinon pourquoi selon vous ?
- Avec quelle habileté, êtes-vous le plus à l'aise et pourquoi ?
- Avec quelle habileté, êtes-vous le moins à l'aise et pourquoi ?
- Que devez-vous faire pour ajuster votre habileté qui est la plus faible ?

Réflexion et réponses aux questions :
_____
_____
_____
_____
_____
_____
_____
_____
_____

EXERCICE PRATIQUE :
DÉVELOPPER L'INTELLIGENCE ÉMOTIONNELLE
(axée sur le travail d'équipe)

Dans l'exercice suivant, vous retrouverez des compétences associées au travail d'équipe pour un environnement professionnel. Vous pouvez utiliser la liste d'éléments proposés ou les ajuster au besoin. Par exemple, si vous voulez faire l'exercice pour votre vie personnelle, adaptez les éléments associés à la maîtrise de soi et la gestion des relations qui sont plus orientées en fonction du travail d'équipe. Conservez seulement les éléments propices à votre contexte personnel. Tous les autres éléments demeurent car ils s'appliquent autant à la vie personnelle et professionnelle.

Pour l'exercice de réflexion, l'objectif premier est de reconnaître les compétences à améliorer. Dans le tableau ci-joint, choisissez parmi les compétences suivantes, la compétence à améliorer en priorité (par exemple : personnelle). Une fois cette catégorie de compétence choisie, identifiez pour celle-ci une habileté à améliorer (par exemple : maîtrise de soi). Une fois que vous avez choisi votre habileté, identifiez au moins deux éléments à améliorer (par exemple : maîtrise de soi par gestion des émotions). Notez vos résultats dans le tableau sur les objectifs de développement plus loin.

Liste des habiletés suggérées
(exemples associés au travail en équipe) :

COMPÉTENCES PERSONNELLES (EXEMPLES) :	
Habileté	**Éléments**
Conscience de soi	• La gestion de ses émotions. • L'authenticité. • Les intentions derrière ses actions. • La reconnaissance et l'interprétation de ses gestes. • La reconnaissance et l'interprétation de la dissonance cognitive.
Maîtrise de soi	• La gestion de ses émotions et de ses impulsions. • La fiabilité (se montrer honnête et intègre). • La conscience professionnelle. • La capacité d'adaptation dans des situations changeantes.

COMPÉTENCES INTERPERSONNELLES (EXEMPLES) :	
Habileté	**Éléments**
Conscience sociale	• L'empathie (comprendre les autres). • L'appréciation des différences et de la diversité dans une équipe. • La capacité de satisfaire les besoins d'autrui et de se donner des limites. • La capacité de mettre à profit les compétences et le potentiel d'autrui. • La capacité d'agir comme «guide» et d'aider les autres à s'aider eux-mêmes.
Maîtrise des relations humaines	• La capacité à établir, maintenir et optimiser des relations interpersonnelles satisfaisantes. • La capacité de négocier ou d'influencer les autres. • L'aptitude à organiser des groupes ou rallier les membres autour d'un objectif commun.

Une fois que vous avez sélectionné vos choix des compétences, des habiletés et des éléments, identifiez et expliquez pour chacun les défis ou les faiblesses que vous avez vécus au travail ou à la maison. Pour chacun des deux éléments choisis, identifiez et expliquez deux efforts à faire pour améliorer votre situation.

Par la suite, optez pour des stratégies simples et concrètes (voir exemples de stratégies par habileté plus loin) que vous pouvez mettre en place facilement afin de développer de nouvelles habitudes. Il est important d'établir un plan d'action avec un échéancier raisonnable et réalisable. N'oubliez pas que les habitudes se développent plus facilement si elles sont répétées pendant une période de 21 jours consécutifs.

Objectifs de développement personnel/professionnel

Vos objectifs s'incorporent dans votre processus de développement. Ils sont reliés à vos valeurs, à vos principes et à votre façon d'être.

Compétences	**Habiletés**	**Améliorations à apporter**
_____	_____	_____
_____	_____	_____
_____	_____	_____
_____	_____	_____
_____	_____	_____

Compétences	**Habiletés**	**Améliorations à apporter**
_____	_____	_____
_____	_____	_____
_____	_____	_____
_____	_____	_____
_____	_____	_____
_____	_____	_____
_____	_____	_____
_____	_____	_____

Plan d'action

Votre plan d'action indique les activités, les stratégies et les moyens concrets à prendre pour atteindre chacun de vos objectifs. Vous pouvez vous référer dans les exemples plus bas pour avoir des exemples de stratégies.

Objectifs/sommaire	**Échéance**
_____	_____
_____	_____
_____	_____
_____	_____
_____	_____
_____	_____
_____	_____
_____	_____
_____	_____
_____	_____
_____	_____
_____	_____

Voici une liste d'exemples des stratégies concrètes à utiliser dans votre plan d'action. La liste est regroupée pour chacune des habiletés[1] :

> **EXEMPLES DE STRATÉGIES — CONSCIENCE DE SOI :**
> - Ressentez vos émotions dans votre corps.
> - Réfléchissez aux raisons pour lesquelles vous agissez ainsi.
> - Observez vos émotions et l'effet d'entraînement produit.
> - Considérez vos émotions sans jugement.
> - Réfléchissez à vos valeurs et vos principes qui dictent vos comportements.
> - Reconnaissez vos réactions en situation de stress.
>
> **EXEMPLES DE STRATÉGIES — MAÎTRISE DE SOI :**
> - Gérez votre discours intérieur et apprenez à respirer.
> - Apprenez à vous détacher : souriez et riez.
> - Gérez adéquatement les stimulations et évitez les réactions excessives.
> - Prenez du recul face à la situation ou discutez avec une personne neutre.
> - Soyez calme et énergique : gérez votre stress en rechargeant vos batteries physiques et mentales.
>
> **EXEMPLES DE STRATÉGIES — CONSCIENCE SOCIALE :**
> - Soyez attentif au langage non-verbal d'autrui.
> - Observez les autres attentivement pour mieux les comprendre.
> - Soyez sociable et saluez les gens par leur nom.
> - Créez des liens et participez aux activités sociales.
> - Faites preuve d'empathie et de compréhension face à votre interlocuteur.
> - Développez l'écoute active et non-évaluative.
>
> **EXEMPLES DE STRATÉGIES — GESTION DES RELATIONS :**
> - Bâtissez la confiance et le respect dans vos relations.
> - Sachez démontrer votre appréciation et votre reconnaissance.
> - Soyez ouvert et intéressé dans vos relations avec les autres.
> - Faites preuve de sensibilité face aux sentiments des autres.
> - Soyez humble et acceptez les critiques.
> - Prenez le temps d'expliquer votre raisonnement et vos décisions.

Comme vous le voyez, les stratégies à inclure dans votre plan d'action n'ont pas besoin d'être très complexes, au contraire. L'important se retrouve plutôt dans la facilité de les mettre en exécution pour développer de nouveaux réflexes.

• • •

DÉCOUVRIR ET DÉVELOPPER VOTRE STYLE DE COMMUNICATION

La base de la communication est associée aux perceptions qu'une personne a d'elle-même : celles-ci s'acquièrent, se modifient ou se maintiennent à travers la communication interpersonnelle. Une bonne estime de soi contribue à des expériences de communication efficace. Toute démarche pour améliorer notre communication avec les autres passe par une conscientisation de la relation avec soi-même. Nous devons donc être conscients de nos croyances, nos discours, nos pensées automatiques et nos projections possibles qui peuvent influencer nos communications et nos comportements. Il est à noter que dans ce livre nous traitons principalement de la communication avec les autres, cependant il existe des ouvrages qui traitent de la communication avec soi-même.

Comme nous l'avons vu, une bonne intelligence émotionnelle nous aidera dans cette relation avec soi et les autres. Elle servira de boussole à la communication interpersonnelle qui suscite des réactions et des émotions. Elle nous aidera à orienter notre conduite avec autrui. À titre d'exemple : existe-t-il des signaux de circulation à considérer (feu rouge, jaune ou vert) dans le rôle d'émetteur ou de récepteur de messages ? Nous pourrons nous ajuster à l'autre en fonction des différents signaux et messages reçus pour éviter tout dérapage ou conflit.

Pour avoir une stratégie de communication efficace, premièrement celle-ci doit reposer sur des objectifs spécifiques clairs pour bien formuler nos messages et nos pensées. Nos messages doivent donc être précis, concis et correctement énoncés pour avoir un bon impact auprès de notre auditoire. Cela sous-entend une base de préparation avant la communication afin de bien rejoindre notre auditoire. Deuxièmement, nous devons choisir le canal de communication approprié, qu'il soit formel ou informel, comme par exemple : courriel, téléphone, rencontre ou autre. Troisièmement, nous devons utiliser de bonnes règles de conduite pour faciliter nos échanges, par exemple : le respect, la courtoise, la clarté, la cohérence, etc. Quatrièmement, nous devons faire preuve d'écoute active et non-évaluative pour bien interagir avec notre intervenant. Nous pouvons demander à l'occasion de la rétroaction sur nos échanges. Cinquièmement, nous devons faire preuve de discernement dans les réactions et les résistances de notre interlocuteur. Ces dernières nous aident à comprendre ce que nous devons ajuster et à adapter notre style de communication à l'autre.

· · · · · · · · · · ·

> Il existe cinq habiletés qui aident le leader dans la gestion de ses communications soit : transmettre des messages (verbaux ou non verbaux), écouter attentivement, poser des questions, faire une rétroaction et adapter son style de communication.

· · · · · · · · · · ·

À présent, attardons-nous sur l'importance de reconnaître et d'ajuster notre style dans les interactions avec les autres, si nous voulons créer un bon impact auprès d'eux. L'ignorance des styles et des impacts rend la communication plus difficile avec nos interlocuteurs. Il n'existe pas de bon ou de mauvais style, il existe seulement votre style. Ce dernier influence les relations interpersonnelles que vous entretenez avec vos collaborateurs. Le degré d'affinité entre votre style et celui des autres sera déterminant dans votre facilité à entrer en communication avec les autres. D'où l'importance de pouvoir utiliser votre intelligence émotionnelle et de reconnaître les besoins d'ajustement de votre style de communication en fonction de votre interlocuteur.

Selon Merrill & Reid (1999), trois dimensions contribuent à ce style, soit l'assertivité (ou affirmation de soi), l'expressivité et la souplesse. Ils les définissent de façon suivante : l'assertivité est le pouvoir ou l'influence sur les pensées ou les actions des autres ; elle est reliée à notre capacité de nous affirmer face à autrui. L'expressivité est reliée à notre capacité et notre degré d'expression de nos sentiments, allant de peu à très démonstratif. La souplesse, de son côté, est très importante car c'est notre capacité de pouvoir mettre à l'aise nos interlocuteurs afin d'éviter des réactions défensives. C'est notre capacité d'adapter notre style aux autres et de maîtriser les différentes réactions possibles. Vous trouverez ci-joint un schéma adapté qui illustre très bien les styles de communication en fonction des concepts suivants[2] :

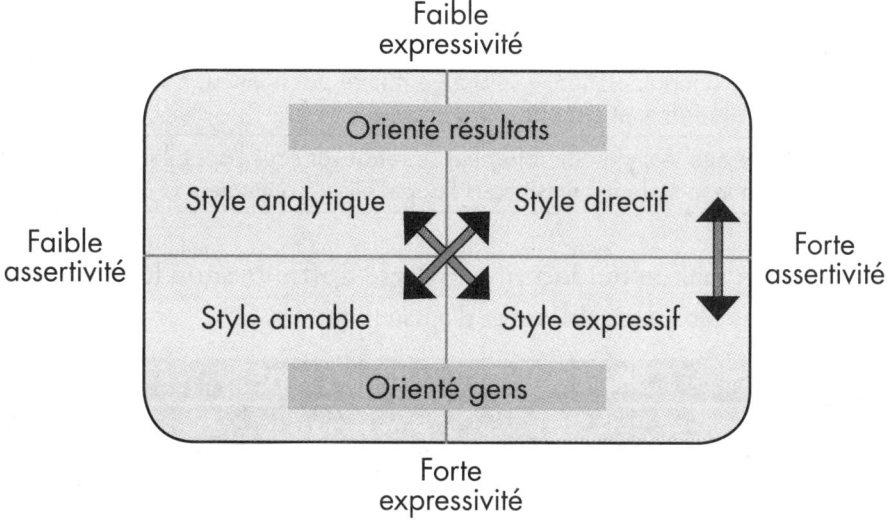

*Merrill & Reid (1999)

En examinant ce tableau, nous comprenons intuitivement que les styles « aimable » et « expressif » sont plus orientés vers les gens, car ils sont de nature extravertie (forte expressivité). Ces styles sont sensibles aux émotions des autres. Tandis que les styles « analytique » et « directif » sont plutôt orientés vers les résultats (faible expressivité). Certains d'entre eux peuvent avoir tendance à vouloir prendre une certaine maîtrise (forte affirmation de soi). Il est bon de souligner que nous avons habituellement un style dominant et un style secondaire qui peuvent varier dans le temps. Voici certaines tendances associées à la propension à communiquer[3] :

STYLES	DESCRIPTION
Aimable	Il est orienté vers les gens et considère les différents points de vue avant de prendre une décision. Il communique très facilement avec les autres. Il est de nature patiente et compréhensive. Préfère éviter les conflits et habile à concilier les différents points de vue. Peut paraître parfois hésitant et moins confiant.
Analytique	Il est plutôt orienté vers les résultats, porté sur l'analyse, la planification et la maîtrise. Il influence en prenant le temps et les arguments pour convaincre les autres : les faits, la logique et les données sont importants pour lui. Communique efficacement mais est peu expressif, peut paraître distant et impersonnel.
Directif	Il est plutôt centré vers l'action et les résultats, il préfère prendre les responsabilités et les décisions rapidement. Il préfère influencer et parfois manipuler les autres. Porté sur les faits concrets et peu enclin à l'analyse poussée. Communique de façon directe et fait souvent preuve d'impatience, peut paraître autoritaire et dur.
Expressif	Il est orienté plutôt vers les gens que vers les résultats. Il porte rarement attention aux détails. Il communique très facilement avec les autres. Il préfère influencer les autres et utilise parfois la manipulation. Semble de nature passionnée, enthousiaste, créative et peut paraître impulsif.
Il est à noter que le style aimable peut se retrouver sous l'appellation « conciliateur » et que le style expressif sous l'appellation « animateur ».	

Voici un tableau qui identifie le degré d'affinité entre les styles exigeant parfois plus de souplesse et d'ajustement :

DEGRÉ D'AFFINITÉ ENTRE LES STYLES	
Plus difficile	**Plus facile**
Directif et aimable	Directif et analytique
Directif et expressif	Aimable et analytique
Analytique et expressif	Aimable et expressif

Les styles se distinguent principalement par leur orientation vers les résultats ou les gens : leur sensibilité aux émotions des autres, la volonté de diriger la conversation et l'harmonie des relations. Pour illustrer les styles de communication et le degré d'affinité, prenons deux exemples :

- À titre de premier exemple, un type directif qui parle avec un type analytique qui utilise beaucoup de détails et d'analyse, il voudra prendre les devants de la conversation pour accélérer le processus. Pour sa part, le type analytique trouve que le type directif manque de précision et de détails dans ses affirmations. Cependant, les deux étant orientés vers les résultats, leur communication sera plus facile.
- À titre de deuxième exemple, un type directif transige avec un type aimable désireux de maintenir une bonne harmonie et de considérer plusieurs points de vue. Le type directif a tendance à s'impatienter et à demander la formulation d'une proposition claire au type aimable. Cela peut comporter son lot de défis dans les interactions entre eux.

En somme, c'est en reconnaissant leurs différents styles de communication que chacun peut mieux s'ajuster à l'autre pour que l'essence du message soit bien adaptée à chacun. Pour faciliter la compréhension du degré d'affinité entre les différents types qui ont le plus de difficulté, regardez le schéma d'illustration (Merill & Reid, 1999) et remarquez ceux dont les croisements sont identifiés par des flèches.

Pour vous aider dans l'identification de votre style de communication, voici un exercice pratique vous permettant de le découvrir et de réfléchir à votre développement sur le sujet.

EXERCICE PRATIQUE : ÉVALUER VOTRE STYLE DE COMMUNICATION

Ce test identifie votre style de communication dominant et secondaire. Il fournit surtout une piste de réflexion pour déterminer l'amélioration que vous devez faire pour ajuster votre style aux autres. Vous devez lire attentivement les énoncés ci-dessous et cocher la case qui correspond le plus à vous-même. Il est important d'y répondre spontanément.

ÉVALUER VOTRE STYLE DE COMMUNICATION

❶ Pas du tout d'accord **❷ Plus ou moins d'accord** **❸ D'accord** **❹ Tout à fait d'accord**

Style n° 1	❶	❷	❸	❹
1. Vous êtes une personne compréhensive qui aide ou coopère avec les autres.				
2. Vous êtes de nature patiente et méthodique dans ce que vous faites.				
3. Vous avez beaucoup de facilité à vous lier d'amitié ou bâtir des liens avec les autres.				
4. Vous êtes une personne réservée qui n'aime pas les conflits.				
5. Vous êtes de nature compréhensive et faites preuve d'empathie envers les autres.				
Total des points par catégorie				
Total sur 25 points	Total de vos points			/25

Style n° 2	❶	❷	❸	❹
1. Vous êtes de nature perfectionniste, ordonnée et méthodique.				
2. Vous êtes une personne habile, diplomate et faites preuve de souplesse dans vos relations interpersonnelles.				
3. Vous êtes toujours préparé avant d'agir et considérez plusieurs options avant de prendre une décision.				
4. Vous vous préoccupez des détails et des informations spécifiques associés à vos projets.				
5. Vous êtes une personne avec des standards élevés.				
Total des points par catégorie				
Total sur 25 points	Total de vos points			/25

Style n° 3	❶	❷	❸	❹
1. Vous êtes une personne qui aime prendre en charge des projets et des risques.				
2. Vous êtes une personne qui aime prendre des décisions rapidement et les longues discussions vous embêtent.				
3. Vous êtes un leader qui aime prendre les responsabilités dans les projets.				
4. Vous êtes de nature indépendante et disciplinée et vous aimez la compétition.				

5. Vous avez tendance à vouloir diriger pour obtenir les résultats désirés.				
Total des points par catégorie				
Total sur 25 points	Total de vos points			/25

Style n° 4	❶	❷	❸	❹
1. Vous êtes une personne expressive et communicative. Vous aimez animer les conversations et les groupes.				
2. Vous avez un bon niveau d'énergie et un bon sens de l'humour.				
3. Vous êtes de nature persuasive et vous aimez convaincre les autres.				
4. Vous n'êtes pas attiré par les détails dans les différents projets.				
5. Vous n'aimez pas la routine, vous préférez la variété et la spontanéité.				
Total des points par catégorie				
Total sur 25 points	Total de vos points			/25

Calculer vos résultats :

Veuillez faire le total des points en fonction des questions suivantes :
- Calculez 0 point pour la catégorie « pas du tout d'accord » ;
- Calculez 1 point pour la catégorie « moins d'accord » ;
- Calculez 3 points pour la catégorie « d'accord » ;
- Calculez 5 points pour la catégorie « tout à fait d'accord ».

Interpréter vos résultats :

Faites la somme des points obtenus aux différentes questions par catégorie. Les notes varient entre 0 à 25 points.
- Regardez vos totaux par catégorie. Déterminer votre style dominant et secondaire en fonction des plus hauts résultats obtenus pour l'ensemble des styles :
    ▸ Style 1 = Aimable   ____/25
    ▸ Style 2 = Analytique   ____/25
    ▸ Style 3 = Directif   ____/25
    ▸ Style 4 = Expressif   ____/25
- Posez-vous la question à savoir si ces résultats sont représentatifs de votre style actuel ? Sinon pourquoi selon vous ?
- Avec quel style êtes-vous le plus et le moins à l'aise ? Pourquoi ?
- Que devez-vous faire pour ajuster votre style aux autres ?

Réflexion et réponses aux questions :

_____
_____
_____
_____
_____
_____
_____
_____
_____
_____
_____
_____

Objectifs de développement personnel/professionnel

Maintenant identifiez vos cibles de développement désirées qui permettront de mieux adapter votre style de communication à votre auditoire cible. **Quelles seraient les améliorations requises pour faire preuve de plus de souplesse dans vos communications ? Que devez-vous faire pour ajuster votre style aux autres ?** En fonction de votre style de communication, vous pourriez utiliser des objectifs particuliers, par exemple :

- **Analytique :** concentrer les communications sur les résultats plutôt que sur les détails.
- **Directif :** être plus souple dans les communications et les relations avec les autres versus les résultats attendus.
- **Aimable :** améliorer l'affirmation de soi dans les communications.
- **Expressif :** faire preuve de retenue dans son expressivité durant les communications.

STYLES	AMÉLIORATIONS À APPORTER

Plan d'action

Votre plan d'action indique les activités, les stratégies et les moyens concrets à prendre pour atteindre chacun de vos objectifs.

Objectifs/sommaire	Échéance

Chapitre 10
DÉTERMINER SON PLAN D'ACTION ET DE TRANSFORMATION

TROUVER L'ADÉQUATION DES TALENTS ET DES EXPÉRIENCES OPTIMALES (FLOW)

L'une des stratégies associée au bonheur consiste à expérimenter l'état de flux (Flow) de façon plus constante. En expérimentant des expériences satisfaisantes, cela nous procure un plus grand bien-être et du plaisir. Ce concept de Flow s'adapte à tous les aspects de notre vie personnelle et professionnelle. Il existe un travail d'introspection pour trouver les activités qui nous conviennent le mieux dans les différentes sphères de notre vie. En plus, nous devons nous assurer qu'il existe une bonne adéquation entre les talents que nous avons versus les expériences ciblées pour vivre ces expériences.

Pour illustrer nos propos, prenons un exemple sur le plan professionnel. Comme nous l'avons vu au chapitre 6, il est important d'avoir un juste équilibre entre vos compétences, vos talents et vos tâches à accomplir dans un contexte professionnel. Si vous avez un emploi qui correspond bien à vos attentes, vos valeurs, vos compétences et vos aspirations, alors il sera plus facile de vivre ces instants de satisfaction. Ces émotions positives contribueront à votre épanouissement et à votre bien-être.

Cependant comment faites-vous pour que vos compétences et vos talents soient bien alignés à votre emploi? L'important est de bien vous connaître et de comprendre dans quel type de tâches et de responsabilités vous excellez. Vous pouvez aussi considérer le fil conducteur de votre carrière pour voir les fonctions ou les postes que vous préférez et dans lesquels vous performez le mieux. Un autre élément est de déterminer ce qui vous motive ou passionne le plus pour comprendre le profil du poste que vous recherchez. Par exemple, si vous aimez le contact avec les gens, il vous faudra une fonction ou un environnement où vous pourrez transiger avec de la clientèle, du personnel ou des collègues de travail. En plus, regardez quels sont les autres éléments essentiels qui sont requis professionnellement, par exemple vos valeurs, vos principes, vos aspirations professionnelles, votre équilibre personnel/professionnel, etc. En résumé, vous devez identifier tous les critères essentiels que vous recherchez qui vous permettront d'être cohérent avec vous-même et d'assumer votre leadership authentique. Naturellement, vous devez être honnête et sincère face aux compétences, à l'expérience de travail et aux entreprises visées, en fonction de ce que vous pouvez offrir.

Une fois l'exercice complété, vous avez une idée du poste idéal recherché. Demandez-vous maintenant si vos qualifications, vos compétences et vos talents font de vous le candidat idéal pour les postes convoités. Si oui, il vous restera à trouver une entreprise pour laquelle vous aimeriez travailler et une opportunité d'emploi au sein de celle-ci. Plus vous aurez une idée claire de ce que vous voulez et de qui vous êtes, plus il sera facile de déterminer les emplois qui vous rendront heureux. De plus, l'identification des critères essentiels à un type d'emploi vous aidera à poser les bonnes questions lors des entrevues de sélection et de valider votre « adéquation potentielle » avec l'entreprise.

Pour les personnes qui sont en transition de carrière ou en recherche d'emploi, certaines élaborent un plan de recherche qui ressemble étrangement à un plan marketing. Elles définissent ce qu'elles ont à offrir, leurs compétences, leurs talents distinctifs, leurs valeurs, leurs postes cibles, les entreprises visées, et elles identifient celles qui correspondent à leurs critères essentielles. Ce plan marketing très structuré permet de faire une réflexion sur ce qui leur convient le plus afin d'obtenir la meilleure adéquation entre elles et les postes potentiels offerts par les employeurs. Si elles obtiennent le poste convoité, alors elles seront plus en mesure de vivre des expériences optimales et pleinement satisfaisantes (Flow).

Dans cette section, nous avons illustré l'adéquation de talents et des activités professionnelles. Vous pouvez faire le même exercice du côté personnel.

VALIDER SON ALIGNEMENT AVEC SES VALEURS

L'objectif de cette section est de démontrer l'importance d'un bon alignement avec nos valeurs lorsque nous développons notre leadership authentique et que nous faisons des choix importants dans notre vie. Ces choix ont une incidence importante sur la gestion de notre vie et ont un impact sur notre bonheur et notre bien-être. Rappelons qu'il est important de valider la cohérence de nos valeurs et de nos principes dans les différentes activités que nous voulons entreprendre pour qu'elles soient satisfaisantes. Comme nous l'avons mentionné, les principes sont des codes de conduite qui dictent nos comportements et nos actions. Lorsque nous sommes authentiques avec nous-mêmes et que nous avons une très bonne connaissance de soi, alors cette validation se fait facilement, voire même, automatiquement dans les choix que nous faisons régulièrement.

Dans le chapitre 8, sur les fondements de son leadership authentique, vous avez fait un exercice pratique pour découvrir vos principales valeurs dans votre vie. Nous avons souligné le fait que vous pouvez avoir des valeurs spécifiques en fonction des différentes sphères de votre vie. Pour cette section de ce chapitre, nous soulignerons l'importance d'avoir des valeurs bien alignées avec nos choix et nos activités pour être heureux dans la vie. Puisque nous avons parlé d'une démarche professionnelle dans la section précédente, continuons avec ce même exemple de recherche d'emploi. La possibilité de vivre l'état de flux au travail (chapitre 6) suscite une question de première importance pour déterminer s'il existe une adéquation au plan professionnel entre nous et notre futur employeur. Pour ce faire, nous devons répondre aux questions suivantes : **Comment respecter et appliquer nos valeurs à notre vie professionnelle ? Comment s'assurer d'avoir un bon alignement avec l'emploi et l'entreprise ?**

Premièrement, on doit reconnaître que les entreprises ont toutes des valeurs qui sont différentes. En travaillant dans les entreprises, on constate que nous transigeons avec des valeurs qui existent à plusieurs niveaux. D'abord, l'entreprise possède des valeurs et des principes généraux de comportements. Ceux-ci peuvent varier en fonction des différentes unités d'affaires de l'entreprise et des personnes qui y travaillent, d'où l'importance pour nous de bien les repérer pour s'assurer que nous avons un bon alignement avec nos valeurs fondamentales. Rappelons qu'il existe des valeurs (fondamentales) sur lesquelles il nous est très difficile de faire des compromis, tandis que d'autres valeurs (secondaires) peuvent être plus facilement adaptables à notre environnement. Voici les bienfaits d'identifier nos valeurs et leur application dans notre vie :

- En premier lieu, vous devez bien reconnaître vos valeurs importantes (voir l'exercice pratique du chapitre 8). En se conscientisant face à elles, cela vous donne un cadre de référence qui vous sert de guide au quotidien dans vos activités.
- En deuxième lieu, l'identification de vos valeurs vous permet de prendre des décisions plus facilement et de vérifier si vos actions correspondent à celles-ci. Pour être authentique, cela sous-entend que l'adéquation est parfaite entre vos valeurs, vos principes et vos actions.
- En troisième lieu, lorsque vous avez un niveau de conscience élevé, vous avez plus de faciliter à affronter les différentes situations dans votre vie, si bien que vos comportements deviennent plus prévisibles pour vous-mêmes et pour les autres. Cela facilite vos échanges et améliore vos relations avec les autres.
- En quatrième lieu, vos valeurs vous servent de guide lorsque vous êtes en terrain inconnu et que vous devez poser des actions ou prendre décisions précises.

> Pour alimenter votre réflexion sur l'application possible de vos valeurs dans votre milieu professionnel, vous pouvez utiliser les questions suivantes :

- Quelle place ma carrière prend-elle dans ma vie ?
- Dans quelle mesure est-ce important pour moi ?
- Qu'est-ce qui me guide au quotidien au niveau de mes valeurs et de mes convictions profondes ?
- De façon générale, sur une échelle de 1 à 10, comment mes principes sont-ils alignés avec mes valeurs (10 étant le plus élevé) ?
- Quelles sont mes motivations au niveau professionnel ?
- Quel est mon degré de satisfaction au travail (sur une échelle de 10) ? Pourquoi ?
- Qu'est-ce que je pense des patrons, de la hiérarchie et des dirigeants ?

- Qu'est-ce que je pense de la culture organisationnelle de mon entreprise ?
- Comment est-ce que je m'associe à cette culture organisationnelle ?
- Quelles sont les valeurs que je partage avec mon entreprise ?
- Quelles sont les valeurs que je ne partage pas avec mon entreprise ? Qu'est-ce que cela signifie pour moi ?
- Quels compromis dois-je faire ? Quelle est son importance ?
- Comment dois-je ajuster mes comportements ? Quelles seront les conséquences ?

Réflexion et réponses aux questions :

_____
_____
_____
_____
_____
_____
_____
_____
_____
_____
_____
_____

Dans cette section, nous avons utilisé un exemple pour le côté professionnel, cependant vous pouvez utiliser la même approche pour le côté personnel en adaptant tout simplement les questions.

• • •

DÉTERMINER UN PLAN D'ACTION/ DE TRANSFORMATION POUR RÉUSSIR SA VIE

Dans le chapitre sur « Oser et avoir le courage de se transformer », nous reparlerons du processus visant la reconnaissance et la mise en place d'une transformation durable. Une des choses importantes dans l'atteinte des objectifs spécifiques et du niveau de satisfaction générale est d'avoir un plan d'action établi. Comme coach, notre rôle est d'aider les gens à atteindre plus rapidement leurs objectifs spécifiques. De plus, nous aidons les gens à passer du discours à l'action dans la poursuite de leurs idéaux. Il est donc important d'avoir des objectifs précis et spécifiques pour obtenir du succès. L'efficacité d'une démarche de développement réside dans les éléments mentionnés ci-dessous :

1) Définir l'objectif général et les sous-objectifs

Le premier élément à inclure dans un plan d'action est l'objectif général et les sous-objectifs poursuivis. La théorie sur la fixation des objectifs mentionne que si nous voulons être performants, nous devons faire des efforts et établir nos stratégies en fonction de l'atteinte des cibles désirées. Chacun de vos objectifs professionnels doit satisfaire les critères R.A.M.P.S. qui signifie :

RÉALISTE : Il peut être atteint et comporte un niveau de défis réalistes.
À TERME : Il a une échéance dans le temps.
MESURABLE : Il a un indicateur quantifiable qui détermine son atteinte.
PERTINENT : Il est justifié et en lien avec le contexte.
SPÉCIFIQUE : Il est concret et précis dans ce qui doit être réalisé.

EXEMPLE D'OBJECTIF PROFESSIONNEL : Je désire augmenter mon chiffre d'affaires annuel de 30 % (ou en dollars) d'ici la fin de mon année financière, comparativement à mes résultats de l'an dernier. Pour réaliser cet objectif, je dois augmenter le nombre de clients à X (chiffre) avec un revenu moyen de Y (chiffre).

> **Pour votre propre plan de développement ou de transformation :** Identifiez maintenant 2 à 3 objectifs clairs et précis que vous aimeriez accomplir, et n'oubliez pas de spécifier les échéances.

Réflexion et réponses aux questions :
_____
_____
_____
_____

2) Définir des cibles de développement

Les cibles de développement constituent un autre objectif que vous aimeriez atteindre. Vos objectifs de développement professionnel peuvent viser, par exemple, le développement de compétences particulières pour vous améliorer et vivre un mieux-être professionnel. Ils peuvent inclure des compétences relatives à un savoir, un savoir-être ou savoir-faire, par exemple : développer vos habiletés de communication. À cet effet, certains outils vous aideront à déterminer vos cibles, par exemple : vos besoins de développement, vos évaluations de rendement, vos résultats de rétroaction, vos résultats des tests d'évaluation ou d'autres tests, ainsi de suite. D'après toutes les sources à votre disposition, incluant le tableau sur le leadership professionnel du chapitre 1, identifiez l'amélioration ou la transformation des compétences clés à faire.

Vous pouvez faire la même réflexion pour votre vie personnelle, en utilisant votre connaissance générale de vous-même, votre introspection faite jusqu'à maintenant, vos besoins de développement, la rétroaction des autres et le tableau sur le leadership personnel du chapitre 1, ainsi que toutes sources jugées pertinentes.

> **Pour identifier vos cibles de développement :** Prenez le temps de réfléchir et de revoir vos notes sur les différents exercices pratiques. Identifiez deux à trois compétences clés professionnelles, cibles personnelles ou axes de développement à travailler, et n'oubliez pas de spécifier les échéances. Utilisez la méthode R.A.M.P.S. afin de formuler vos objectifs spécifiques.

Réflexion et réponses aux questions :

3) Déterminer votre plan d'action/de transformation

Maintenant, regardons la dernière étape qui exige l'élaboration de votre plan d'action et de transformation. Comme vous vous en doutez, toute stratégie est médiocre si sa mise en exécution est déficiente. Cette dernière est très importante dans le succès ou l'échec de votre démarche. Un élément qui aide à passer à l'action est de bien comprendre vos motivations profondes qui vous poussent à vouloir atteindre vos objectifs pour garantir l'engagement nécessaire. Un autre outil efficace est de prendre des engagements, en termes d'échéances précises, et de faire les suivis nécessaires dans le temps. Cela évite ainsi l'inaction et aide à gérer la procrastination.

Votre plan d'action détermine quand et comment vous rendre à destination. Par exemple, vous devez inclure les activités ou les moyens reliés à vos stratégies pour permettre d'atteindre vos objectifs. Ce plan n'a pas besoin d'être compliqué, vous n'avez qu'à identifier concrètement ce qu'il y a à faire pour atteindre chaque objectif. Demandez-vous : **Qu'est-ce que vous avez besoin pour réussir ? Quelles sont les ressources requises ? Et qui peut vous aider dans votre démarche ?**

> Reprenez vos objectifs personnels/professionnels de développement et décidez de l'engagement envers ceux-ci. Identifiez les plus importants pour vous et limitez leur nombre, selon vos priorités, pour que votre plan soit réaliste. Ensuite, pour chacun d'eux, identifiez ce que vous devez faire pour les réaliser avec une échéance spécifique dans le tableau suivant.

Objectifs/sommaire	**Échéance**

4) Passer à l'action au quotidien

Tout plan est inutile sans action ! Gardez un plan simple et réaliste, il n'est pas nécessaire d'élaborer de grandes stratégies, l'important est d'avoir des objectifs simples et de passer à l'action pour obtenir des résultats concrets. Si votre objectif est de grande envergure, morcelez-le en petites étapes à faire au quotidien. Ainsi, il est plus facile et encourageant de voir la progression réalisée. Identifiez ce qui vous motive à persévérer et à poursuivre votre objectif : avez-vous besoin de soutien moral, d'aide particulière ou de célébrer vos succès, par exemple ? Tous les moyens sont bons s'ils vous motivent à concrétiser vos rêves et vos buts. Vous devez agir comme si vous étiez votre propre « chargé de projets », et vous assurer de rencontrer vos objectifs en suivant l'évolution de vos progrès.

>« Une vision sans action n'est qu'un rêve.
>L'action sans la vision ne mène nulle part.
>Une vision accompagnée de l'action peut changer le monde. »
>— Loren Eiseley

Chapitre 11
OSER ET AVOIR LE COURAGE DE SE TRANSFORMER

VIVRE L'AVENTURE DU DÉVELOPPEMENT ET DE LA TRANSFORMATION

....
« La porte du changement ne peut s'entrouvrir que de l'intérieur. »
— Jacques Salomé
....

Dans ce livre, plusieurs exercices et exemples de techniques visent les différentes formes d'intelligence, qu'elle soit émotionnelle, physique, mentale ou spirituelle. Ce processus de transformation intérieure relié au développement de ces intelligences constitue une des principales clés de cet ouvrage. En réalité, cette quête du bonheur et du leadership authentique est exigeante car elle nous sort de notre zone de confort. Toutefois, cette période de transition est obligatoire pour tous ceux qui veulent apprendre et effectuer une véritable transformation. Pour la mener à terme, vous devez avoir le courage de vos convictions profondes afin de suivre le chemin de votre vérité. Il faut donc accepter de faire les choix qui s'imposent et d'avoir le courage d'en assumer les risques associés. Cela signifie parfois de déplaire aux autres et ne pas faire nécessairement l'unanimité.

> « Les gens authentiques décident par eux-mêmes et n'attendent pas indéfiniment le moment opportun, la situation idéale ou l'approbation des autres[1]. »

Dans le chapitre précédent, nous avons déterminé un plan d'action avec nos objectifs spécifiques pour être en mesure de développer certaines compétences ou faire certains projets d'intérêt. Naturellement, tous les beaux plans ne servent à rien s'ils ne sont pas mis à exécution. Mieux vaut avoir un plan moins bien élaboré et passer à l'action pour obtenir des résultats rapidement qu'avoir un plan d'envergure qui est difficilement réalisable. D'où l'importance primordiale de passer à l'action pour obtenir des résultats. Dans son livre, *La transformation intérieure,* Shakti Gawain a identifié que le processus de changement pour l'évolution de la conscience comprend sept étapes clés. Pour bien comprendre les différentes étapes du processus de transformation, voici une brève description et la séquence qui y est associée[2] :

SÉQUENCE	DESCRIPTION DU PROCESSUS DE TRANSFORMATION
Étape 1 : S'engager envers soi	S'engager à être le plus fidèle et authentique possible avec vous-même dans cette démarche de transformation et de prises de conscience.
Étape 2 : Écouter son intuition	Écouter votre guidance intérieure grâce à votre intuition.
Étape 3 : Rechercher une aide extérieure	Reconnaître que vous avez besoin d'aide, si nécessaire, qui peut se faire avec l'assistance d'un proche ou d'un processus d'accompagnement plus formel.
Étape 4 : Trouver des outils et apprendre à les utiliser	Utiliser des outils pour contribuer à votre démarche. Cela peut se traduire par l'utilisation de livres, de vidéos, d'enregistrements, d'ateliers, ou consulter des spécialistes etc. Soyez conscient que vous ne pouvez pas toujours être en processus de transformation en vous imposant un programme trop soutenu.
Étape 5 : Accorder la priorité à votre développement	Prendre du temps et faire de la place à votre développement ou votre transformation. C'est une démarche continue qui exige du temps et de la patience.

Séquence	Description du processus de transformation
Étape 6 : **Être créatif**	Exprimer votre créativité. Pour certains, cela peut être la peinture, l'écriture, la musique, le chant ou tout simplement un hobby préféré. L'important c'est de vous changer les idées et de faire les activités que vous aimez pour ne pas être toujours concentré sur les choses à faire pour votre processus.
Étape 7 : **Penser aussi aux autres**	Transmettre vos connaissances et partager avec les autres. L'ouverture aux autres permet de prendre conscience de vos acquis et d'augmenter votre niveau d'énergie.

Comme vous le constatez, le processus de transformation intérieure débute avec votre volonté. C'est votre auto-motivation et votre engagement envers vous-même qui vous permettent de continuer dans ce processus. Vous devez avoir une vision globale de vos buts pour vous permettre de persévérer. C'est une transformation qui demande de vous ouvrir à votre guidance intérieure et de développer un réseau d'appuis. Vous devez ensuite vous développer grâce aux outils disponibles en vivant toutes les étapes de développement et d'intégration pour permettre une transformation durable. L'expression de votre créativité, ainsi que le partage avec autrui, sont des sources inestimables de plaisirs et d'évolution. Ces différentes étapes facilitent votre démarche pour qu'elle soit structurée et structurante. En tant que coach, c'est toujours très impressionnant de voir une personne qui se transforme grâce à ses prises de conscience et aux actions posées durant son processus de transformation. Comme coach, nous devons respecter ces étapes, ainsi que le temps de réflexion et d'intégration nécessaire entre les sessions de coaching, car ceci est important pour la progression de la personne qui consulte. Généralement, un processus de transformation peut prendre facilement de six à neuf mois, dépendant des objectifs visés. Certains programmes peuvent aller au-delà de cette période initiale ou se faire en différentes phases.

> Bien que ces étapes soient importantes, la vision globale d'un objectif précis et spécifique formulé clairement permet d'arriver à bon port. Il permet de garder le cap durant ce merveilleux périple qu'est cette aventure de la transformation !

Selon les différents concepts énumérés dans ce livre, vous remarquez que la transformation exige différentes étapes de développement en fonction des formes d'intelligence. Comme exemple, prenons le tableau associé au leadership personnel (voir chapitre 1) :

Intelligence/Capacité	Axes possibles de développement (ou prises de conscience)
Cœur/Émotionnelle	• Reconnaître la puissance de ses émotions et sentiments. • Développer et maintenir une bonne estime de soi. • Comprendre et/ou guérir ses blessures de l'enfance. • Découvrir et modifier ses croyances limitatives ou restrictives. • Conscientiser ses schémas comportementaux répétitifs. • Conscientiser ses sous-personnalités et projections (ombre). • Reconnaître ses compétences essentielles (intelligence émotionnelle).
Corps/Physique	• Développer la présence à soi-même. • Développer et maintenir une bonne hygiène de vie. • Maintenir et augmenter sa vitalité énergétique.
Mental/Intellectuelle	• Apprendre le lâcher-prise et l'acceptation (ouverture et souplesse). • Questionner les fondements de son leadership authentique. • Trouver, déterminer ou reconnaître sa mission, ses passions, ses talents, ses valeurs et ses objectifs de vie. • Découvrir et développer ses compétences essentielles. • Trouver l'adéquation de ses talents et expériences optimales (FLOW). • Valider si nos principes sont alignés avec nos valeurs. • Déterminer un plan d'action, ou processus de transformation, pour réussir sa vie. • Oser et avoir le courage de se transformer.
Spirituel/Globale	• Oser écouter la sagesse et l'intelligence du cœur. • Oser écouter et suivre son intuition, sa guidance intérieure. • Exercer sa mission, ses passions, ses talents, ses valeurs et ses objectifs de vie. • Vivre en harmonie et en synchronisme avec la vie.

Ces différents axes de développement peuvent vous servir de guide dans la formulation de vos objectifs personnels pour votre plan de développement et dans la recherche d'outils nécessaires à votre démarche. Bien entendu, votre démarche doit être personnalisée et adaptée en fonction de vos besoins personnels et professionnels. À cet effet, vous pouvez vous référer aux deux tableaux du chapitre 1 en cas de besoin. En prenant un objectif à la fois, cela vous permettra d'avancer dans la bonne direction et augmentera votre bonheur au quotidien.

Dans ce schéma, on constate que toutes les formes d'intelligences ou de capacités sont interreliées entre elles. Cela signifie que vous devez les travailler ensemble en fonction de votre objectif principal. Par exemple, vous ne pouvez pas développer uniquement votre intelligence spirituelle sans avoir travailler les autres formes d'intelligence auparavant. Cela signifie que si vous développez votre guidance intérieure pour entrer en communication avec votre essence profonde, vous travaillez ainsi l'intelligence mentale (pour réaligner le mental), l'intelligence physique (pour développer la présence à soi) et l'intelligence émotionnelle (pour ressentir les émotions). Il s'agit du même principe si vous voulez développer l'amour véritable : vous travaillez plusieurs éléments de l'intelligence émotionnelle (blessures de l'enfance, estime de soi, croyances limitatives, etc.) et l'intelligence physique (hygiène de vie). Cela réitère l'importance d'avoir une vision claire et globale dans votre plan de transformation et de bien cibler vos objectifs spécifiques pour qu'ils soient bien alignés à celle-ci.

Dans ce processus de changement, le principal défi est de sortir de sa zone de confort qui génère de l'incertitude face à l'avenir. En sortant de votre zone de confort, où vous maîtrisez vos connaissances et votre environnement, vous ouvrez votre esprit à de nouvelles aventures et formes d'apprentissage. Cette période peut créer un certain niveau d'anxiété ou être une source de grande motivation. Vous devez donc prendre votre courage à deux mains pour affronter vos peurs et vos blocages si vous voulez réussir votre processus. Croire en vous-même et en vos rêves est une bonne façon de contourner l'incertitude reliée à votre démarche. Le fait d'oser faire des choix qui vous sortent de votre zone de confort permet de vous ouvrir à de nouveaux horizons et de mieux comprendre ce que vous devez changer.

Cependant, qui dit choix, dit aussi risques, car il est difficile de changer nos habitudes et nos façons de faire pour nous retrouver en terrain inconnu.

Parfois, nous avons l'impression qu'il existe un faux filet de sécurité qui nous retient à notre ancienne vie. Cette illusion est créée par la menace représentée par le changement qui encourage le statu quo. Également, la peur de perdre quelque chose ou de s'aventurer seul dans l'inconnu peut représenter une autre menace. En réalité, si vous optez pour le statu quo c'est peut-être que vous prenez pour acquis que votre situation actuelle va se poursuivre, quoi que vous fassiez. Par conséquent, si vous pouvez déterminer ce qui vous empêche de sortir de votre zone de confort, vous affronterez alors plus facilement les peurs qui y sont associées.

La psychologue américaine Judith Sills a identifié six catégories de peurs dans son guide *Osez changer*, qui sont utiles à connaître : « La peur du rejet, la peur de prendre des engagements (impossibilité de choisir engendrée par la peur de commettre une erreur ou de rater une occasion), l'angoisse de la séparation (crainte de se retrouver seul), la peur de l'intimité, la peur de l'affrontement et la crainte des prises de pouvoir[3]. » **Quand il y a un choix à faire, il est bon de se demander : De quoi ai-je peur ? Qu'est-ce qui la motive ? Que puis-je faire pour l'affronter ?**

Cela prend du courage pour assumer la poursuite de ses rêves et de son authenticité. Vous ne pouvez pas attendre l'approbation des autres, car c'est une décision très personnelle qui vous revient. Plus vous êtes capable de prendre des risques, plus vous sortirez facilement de votre zone de confort pour choisir ce parcours unique qu'est le vôtre. Pour créer cette habitude, commencez d'abord par des petits pas et rendez-vous là où c'est possible pour vous en ce moment. Cela vous permettra de repousser doucement vos limites. Pensez à vos rêves et à vos objectifs, ce sont eux qui vous donneront la motivation profonde d'avancer vers votre objectif ultime.

En outre, vous devrez accepter de vivre une période d'instabilité, car auparavant vous maîtrisiez très bien vos compétences. L'acquisition de nouvelles compétences prend du temps et peut créer des périodes de doutes où vous vous sentez moins compétent. Vos rêves et vos objectifs vous seront très utiles durant cette période pour maintenir le cap et persévérer à travers certaines incertitudes.

....

« Crois en tes rêves, ils se réaliseront peut-être.
Crois en toi, ils se réaliseront sûrement. »
— Martin Luther King

....

Votre évolution et votre quête d'authenticité exigent que vous fassiez un travail de fond. On constate qu'il s'agit ici du « travail d'une vie », comme le disait l'auteur Thomas Moore. **Dans cette aventure qu'est la transformation, on choisit ce qui est vraiment important de changer pour obtenir plus de bonheur.** Nous connaissons tous notre objectif ultime, certaines personnes y arrivent plus rapidement que d'autres. **Mais finalement, qu'est-ce qui est le plus important ? N'est-ce pas de vivre les petits bonheurs au quotidien ?**

> Faites-vous plaisir et nourrissez votre quotidien de petits moments privilégiés. C'est en faisant des actions continues que l'on bénéficie des bienfaits de cette transformation.

• • •

VIVRE SON ESSENCE PROFONDE (RÉALIGNEMENT DE L'EGO)

Nous entendons souvent parler de gens qui disent qu'ils suivent leur intuition, leur cœur ou leurs tripes dans les grandes décisions de leur vie. Que cette sagesse personnelle leur permet de faire des choix plus véridiques, de vivre plus en harmonie et en synchronisme avec la vie. En principe, ils se laissent guider par leur essence profonde en lui faisant confiance pour plusieurs décisions clés dans leur vie.

Pour être en mesure de se laisser guider de cette façon, nous devons nous transformer à l'intérieur de nous-mêmes et prendre conscience de la place de l'ego et du Soi dans notre vie. Il s'agit ici, d'une autre transformation importante, soit le réalignement de l'ego et de l'essence profonde. Habituellement, quand on parle de l'ego, on le représente par la conscience que l'on a de soi-même. On identifie souvent ce dernier comme étant le « Je », celui qui perçoit, traite ou exprime des informations. L'ego en psychologie se réfère au Moi (Je), qui est le centre de la conscience. Il existe deux schèmes de pensée par rapport à lui : il peut être soit considéré comme le fondement de la personnalité (en psychologie) ou comme une entrave au développement personnel (en spiritualité).

Pour certains maîtres penseurs (spirituels), l'ego est une fausse représentation qu'un individu se fait de lui-même, d'où le besoin de le supprimer. Ils se campent dans des extrêmes au sujet de l'ego prétendant qu'il faut le « casser ». Quand ces guides spirituels parlent de la suppression de l'ego, cela impliquerait la suppression automatique de l'estime de soi, puisqu'ils sont intimement liés. Cette suppression signifie également que l'on rejetterait les valeurs relatives à la survie et à l'affirmation sociale. Mais tout cela est fort peu probable, ce passage obligatoire est une conversion et un changement de perspective suscité par l'éveil spirituel de l'être. Il s'agit plutôt d'un changement progressif de l'ego vers le Soi. Cet épanouissement exige une santé psychologique et un amour de soi amenant l'ego à renoncer consciemment à avoir tout le pouvoir[4]. Ces maîtres penseurs font possiblement référence à la notion d'égocentrisme de l'ego dans leur discours. On sait très bien que l'égocentrisme signifie que tout est ramené vers soi. Les égocentriques se concentrent principalement sur leurs propres intérêts.

> L'affirmation de soi et de l'ego est essentielle dans la survie de tous les jours et nécessite un réalignement avec le Soi pour permettre une bonne coexistence.

Revenons maintenant au réalignement de l'ego et du Soi. En principe, lorsque votre essence profonde est responsable de vous diriger dans la vie, cela vous permet de ressentir votre joie, de sentir pleinement votre vie et votre vocation profonde (mission). Vous vivez beaucoup plus en harmonie avec la vie. Plusieurs transitions sont possibles pour permettre un changement progressif et un réalignement de l'ego vers le Soi, par exemple :

- Le Soi et l'ego s'alignent en prenant leur place respective pour vous permettre d'être en accord avec votre mission de vie. Cela augmente votre vitalité, car vous vivez dorénavant en union avec votre être entier.
- À l'autre extrême, la désidentification est complète, elle signifie que le Soi s'est tellement éloigné de votre source d'origine qu'elle laisse totalement la place à l'expression de l'ego.
- Le débalancement entre eux engendre un « malaise de l'être » que vous ressentez plus particulièrement vers le mitan de votre vie. Il

s'agit d'un problème d'alignement entre le Soi et l'ego, d'où votre besoin d'un éveil spirituel.

Il ne faut pas se fier à la conception dualiste où le Soi s'occupe des aspects spirituels et l'ego s'occupe du corps et du matériel. Dans le cas du réalignement de l'ego, il existe un entrelacement entre les deux, c'est-à-dire qu'il imprègne et influence totalement l'ego. Idéalement, l'ego devrait vivre sous la direction du Soi. Le Soi se manifeste à travers différentes situations, par exemple : aimer et être aimé inconditionnellement, donner un sens à sa vie et à sa mort, découvrir et vivre sa mission de vie, et aussi vivre son authenticité, guérir et réconcilier sa personnalité. Quand l'alignement entre les deux est réussi, alors ils cohabitent aisément permettant ainsi à l'individu de vivre en harmonie tout en gardant la possibilité de s'affirmer dans ce monde.

Vous trouverez ci-joint un résumé des attributs d'une personne qui est gouvernée par l'ego versus une autre qui l'est par le Soi. Ce tableau reconnaît les différences de comportements entre les deux[5] :

EGO	SOI
Poursuit des buts à l'aide d'efforts volontaires.	Accueille l'éveil spirituel et les expériences-sommets.
Est motivé par la survie et la peur de manquer de quelque chose.	S'ouvre à l'abondance de la création.
Utilise son intelligence et ses habiletés de façon pratique.	Rayonne son amour, sa sagesse, son harmonie intérieure, sa mission.
A une histoire faite d'événements, qui se déroulent dans le temps et l'espace.	S'exprime par des symboles et des mythes universels et intemporels.
Est tiraillé par des tendances contraires.	Recherche la paix et l'harmonie intérieure.
Vise la compétence, la maîtrise de soi et de son entourage.	S'abandonne à une Intelligence divine.
Cherche à retenir ses acquis.	Cherche le détachement.
Compte sur les efforts de sa volonté, de son audace et de sa persévérance.	Se confie à la Providence.
Progresse grâce à des efforts personnels.	S'ouvre à l'action de la grâce qu'il découvre à chaque instant.
Porte un masque social, une persona et se compare aux autres.	Est la présence aux autres et à l'univers.
Recherche la compétition.	Vise la collaboration et la solidarité.
Est angoissé par la pensée de mourir.	Sait comment mourir et à la conviction de renaître.

Mentionnons que ce processus d'harmonisation de l'ego et du Soi n'est pas une transition facile. Il existe trois périodes qui visent le passage de l'ego au Soi : dès le plus jeune âge, à travers la crise existentielle du mitan de la vie (vers l'âge de 40-50 ans), ou à la suite de pertes ou de changements majeurs survenus dans la vie. Pendant la transition au Soi, celle-ci génère une certaine angoisse de l'être. La soumission de l'ego engendre donc une peur au contact de l'inconnu. L'ego s'inquiète pour sa sécurité et sa stabilité par crainte de ne plus pouvoir maîtriser son évolution. Il doit faire face à ce sentiment de vide, ce qui peut amener les gens à rebrousser chemin vers des positions plus sécurisantes. Ce niveau d'inconfort peut être relativement important, car nous apprenons à lâcher-prise et faire plus confiance à notre essence profonde. Étant donné que notre ego a toujours tout maîtrisé auparavant, il nous insécurise lorsque nous voulons laisser plus de place aux décisions du cœur et à notre intuition. Pour lui, c'est comme si nous perdions une partie de notre objectivité, de notre côté rationnel. La seule façon de traverser ce passage est de se faire confiance et de le vivre étape par étape pour permettre à l'ego d'apprivoiser sa nouvelle dynamique avec le Soi. Ce réalignement de l'ego avec le Soi sera grandement facilité par le développement de notre intuition et de notre guidance intérieure, que nous verrons au prochain chapitre. Il inclut également des exercices pratiques à ce sujet. Nous verrons l'importance d'apprivoiser l'ego dans notre quotidien pour faire de plus en plus confiance à notre intuition.

● ● ●

Chapitre 12
OSER ÉCOUTER LA SAGESSE ET L'INTELLIGENCE DE SON CŒUR

....

*« L'authenticité ne se recherche pas, elle se vit.
C'est un état d'être qui s'inspire d'une liberté intérieure,
de l'espace qui nous permet d'être en vérité[1]. »*
— Marie-Lise Labonté

....

Lorsqu'il existe une harmonisation entre le Soi et l'ego, nous expérimentons une plus grande cohésion entre toutes les parties de notre être. Notre authenticité se reflète dans l'ensemble de nos émotions, de nos pensées et de nos comportements à travers les différents événements de la vie. Cette cohérence et fluidité donnent l'impression que tout va pour le mieux. Vous gaspillez moins vos énergies inutilement à cause des doutes, des craintes ou de la culpabilité. En vous centrant sur votre vérité, vous arrêtez de vous tourmenter et de vous comparer aux autres, ce qui contribue à vous rendre plus heureux. Par conséquent, vous vous souciez beaucoup moins du regard des autres et profiter pleinement de la vie en vivant des expériences optimales et satisfaisantes (Flow) qui vous rejoignent et vous ressemblent. En expérimentant plus de plaisir et de satisfaction, vous éprouvez de la gratitude : cet état d'esprit cultive encore plus d'optimisme, apportant plus de bonheur, de joie et de compassion. Cette prédisposition vous permet d'être aimable, de pardonner plus facilement et d'entretenir de bonnes relations sociales si importantes pour avoir une vie heureuse.

Ce sentiment de bien-être a un effet bénéfique et multiplicateur par rapport aux différentes parties de vous-même, que cela soit au niveau du cœur, du corps, de l'intellect ou du spirituel. Quand vous partez à la conquête de votre vérité, c'est un véritable phénomène d'entraînement positif qui vous fait vivre vos différentes formes d'intelligence. Elles interagissent et s'influencent mutuellement, ce qui contribue à un effet multiplicateur en termes de retombées positives dans votre vie. **Cependant l'une de ces formes demeure déterminante, celle de l'intelligence ou la sagesse du cœur.**

Nous avons vu dans ce livre que le fait d'établir le lien avec son essence profonde permet de reconnaître la puissance des émotions et des sentiments. Ce lien se vit dans l'instant présent grâce à la conscience de soi et à la présence attentive. Ensemble, elles permettent de mieux nous écouter et nous devons apprendre à lâcher prise et accepter ce qui est dans le moment présent. Cette souplesse et ouverture d'esprit nous aident dans les événements de tous les jours. Nous devons donc apprivoiser notre communication intérieure et reconnaître nos différentes petites voies internes avec lesquelles nous dialoguons chaque jour. Si nous voulons être guidés par la sagesse du cœur, nous devons apprendre à écouter notre intuition. L'écoute et l'ouverture du cœur permettent d'ouvrir une autre dimension de notre être, soit l'amour véritable de soi et des autres, qui exige à la base une bonne estime de soi. En apprenant à ouvrir son cœur à l'amour inconditionnel, notre être fait preuve d'une sagesse universelle. Tout cela l'incite à trouver un sens à sa vie et à développer ses qualités du cœur. Elles auront un impact rayonnant dans notre vie et dans nos relations avec les autres. Regardons maintenant de plus près l'amour véritable et les qualités du cœur.

• • •

L'AMOUR VÉRITABLE : L'AMOUR DE SOI ET DES AUTRES

> L'amour est le plus grand enseignant et guérisseur dans notre vie, notre défi est de l'accueillir à bras ouverts. Il est le remède le plus puissant de la vie, il guérit tout.

Dès la naissance, tout être humain est à la recherche de lui-même, de l'amour et de sa provenance originelle. Cependant, l'amour des autres ne peut compenser pour un manque d'amour véritable de soi. **Pourquoi est-ce si difficile d'avoir un contact amoureux avec nous-mêmes ?** Parce que le regard qu'on a développé n'est pas le « regard amoureux de la vie ». Il est possible que l'être humain ne comprenne pas son essence profonde et n'arrive pas à goûter à l'amour véritable, ce regard d'amour inconditionnel. Il adopte alors une attitude conditionnelle face à l'amour en laissant la place à de nombreuses peurs qui créent des lourdeurs ou des distorsions. Il est davantage préoccupé par la peur du manque que par le souci de s'épanouir réellement.

> Un regard amoureux nous apporte le plus grand bien-être et bonheur. C'est s'aimer soi-même sans aucune condition.

Selon Albert Camus : « Il n'y a que l'amour qui nous rende à nous-mêmes. » Le premier pas vers l'amour inconditionnel de soi-même débute donc par le regard amoureux. Il s'agit d'un regard bienveillant, comme celui d'un parent aimant envers ses enfants. Il guérit de nombreuses blessures de l'être. Plus vous entrez en relation d'amour inconditionnel avec vous-même, plus vous êtes en relation d'amour avec la vie en général. On trouve ainsi le courage d'ouvrir son cœur aux autres. Apprendre à entrer en relation avec votre espace amoureux permet de renouer avec l'amour véritable de votre être qui exprime votre authenticité. C'est la raison pour laquelle la quête du bonheur et de l'authenticité commence d'abord par une bonne estime de soi, et au besoin, par cette quête d'amour de soi pour l'améliorer. Une estime de soi harmonieuse se compose de l'amour, de la perception et de la confiance en soi. Elle permet d'établir un lien d'appréciation et d'acceptation de soi avec ses défauts et ses qualités. Elle est ce lien d'intériorité avec soi-même. On doit avoir une bonne estime de soi avant d'avoir une bonne estime du Soi. On constate que les manquements face à l'estime de soi peuvent avoir une incidence sur la conscience de soi, l'auto-motivation, la connaissance de soi-même, le développement de son authenticité et un impact sur sa satisfaction générale dans la vie. Pour établir une bonne relation avec soi-même et les autres, on comprend l'importance d'avoir et de maintenir une bonne estime de soi dans sa vie.

Pour atteindre le bonheur authentique, cela exige de transformer notre regard et notre manière de penser. On doit donc s'exercer au bonheur! En adhérant au bonheur, cela ouvre notre cœur et nous sommes plus réceptifs à la joie de vivre et à nos émotions. Plusieurs formes de bonheur peuvent se retrouver sur notre route, que ce soit l'amour, l'affection, la compassion et l'attention aux autres. Comme nous l'avons mentionné, les bonnes relations affectives et sociales rendent heureux. Le désir d'entrer en relation est donc un besoin fondamental tant au niveau physique que psychologique. Les êtres humains sont nés pour créer des liens et pour vivre ensemble, plutôt qu'être seuls et isolés. Cela préserve leur équilibre affectif tout en favorisant leur bien-être tant physique que moral.

Pour comprendre la relation à soi-même, on peut également étudier notre relation avec les autres. Lorsqu'on utilise les images réfléchies de soi, il peut s'agir d'un outil de développement très puissant pour en prendre conscience. En y pensant bien, la relation qu'on a avec autrui reflète précisément à quel stade on est dans la relation avec soi-même. Il y a une citation de l'auteur Paulo Coelho qui dit ceci : « La façon dont tu traites les autres est un reflet direct de la façon dont tu te sens envers toi-même. »

Dans cette section, nous avons pris conscience de l'importance reliée à l'amour véritable, qui commence d'abord par soi-même, pour ensuite l'offrir en cadeau aux autres. Il existe deux formes d'amour : à savoir, l'amour conditionnel et l'amour inconditionnel. Ce dernier est associé à l'expression de notre essence profonde et de nos qualités du cœur. Une fois qu'on les possède, on peut alors les partager avec les autres afin de vivre une certaine forme d'intimité. Cet amour véritable se ressent par l'expression des gestes concrets dans le quotidien. Il exprime notre bonheur et notre amour pour la vie. Comme le disait Oscar Wilde : « S'aimer soi-même est le début d'une histoire d'amour qui dure toute la vie. »

● ● ●

LES QUALITÉS DU CŒUR

Un autre ingrédient pour avoir une vie heureuse est la dimension spirituelle, parce qu'elle donne un sens à celle-ci. Cependant, au niveau plus fondamental, la spiritualité est l'expression des qualités humaines et spirituelles qui se démarquent par la bonté, la gentillesse, la compassion et le souci des autres. Ces qualités se manifestent et se ressentent à travers tous les gestes que nous posons. Plus on exerce notre authenticité avec une approche intégrale, plus on fait preuve des qualités du cœur. Celles-ci se perçoivent par les attributs d'une personne gouvernée par le Soi qui favorisent la qualité des relations avec les autres. De plus, au lieu de réagir selon nos comportements conditionnés, elles nous permettent de comprendre ce qui se passe à un autre niveau de compréhension. Ici il s'agit de cette fameuse sagesse du cœur qui est exprimée par ces qualités.

Maintenant, regardons quelques attributs d'une personne qui est gouvernée par le Soi (voir chapitre 11 : réalignement de l'ego). Un des principaux attributs de cette personne est qu'elle rayonne par son amour, par sa sagesse, par son harmonie intérieure et par sa mission. Elle recherche la paix, l'harmonie et est présente pour les autres. Il n'est donc pas surprenant de constater qu'un autre attribut est qu'elle vise la collaboration et la solidarité avec autrui. On constate que la personne qui se laisse guider par son essence profonde développe des qualités de cœur et de compréhension des autres qui sont facilement remarquées par son entourage. Le Soi nous procure cette source de bonheur durable car il s'alimente de l'amour. Il illumine de l'intérieur. En suivant sa direction, ce sentiment de joie profonde se reflète dans les circonstances extérieures.

....

> « L'honnêteté, la sincérité, la simplicité, l'humilité, la générosité, l'absence de vanité, la capacité à servir les autres — qualités à la portée de toutes les âmes — sont les véritables fondations de notre vie spirituelle. »
> — Nelson Mandela

....

Le Soi possède des attributs qui se reflètent à travers nos pensées et nos actions quotidiennes. Il s'intéresse particulièrement à l'harmonie, l'abondance, l'unité et l'amour dans notre vie. Il s'exprime par de belles qualités, telles que la patience, la compassion et la confiance face aux événements.

Tout d'abord, pour être en mesure d'intégrer ces qualités, nous devons avant tout posséder un bon optimisme et écouter notre intuition, tout en lâchant prise. Nous savons que les gens qui font preuve d'optimisme possèdent un certain niveau d'enthousiasme et d'énergie contagieux rayonnant autour d'eux. Ils possèdent cette capacité de faire confiance à la vie et de savoir que tout arrive pour le mieux. Cette qualité réfère à une stratégie de bonheur, elle permet aussi de vivre en harmonie et de faire face aux aléas de la vie. Ensuite, nous devons avoir une bonne intuition qui représente ce « savoir instantané » et qui révèle un sens, donne une direction, ou constitue une alarme pour se centrer sur l'essentiel de soi-même.

Dans l'expression des qualités du cœur, nous devons aussi faire preuve de simplicité et d'humilité : cette attitude qui implique une réceptivité nécessaire pour faire face aux événements de la vie ou aux messages que celle-ci nous envoie. Pour utiliser la bonté du cœur, nous devons faire preuve aussi de détachement ou de non-attachement. Cela signifie que nous donnons sans rien attendre en retour. Ceci inclut naturellement la notion de partage avec autrui et d'autres actions associées à la générosité.

> Plus l'amour de soi et des autres augmente, plus vous ressentez le besoin de servir une cause commune qui est plus grande que vous.

En ce qui concerne une autre qualité du cœur, parlons maintenant de la compassion. Elle se définit comme un état d'esprit non violent basé sur le souhait que les autres puissent se libérer de leurs souffrances. Elle correspond au sens d'engagement, de responsabilité et de respect d'autrui. Elle implique qu'on fasse preuve d'ouverture à la souffrance de l'autre. En terminant, une dernière qualité du cœur se réfère au besoin de servir une cause commune plus grande que soi-même. Nous cherchons à mettre nos talents au service des autres[2]. Être au service des autres prend une bonne dose d'humilité. L'éveil spirituel ainsi que l'accomplissement de soi contribuent au besoin grandissant de mettre nos talents et notre personne au service des autres. La bonté du cœur se nourrit ainsi par l'expression de cet amour véritable.

Comme nous le constatons, l'expression de ces différentes qualités du cœur est directement liée au besoin de réalisation et d'accomplissement de soi. Elles nous aident à donner le sens que nous cherchons dans cette quête ultime de bonheur et de vérité. En établissant ce lien avec son essence profonde, on ressent davantage la quiétude et la vitalité de sa vie. On accède à son Soi créateur ; on expérimente un sentiment de bonheur et on découvre un sens à sa vie. On vit ainsi en harmonie et voit apparaître différentes formes de synchronicités.

Tous les humains cherchent la recette du bonheur, et c'est dans l'harmonie avec la vie qu'on trouve son ultime secret : le cœur ! Cela peut sembler compliqué à faire ou mettre en pratique, mais en réalité le message est très simple : **Vivez heureux et en harmonie grâce à la sagesse du cœur !** C'est elle la vraie source du bonheur contagieux, en suivant la sagesse de notre cœur, nous trouvons beaucoup plus facilement notre route authentique. Grâce à cette sagesse, nous améliorons nos relations avec nous-mêmes et les autres, ainsi nos choix sont beaucoup plus alignés avec nos valeurs profondes. L'écoute du cœur permet de contribuer à développer notre aptitude au bonheur dans la gestion quotidienne de notre vie. En assumant notre leadership authentique et en exerçant nos qualités du cœur, nous n'avons d'autres choix que de l'écouter et de se laisser guider par cette sagesse. Le seul prérequis pour l'utiliser est de se laisser guider par notre intuition, notre guidance intérieure, qui est notre canal de communication avec soi-même. Nous en parlerons plus en détails dans le prochain chapitre.

···········

« Aie le courage de suivre ton cœur et ton intuition.
Ils savent ce que tu veux réellement. Le reste est secondaire. »
— Steve Jobs

···········

Chapitre 13
OSER ÉCOUTER ET SUIVRE SON INTUITION, SA GUIDANCE INTÉRIEURE

L'intuition vous permet d'accéder à votre savoir intérieur et votre sagesse universelle. Il s'agit là d'un élément essentiel pour découvrir votre guidance intérieure. Mais de quoi s'agit-il au juste ? En réalité, c'est une petite voix intérieure que vous possédez depuis votre naissance. C'est un langage exceptionnel qui augmente votre discernement et votre compréhension des choses. L'intuition vous dit ce qui est juste et ce qui semble approprié, sans que vous ayez besoin de rationaliser tous les éléments et d'utiliser vos cinq sens. Elle permet, par exemple, de prendre une décision, de résoudre un problème ou de faire face à un défi. Elle permet d'arriver à des conclusions précises sans pour autant avoir toutes les informations en mains. Certains définissent l'intuition comme une prémonition, un pressentiment ou un sentiment viscéral qui permet d'anticiper les choses. Elle sert de guide puissant et de communication dans votre vie. Donc, le développement de cette aptitude est essentiel si vous voulez entretenir des liens avec votre sagesse intérieure.

Généralement, l'intuition provient du côté droit du cerveau associé au caractère plus créatif. Chacun de nous a des facultés intuitives plus ou moins développées. Par contre, on reconnaît la nécessité d'utiliser son intuition et de lui faire confiance pour suivre son ressenti. À la limite, vous pouvez recevoir des informations détaillées, un sentiment vif et une vision claire ; donc l'intuition est un outil incontournable de contact avec soi ! On apprend également à reconnaître la différence entre la petite voix de l'intuition versus celle de l'ego. Une façon simple de les distinguer est que l'ego fait appel au côté rationnel, donc si vous entendez un jugement, une critique ou un constat, vous saurez qu'il s'agit de la voix de l'ego. Pour sa part, l'intuition donne une information sans commenter la nature de celle-ci. La meilleure façon de reconnaître leur différence est par l'expérimentation des communications avec vous-même.

L'intuition est une faculté qui est en quelque sorte sous-jacente à vos émotions : c'est comme si une voix ou une sensation intérieure émergeait ou vous disait quelque chose. C'est une sensation diffuse, mais plus vous vous autorisez à être en contact avec votre ressenti, plus il est facile d'avoir accès à votre intuition. Vous pouvez distinguer l'intuition de l'émotion, car l'intuition a une vibration énergétique différente dans le corps. Cette vitalité accrue est le meilleur signe pour dire que vous suivez votre intuition. Vous avez l'impression qu'une plus grande énergie circule dans votre corps. Vous l'entendez et vous la ressentez. D'où l'importance de se pratiquer à distinguer les émotions des intuitions. Plus vous êtes à l'écoute de votre corps, par la présence à soi, plus il est facile de distinguer les petits signaux ressentis[1]. L'esprit intuitif accède à un nombre infini d'informations, de connaissances et de sagesse qu'il puise dans l'esprit universel.

Il existe une confusion entre le mot instinct et intuition. Naturellement, on associe immédiatement l'instinct avec le mot survie. En effet, l'instinct se réfère à des actions pré-codifiées pour adopter certains comportements précis permettant de sauvegarder l'espèce et l'intégrité physique de celle-ci. Cet instinct engendre le même comportement chez tous les membres d'une même espèce. On le compare à des réflexes développés dans certaines circonstances, par exemple, le fait d'éloigner ses mains d'un feu pour ne pas se brûler.

Voici des étapes pertinentes pour développer votre intuition et la description de chacune[2] :

ÉTAPES	DESCRIPTION
1. Prise de conscience	La première étape est de porter attention à ce phénomène et de développer une prise de conscience face à nos dialogues intérieurs. On développe ainsi une certaine compréhension face aux messages reçus pour agir en conséquence. On apprend à faire confiance à nos sentiments afin de les suivre et de les mettre en pratique. Habituellement, les choses se passent bien et on a l'impression de faire partie d'un flux constant. Une bonne façon de développer nos prises de conscience est de prendre des notes dans un journal.

Étapes	Description
2. Apprendre à se faire confiance	Tout d'abord, on laisse monter l'émotion ou le sentiment sans porter de jugement. Ensuite, on accueille et accepte l'information reçue comme étant véridique. On doit se rappeler que la sagesse nous guide et sait ce qui est bon pour nous. Quand vous recevez une intuition, vous avez la certitude qu'elle est véridique et vous devez lui faire confiance. En lui faisant confiance, vous remarquez qu'elle multiplie les occasions et les synchronicités dans votre vie. On fait confiance à notre sagesse intérieure, car la peur de l'inconnu peut être son plus grand obstacle. Encore une fois, c'est grâce à l'expérimentation sur de petites choses qu'on établit ce lien de confiance permanent. Plus vous faites confiance et faites preuve d'abandon, plus vous sentez le flux d'énergie circuler librement en vous.
3. Savoir relaxer	On libère le mental pour permettre aux sentiments et aux intuitions de se manifester librement. On utilise certaines techniques comme la relaxation, la méditation, la respiration lente, la contemplation, etc. Ce qui fonctionne bien est la respiration lente pour régulariser son état d'esprit, après de brèves minutes, vous êtes plongé dans un état de quiétude. Ce qui est intéressant avec la pratique de la méditation, c'est que vous pouvez poser des questions à votre sagesse intérieure et écouter les réponses qu'elle vous offre. Votre sagesse infinie vous guide et vous envoie des messages sous différentes formes.
4. Apprendre à faire confiance et à agir selon votre intuition	Suivre son intuition permet de faire des petits pas, car l'information reçue est généralement limitée. Si vous suivez votre guidance intérieure, vous finissez par avoir une image plus complète de la direction à suivre. Comme vous le savez, pour pouvoir vous fier totalement à votre intuition, il vous faut d'abord l'exercer pour la reconnaître et lui faire confiance afin de développer cette habileté. Un petit truc pour débuter, avant de prendre des décisions, connectez-vous à votre intuition et tentez de l'interroger sur la meilleure décision possible. Écoutez attentivement et agissez en conséquence. Cela aide à bâtir votre confiance. Tentez l'expérience au moins deux fois par jour. Il est important d'effectuer une sorte de retour et de valider les résultats obtenus pour vous ajuster au besoin.

La plupart d'entre nous ont tendance à restreindre l'accès à leur intuition quand leur côté rationnel et logique se développe. Naturellement, en devenant un être social, nous apprenons des règles de comportements et nous avons de fortes chances de banaliser notre intuition. C'est un phénomène culturel et social, donc il est facile de ne pas écouter cette petite voix associée à notre intuition. Une façon pour renouer cette connexion et retrouver notre confiance en elle peut se faire grâce au développement de la communication interne et de l'intelligence émotionnelle. De plus, en travaillant sous forme de jeu pour déterminer si notre intuition a raison ou tort, cela permet de développer la confiance nécessaire pour se laisser ensuite guider par notre sagesse intérieure, si désiré.

Dans ce chapitre sur l'intuition, nous avons vu l'importance de se rééduquer à écouter et à se fier à notre guidance intérieure. En développant notre côté plus intuitif, cela nous rend plus efficace, car il nous donne accès à certaines informations non traitées ou non validées à considérer. Pour en comprendre le sens et la portée, mentionnons que certains entrepreneurs ou dirigeants d'entreprises utilisent leur intuition dans des décisions d'affaires. Parfois, certaines grandes décisions risquées, comme le développement de nouveaux produits, demandent de la créativité et de l'innovation, mais aussi beaucoup d'intuition ou de flair lorsque les informations ne sont pas toutes disponibles. À présent, pour vous aider à développer votre intuition, voici quelques exercices pratiques.

EXERCICES PRATIQUES : DÉCOUVRIR SON INTUITION ET LA DÉVELOPPER

Les exercices ci-dessous vous permettront de développer votre intuition ou votre guidance intérieure. Ces exercices vous aideront à établir le contact avec vos intuitions reçues et à développer votre conscience et votre confiance. Ils font partie d'une approche systématique, qui pourrait en rebuter certains, particulièrement les plus créatifs d'entre vous ; donc si c'est votre cas, vous pouvez utiliser les deux outils proposés dans le chapitre 4, « À la découverte de soi », dans la section consacrée à *L'art et la créativité*. Idéalement, pour développer et ancrer une habitude, il est préférable de refaire les mêmes exercices pendant une période de 21 jours consécutifs. Les deux premiers exercices sont associés à l'intuition, tandis que les deux derniers sont axés sur votre guidance intérieure et vos émotions. Faites tous les exercices, par la suite, ciblez ceux dont vous avez plus besoin.

EXERCICE PRATIQUE 1 : RAPPEL DES INTUITIONS REÇUES

Rappelez-vous un moment où vous avez eu l'impression d'avoir la réponse ou de savoir ce qui allait arriver avant même que cela se produise. Posez-vous les questions suivantes :

- De quel événement s'agissait-il exactement ?

- Comment s'est concrétisée l'intuition que j'avais eue?
- Comment est-ce que je reconnais mon côté intuitif? Comment s'exprime t-il?
- Qu'est-ce que j'ai ressenti exactement durant cette intuition?
- Qu'est-ce que j'ai fait de l'information obtenue? Ai-je réagi en fonction d'elle?
- Qu'est-ce qui m'aiderait à développer ce ressenti?

Réflexion et réponses aux questions :

_____
_____
_____
_____
_____
_____
_____
_____
_____
_____
_____
_____
_____
_____

EXERCICE PRATIQUE 2 : DÉVELOPPEMENT DE LA CONSCIENCE ET DE LA CONFIANCE

Pour développer votre conscience et votre confiance, rappelez-vous ce que vous avez vécu durant la journée. La tenue d'un journal personnel est également bénéfique. Posez-vous les questions suivantes :

- Quelles intuitions ai-je expérimentées aujourd'hui?
- Quelles sensations ai-je ressenties à ce moment-là?
- Quels sont les pressentiments que j'ai ressentis aujourd'hui?
- Quel a été mon dialogue intérieur face à tout cela?
- Quelles sont les actions que j'ai posées face à l'information reçue?
- Quels sont les résultats obtenus à la suite de cette intuition?

- Que devrais-je faire la prochaine fois ?
- Que dois-je faire pour apprendre à mieux reconnaître mon dialogue intérieur ?

Réflexion et réponses aux questions :
_____
_____
_____
_____
_____
_____
_____
_____
_____
_____
_____
_____
_____
_____
_____
_____
_____
_____
_____
_____

EXERCICE PRATIQUE 3 : ACCÈS À SA GUIDANCE INTÉRIEURE

Habituellement, il est préférable de faire cet exercice le matin à votre réveil, ou à l'heure du coucher, selon vos préférences. Idéalement, il faut faire l'exercice au moins une à deux fois par jour. Pour développer votre guidance intérieure, vous devez d'abord entrer dans un état de relaxation complète. Par conséquent, trouvez un endroit tranquille où vous ne serez pas dérangé pendant les 10 à 15 prochaines minutes. Une fois l'endroit trouvé, assoyez-vous confortablement en position du lotus (méditation) ou dans une position où vous serez à l'aise pour le temps alloué. Avant de commencer la méditation, pensez à une des questions utiles que vous aimeriez poser (voir exemples plus loin).

Commencez à relaxer complètement grâce à votre respiration lente et profonde. Prenez de grandes respirations et tentez de respirer à partir du haut des poumons jusqu'à l'abdomen. Prenez votre temps pour respirer et relâcher l'air. Dirigez vos respirations à l'intérieur de vous. Posez votre question et n'y pensez plus. Une bonne façon de chasser les idées qui vous trottent dans la tête est de rester complètement centré sur votre corps par l'écoute de votre respiration. Pour certaines personnes qui ont plus de facilité à visualiser, imaginez-vous assises près d'un cours d'eau, dans un jardin paisible, ou dans votre endroit préféré. L'important est de se relaxer.

Une fois que vous êtes complètement détendu, attendez patiemment les réponses à votre question. Parfois il peut s'agir de brides d'information, telles que des mots, des images ou des sensations. Accueillez ce qui monte en vous et acceptez cette information sans jugement. Si rien ne se produit, recommencez encore ; cela est tout à fait normal particulièrement pour ceux qui sont moins familiers. Plus vous vous pratiquerez, plus il sera facile pour vous de décoder l'information reçue. Également, soyez attentif aux autres signes que vous recevrez dans la journée ou les jours suivants, si vous n'obtenez pas une réponse immédiate.

Exemples de questions à poser avant la méditation ; concentrez-vous sur une question à la fois :

Questions sur la guidance :
- Qui me parle actuellement ? (Pour faire le tri des voix intérieures.)
- Que veut me dire mon corps actuellement ? (Pour faire le tri des sensations ressenties.)
- Que dois-je faire pour accéder plus facilement à ma guidance intérieure ?

Questions générales :
- De quoi ai-je vraiment besoin en ce moment ?
- Que dois-je me rappeler en ce moment ? ou Que dois-je retenir de cette information ?
- Qu'est-ce qui est important pour moi à savoir en ce moment ?
- Quelle direction dois-je prendre actuellement ?
- Que dois-je faire dans la situation [la nommer] que je vis actuellement ?
- Comment est mon niveau d'énergie face à l'information obtenue ?

Réflexion et réponses aux questions :

_____
_____
_____
_____
_____
_____
_____
_____
_____
_____
_____
_____
_____
_____
_____

EXERCICE PRATIQUE 4 : COMPRENDRE SES ÉMOTIONS

Refaites le même genre d'exercice de relaxation que précédemment. Quand vous êtes détendu, si vous êtes droitier, mettez votre main gauche à la hauteur du ventre sous le nombril, puis votre main droite à gauche, juste au-dessus de la poitrine et du cœur. Si vous êtes gaucher, prière d'inverser l'ordre des mains. Concentrez-vous sur votre respiration et votre présence à vous. Ressentez et profitez de ce moment privilégié. Maintenant, essayez de distinguer vos pensées de vos émotions. Posez-vous ces questions face aux émotions que vous ressentez :

- Qu'est-ce que je ressens vraiment en ce moment ?
- Qu'est-ce que cela veut m'apprendre exactement ?
- Dans quelle partie de mon corps est-ce que je vis cette émotion ?
- Que dois-je faire pour travailler cette émotion ? (Par exemple, la peur.)
- Comment puis-je guérir le malaise que je vis actuellement ?
- Comment retrouver la joie intérieure ?
- Qu'est-ce qui me rendrait le plus heureux ?
- Quelle est la sensation que je ressens quand mon intuition me guide ?
- Comment faire taire mes pensées (ou mon mental) ?

Pour plus de réconfort, vous pouvez également joindre la main gauche à la main droite quand vous ressentez une forte présence et chaleur.

Réflexion et réponses aux questions :
_____
_____
_____
_____
_____
_____
_____
_____
_____
_____
_____
_____
_____
_____
_____
_____
_____

• • •

En faisant ces exercices, n'oubliez pas que les informations, les sensations ou les émotions peuvent tarder à venir. Ne vous découragez pas, il est surprenant de constater qu'il existe parfois un décalage dans l'information reçue. Donc, plus vous développerez votre intuition, plus il vous sera facile de repérer ou de laisser monter rapidement cette petite voix intérieure.

Chapitre 14
LES SYNCHRONICITÉS DE LA VIE

....
« Nous attirons exactement ce dont
nous avons besoin à chaque instant. »
— Edgar Cayce
....

> Étrangement, la vie apporte tout ce dont nous avons besoin pour évoluer. On dit que ce qui arrive dans notre vie est le miroir de soi. Tel que formulé dans le livre de Shakti Gawain et Laurel King, *Vivez dans la lumière* : « *Le monde physique est notre création : chacun de nous créer sa propre vision du monde, sa réalité particulière, son expérience unique de la vie. Puisque ma vie est créée par mon canal, elle me renvoie une image de moi-même. [...] Nous créons nos vies à chaque instant ; nos expériences et nos besoins nous renvoient donc une image sur le vif de nous-mêmes.* **En fait, le monde extérieur est une sorte de miroir géant qui reflète avec clarté et précision à la fois nos esprits et nos formes**[1]. »

Le défi dans cette affirmation est d'accepter que nos états intérieurs créent un effet miroir dans notre vie. Ce phénomène est relié à la synchronicité. En prenant conscience du phénomène, nous pouvons mieux en comprendre la portée et réaliser nos besoins de transformation intérieure. Plus nous vivons en harmonie avec nous-mêmes, plus nous sommes témoins des phénomènes de manifestation ou de matérialisation dans notre vie grâce à notre conscience et notre intuition. Il faut mentionner que ce phénomène d'attraction ici n'est pas associé à la pensée positive. Il s'agit plutôt du phénomène qui veut que nos états intérieurs attirent certaines manifestations dans notre vie. Il y a des événements qui se produisent, qui ont un sens, même si vous ne le trouvez pas immédiatement.

Mais qu'est-ce que la synchronicité au juste? Elle a été originalement définie par le psychologue, Carl G. Jung, cependant voici la définition proposée par Jean-François Vézina qui a écrit un livre sur *Les hasards nécessaires* : « La synchronicité est une coïncidence entre une réalité intérieure (subjective) et une réalité extérieure (objective) qui se lient par le sens, c'est-à-dire de façon acausale. Cette coïncidence provoque chez la personne qui la vit une forte charge émotionnelle et témoigne de transformations profondes. La synchronicité se produit en période d'impasse, de questionnement ou de chaos[2]. »

Reprenons plus en détails certains éléments clés pour mieux comprendre ce que cela implique :

- RELATION ACAUSALE : Cela signifie que les événements sont liés entre eux par le sens et non par la cause. Parfois le sens prend toute son importance avec l'évolution des événements.
- CHARGE ÉMOTIVE : Quand vous expérimentez une telle manifestation, habituellement vous ressentez une vive émotion et vous reconnaissez qu'un événement spécial est sur le point d'arriver.
- TRANSFORMATION PROFONDE : C'est la possibilité de faire une expérience pouvant amener une personne à se métamorphoser ou à débloquer sur certains faits.
- PÉRIODE D'IMPASSE : Elle fait plutôt référence à un état de fait ou un état d'être dans lequel se trouve la personne.

....

On doit cependant différencier une synchronicité d'une pure coïncidence. Il existe des hasards qui n'ont pas vraiment de sens spécifique ou d'effet de transformation.

....

Même si les événements dans la vie surviennent en ordre ou en désordre, ils sont parfois prévisibles. Les hasards se déterminent par leur improbabilité. Ils peuvent parfois s'organiser par la suite et avoir un certain sens, d'où la proximité entre les deux notions de hasard et de synchronicité. Ils deviennent des hasards nécessaires s'ils sont empreints de signification, d'où la difficulté parfois de bien les différencier[3]. Cependant, on ne doit pas voir un sens synchroniste dans tous les hasards de la vie. Ici, on doit faire preuve de jugement et de tolérance dans la reconnaissance des raisons qui sous-tendent les événements. Sans avoir un tableau d'ensemble de ce qui est arrivé, il est difficile de saisir pourquoi cela arrive. Le temps donne habituellement suffisamment d'information pour déterminer s'il s'agit d'une synchronicité ou pas. La capacité de déduction de l'intuition peut aussi reconnaître rapidement ce phénomène.

En prenant conscience du phénomène de la synchronicité, on reconnaît que nos états intérieurs influencent ce qui nous arrive. En réalité, on joue un rôle dans l'espace de création de sa propre destinée :

> « L'espace de liberté que nous avons dans la réalisation de notre destin est lié à sa conscience. Plus l'individu est conscient des thèmes qui personnalisent sa vie, plus il est libre d'exercer des choix ayant une portée créative. À l'inverse, moins un individu est conscient de ses points sensibles, plus le destin s'impose durement à lui. Jung écrivait : "Ce qu'on ne veut pas savoir de soi finit toujours par arriver de l'extérieur et prendre la forme d'un destin"[4]. »

Les événements synchronistes produisent un phénomène d'attraction entre eux, comme une forme de résonance, ce qui peut créer une direction spécifique ou des thèmes répétitifs dans sa vie. Par exemple, pour les rencontres interpersonnelles, ce phénomène d'attraction choisit une alternance entre les personnes du même type que soi, ou s'ouvre à de nouvelles personnes. Pour évoluer, on se rapproche habituellement des personnes qui nous aident à faire des découvertes. « La rencontre synchronistique capable de nous transformer radicalement survient en période de nécessité de transformation psychique et ne se présente pas fréquemment dans une vie[5]. » On comprend alors qu'il existe une charge émotionnelle importante dans ce type de rencontre. Elle peut très bien survenir dans le domaine personnel ou professionnel. Avez-vous déjà pris conscience de l'importance de côtoyer certaines personnes dans votre vie ? Sentir qu'elles vous ont permis de faire plusieurs découvertes ou d'apprendre certaines leçons sur vous-même. En réalité, certaines relations sont déterminantes dans votre vie, car elles correspondent à vos besoins de transformation et vos états intérieurs.

En adhérant au principe de la synchronicité, cette dernière implique un changement de paradigme dans la conception du monde. Elle sous-entend que certains événements qui arrivent sont unis par un sens et un besoin de transformation. En utilisant son intuition (voix intérieure), on est alors en mesure de reconnaître ce phénomène de synchronicité et de saisir les moments idéaux pour agir. Quand vous êtes attiré par certains lieux ou certaines personnes, soyez attentif à votre discours intérieur et faites confiance à votre intuition. Il y a des rencontres ou des événements qui méritent le détour!

Nous venons d'explorer, dans ce chapitre, le phénomène des synchronicités qui se manifeste dans notre vie en réponse à nos états intérieurs. Cette notion de synchronicité diffère du synchronisme abordé dans ce livre. Le synchronisme nous permet de vivre en harmonie, car plus nous acceptons d'être guidés par notre essence profonde, plus nous expérimentons de la joie de vivre et du bonheur au quotitdien. Grâce à notre sagesse intérieure, nous faisons des choix cohérents qui influencent positivement notre vie. Cela implique que nous devons parfois accepter de lâcher prise pour changer notre attitude et nos états intérieurs. Vivre en synchronisme avec la vie implique de vivre au même rythme et en harmonie avec celle-ci. Voilà une brève explication qui différencie ces deux notions.

CONCLUSION

Comme nous l'avons mentionné, cette quête du bonheur et de soi représente le travail d'une vie. Nous avons présenté dans ce livre un condensé d'informations, de références, de questions et d'exercices pratiques pour vous guider dans votre démarche d'autoleadership personnel ou professionnel. Voici certains sujets que nous avons explorés et qui méritent quelques rappels.

Bonheur et leadership authentique

Nous avons vu les différentes stratégies du bonheur et l'importance de vivre des expériences optimales et satisfaisantes. D'après les études faites sur le sujet, on influence son aptitude au bonheur grâce à la gestion de sa vie et de son leadership. Vivre son authenticité, c'est expérimenter cet état de bien-être et de joie profonde. Comme nous l'avons vu, vous devez posséder une bonne conscience et connaissance de vous-même pour développer tout votre potentiel humain grâce à l'approche holistique. Vous devez vous reconnecter à l'essence de vous-même, de vos émotions, de votre intuition et de votre présence physique. Vous développerez ainsi ce regard amoureux sur vous et sur la vie en général. Plus votre leadership devient authentique, plus il cherche à s'accomplir davantage et à se reconnaître à travers une mission personnelle et des objectifs de vie, et plus il s'engage dans la réconciliation avec son être pour donner un sens à sa vie. Pour ce faire, vous devez « être l'acteur de votre vie » soit : être proactif, reconnaître ce qui vous rend vraiment heureux et avoir le courage d'effectuer les changements nécessaires. C'est aussi éveiller votre conscience à un niveau supérieur et donner une place centrale à votre sagesse intérieure. C'est vous engager envers vous-même dans la poursuite du bonheur et mobiliser les ressources nécessaires pour exécuter votre plan de vie. Assumer un leadership véritable permet également de développer un leadership inspirant et enthousiaste. Assumer son leadership signifie que certaines personnes ne seront pas nécessairement en accord avec vos convictions profondes. Il importe donc de connaître vos valeurs profondes et de savoir celles qui sont alignées à votre vie personnelle et professionnelle. Vivre votre leadership c'est assumer votre différence tout en faisant les choix qui vous conviennent. Assumer votre leadership authentique, c'est réaliser votre potentiel humain pour vivre pleinement heureux !

....

« Le Bonheur n'est pas quelque chose que tu obtiens de la vie,
c'est quelque chose que tu apportes à la vie. »
— Wayne W. Dyer

....

Découverte et contact avec le Soi

....

« Celui qui connaît les autres est sage ;
celui qui se connaît est éclairé. »
— Lao-Tseu

« Connais-toi toi-même et tu connaîtras l'univers et les dieux. »
— Socrate

....

Pour revenir aux façons d'établir le contact avec le Soi, nous avons vu qu'il y a trois temps plus propices : à l'enfance/adolescence, au mitan de la vie (vers 40-50 ans), ou si un événement significatif se produit. Ces périodes sont propices, car elles permettent de s'ouvrir à la conscience et à la connaissance de soi. Comme nous l'avons déjà identifié, certains ressentent des malaises plus ou moins importants au mitan de leur vie. Ils cherchent à comprendre leur mission pour donner un sens à leur vie. Il se peut, en cas extrême, que vous soyez déconnecté de vous-même. Alors, le

Soi cherche à éveiller votre conscience par le biais de moments difficiles, ces points de bascule qui vous aident à évaluer ce qui se passe dans votre vie. L'éveil de la conscience peut s'avérer difficile, car cela exige un temps d'introspection et de compréhension qui varie selon les circonstances. En vivant certaines expériences, par exemple une maladie grave, cela vous force à prendre conscience à quel point tout est éphémère et à revoir vos valeurs. Le « grand vide » est un puissant agent curateur qui nettoie tout sur son passage et provoque la nécessité de le remplir avec de la nouveauté.

Il peut s'ajouter à cela des contradictions, c'est-à-dire des distorsions dans ce que vous vivez ou vous voulez obtenir au quotidien. La vie vous pousse alors dans des directions qui vous sont bénéfiques pour faire des apprentissages. Par exemple, si vous allez à contresens de votre mission, il se peut que vous soyez incapable de trouver un emploi dans votre domaine d'expertise. Mais un heureux hasard fait qu'une opportunité inespérée s'offre à vous dans un autre secteur où vous vous sentez mieux aligné avec vos valeurs et talents. Vous devez donc être plus attentif et ouvert aux signaux que vous recevez par l'entremise des événements de la vie et exercer le lâcher-prise ainsi que l'acceptation. Si vous êtes vraiment bien aligné à vous-même, alors les choses se dérouleront avec facilité et simplicité. Ici, il ne s'agit pas d'être inactif ou en attente de quelque chose, bien au contraire, vous êtes toujours en mouvement, car le lâcher-prise constitue une action en soi. À tout moment, vous pouvez décider de faire une démarche de développement axée sur l'authenticité et la transformation intérieure afin d'établir ce lien unique avec vous-même. Cela signifie que vous apprenez à bien vous connaître à travers vos passions, vos aspirations, vos talents, vos valeurs, vos objectifs de vie et vos comportements. Vous devez également développer votre ressenti et pour ce faire, vous pouvez travailler sur la communication et l'intelligence émotionnelle.

Amour véritable et blessures de l'enfance

« La vie qui n'est pas examinée ne vaut pas la peine d'être vécue. »
— Platon

Quand certaines personnes sont sans enthousiasme et sans amour, on se rend compte qu'elles manquent d'estime de soi et d'amour inconditionnel face à elles-mêmes. Toutefois, il faut reconnaître qu'une des grandes difficultés de la vie est d'apprendre à s'aimer d'abord, car nous avons tendance à nous comparer aux autres, ce qui contribue à diminuer notre estime de soi. Donc, tout le défi consiste à s'aimer d'abord soi-même si nous voulons aimer les autres. Nous avons déjà mentionné à quel point les blessures de l'enfance sont importantes. Votre essence profonde les reconnaît et tente de vous en libérer. Vous devez examiner ce qui se passe en vous et dans votre vie, établir des parallèles, faire des liens entre les événements pour déterminer s'il y a des cycles répétitifs dans vos comportements. Mais au bout du compte, ce qui est le plus important est d'avoir la capacité de développer ce regard amoureux envers vous-même, car lui seul peut vous guérir. Vous devez donc agir comme votre propre parent et prendre soin de votre enfant intérieur. Vous le comprenez à partir du cœur, car c'est vraiment là où tout se passe, c'est là exactement où vous pouvez ressentir l'amour de vous-même.

En somme, il est possible de trouver des moyens pour rétablir le lien à soi-même afin de ressentir à nouveau nos émotions et notre joie de vivre. La façon la plus facile est d'établir le lien à son essence profonde et à son authenticité. Pourquoi? Simplement parce que vous avez une plus grande conscience de l'amour et de son impact dans votre vie. L'important n'est pas de reprendre tous les événements survenus dans votre vie, mais plutôt de comprendre l'importance de certaines blessures sur vos comportements, et au besoin de guérir celles qui empêchent le lien d'authenticité avec votre être. Reconnaissez que la pierre angulaire du bonheur est dans la relation d'amour avec VOUS. Seulement vous, rien que vous. Tout le reste sera plus facile par la suite avec les autres si vous possédez cette relation d'amour avec vous-même. Et si c'est la seule chose que vous apprenez durant votre vie, vous aurez alors accompli beaucoup!

Dans son livre, *Le défi de l'amour*, John Bradshaw parle des fameux saboteurs que les êtres humains placent eux-mêmes sur leur route. Ils sabotent leur chance au bonheur à cause d'une culpabilité toxique reliée à leur enfant intérieur blessé[1]. C'est tellement fort que les mécanismes de défense se mettent en branle, même si vous ne les désirez pas. Tout ce phénomène est très puissant, mais surtout inconscient, d'où le besoin de le conscientiser. Vous devez également faire attention aux croyances limitatives, aux saboteurs internes et aux comportements répétitifs dans votre vie, surtout s'ils ont des incidences négatives dans votre relation avec vous et les autres. Prendre conscience de vos comportements et vos pensées automatiques s'avèrent être une première démarche importante pour vous rapprocher de votre vérité.

Nous avons aussi vu que la création d'un faux moi peut perturber votre connaissance de vous-même, car il engendre une confusion autour de votre être. Vous manquez de présence à vous-même, d'où la difficulté d'être en contact avec vos émotions et votre essence profonde. Il est donc important de reconnaître vos blessures de l'enfance et de voir quels impacts elles ont eus dans votre vie. L'important dans cette transformation intérieure est d'être capable de vous aimer à nouveau pour ensuite ouvrir votre cœur aux autres.

Passions et aspirations

> Plus vous ferez des choses qui vous font vibrer, plus vous ressentirez la joie de vivre. Et plus vous ressentirez la joie de vivre, plus votre être deviendra lumineux. Et plus vous deviendrez lumineux, plus vous augmenterez votre niveau énergétique. Et plus vous augmenterez votre niveau énergétique, plus votre être sera en contact avec la « partie divine » de vous-même.

Plus vous expérimentez la joie de vivre et le bonheur en vivant des expériences pleinement satisfaisantes, plus vous voudrez augmenter vos sources de plaisir. Pour vivre cet état de flux, vous devez bien connaître vos passions et adapter vos stratégies du bonheur. Il est très bénéfique de vivre vos passions et d'en découvrir des nouvelles. Essayez des choses différentes et sortez de votre zone de confort, ayez de la joie et du plaisir dans l'expérimentation. Faites une liste de vos rêves, de vos désirs ou aspirations les plus sincères, regardez-la attentivement et sélectionnez les choses qui vous inspirent le plus. Naturellement, cela ne se limite pas seulement à des activités physiques ou des loisirs, mais aussi à des activités professionnelles. Ne restreignez pas vos rêves, même les plus fous, car ils peuvent être très révélateurs. Explorez vos peurs, demandez-vous ce qu'elles signifient, car plus la peur est intense, plus la découverte est significative. N'hésitez donc pas à vous lancer dans la recherche de vos passions, examinez ce qui existe de commun, ce fil conducteur entre toutes vos activités. Par la suite, identifiez celles que vous rêvez d'accomplir et qui vous rejoignent le plus. Pendant une activité, faites une place aux choses qui sont vraiment importantes et qui vous apportent de la joie et éliminez celles qui le sont moins. Assurez-vous de mettre à profit vos talents. Tentez de vous rapprocher et de vivre cette joie le plus souvent possible, entraînez-vous au bonheur dans votre vie.

Mission, objectifs, talents et valeurs

En réalité, le rêve ultime de tout être humain est de vivre sa mission de vie.

Une fois que vous avez fait le tour de vos passions, faites-en une liste précise. Par la suite, déterminez votre mission, vos objectifs, vos valeurs et vos principes de vie. D'abord et avant tout, vous reconnaissez quels sont vos talents personnels et professionnels. Ensuite, vous identifiez les deux à trois talents les plus spéciaux que vous avez et qui vous comblent particulièrement lorsque vous les exercez. Ne négligez pas vos talents personnels, car ils sont une source inestimable dans votre vie professionnelle. Une fois vos passions et talents répertoriés, faites la liste de vos valeurs profondes par ordre d'importance et identifiez les principes ou comportements associés.

Vous avez donc en mains votre liste de passions, de talents, de valeurs et de principes. Qu'est-ce qui vous manque? Faites le constat de ce qui ressort à première vue. Que devez-vous retenir de cette liste qui vous inspire instantanément la joie de vivre? Avez-vous des ajustements à faire pour vivre plus intensément ce que vous aimez? Il est possible que votre liste soit incomplète et que vous deviez explorer encore davantage pour bien saisir ce qui est important.

La prochaine étape demande plus d'investissement, car elle touche la question fondamentale de votre mission de vie. En réalité, vous vous questionnez sur la raison de votre existence : quelle est votre valeur réelle, qu'est-ce que vous êtes venu accomplir ici-bas? Ce questionnement est tout à fait légitime, mais requiert la connaissance de soi et fait appel à la quête de sens de son existence. **Que puis-je faire pour m'accomplir? Que puis-je faire pour vraiment donner un sens à ma vie?** Les réponses ne viennent pas toujours d'elles-mêmes, elles sont imbriquées dans les réalités de la vie qu'il faut décortiquer pour en comprendre le sens. L'important est d'accorder le temps nécessaire pour regrouper votre information, mais attention de ne pas tomber dans l'inaction. Votre mission est comme un gouvernail qui vous oriente même lorsqu'il y a de forts vents. Une véritable mission de vie est celle qui garde le cap, tout en vous permettant d'investir l'énergie là où c'est important. Cet exercice de réflexion est donc bénéfique pour la découvrir. Il ne faut pas non plus complexifier votre mission de vie par de grands énoncés théoriques qui n'ont rien à voir avec les petits plaisirs de la vie. Il peut y avoir plusieurs énoncés dans votre mission qui rejoignent l'énoncé principal pour en faciliter la compréhension. Par contre, une fois complétée, il est important de la revalider pour déterminer s'il s'agit de la bonne mission.

Rappelez-vous cependant que vous n'avez pas besoin de connaître votre mission spécifique pour être en contact avec votre essence profonde. Vous pouvez faire beaucoup de choses en communication et en communion avec votre être.

Doutes et peurs

C'est fascinant de constater à quel point certaines personnes sont tout près de leur mission et de leur union avec leur être, mais hésitent à la dernière minute. Certaines personnes ont parfois peur d'assumer le leadership véritable dans leur vie. Le pire ennemi du rapprochement avec soi-même est le doute et la peur du regard des autres. Vous devez vous centrer sur votre mission de vie en amadouant cette partie de vous qu'est l'ego. L'ego vous remet continuellement en question, il est ce parfait incrédule qui ne croit pas en l'invisible et le sensible. Il est celui qui se rebelle et nous contrarie continuellement. Le problème est là, quand on doute, on cherche toujours à rationnaliser les choses. **Mais il ne le faut pas, laissez le flot de la vie faire son œuvre !** Votre intelligence et votre sagesse du cœur savent exactement ce qui est bon pour vous, ils tentent d'atteindre cet état d'amour associé à votre essence profonde. Trouvez également vos rêves, vos passions et vos aspirations profondes qui vous motiveront et vous aideront à gérer les peurs quand elles surviennent.

Intuition et guidance intérieure

L'être humain ne suit pas toujours ses intuitions, mais plutôt les conventions. Le problème est de pouvoir développer son côté sensible et intuitif. L'importance est de prendre le temps pour rétablir la communication intérieure et de développer sa confiance dans l'intuition. Ainsi, si vous

vous arrêtez et l'écoutez, vous allez définitivement l'entendre, et pourrez développer le lien avec elle pour permettre d'accéder à votre sagesse intérieure. Souvenez-vous des événements qui sont arrivés où votre intuition vous mentionnait de ne pas faire quelque chose. Étrangement, vous avez compris qu'un incident s'était produit et que cela aurait pu être fâcheux pour vous. Il n'y a pas de secret, si vous voulez améliorer votre vie en accord avec vous-même, vous devez laisser plus de place à votre guidance intérieure et à la sagesse du cœur. En suivant leurs consignes, de belles opportunités se présenteront, que ce soit au niveau des personnes ou des événements.

L'intuition a besoin que vous utilisez le lâcher-prise pour que les choses se produisent sans que vous rationnalisiez tout. Vous développez ainsi une confiance en vous sans vouloir tout diriger. Cela peut sembler difficile, mais une façon de faire confiance est d'accepter l'imprévu dans sa vie. Vous pouvez également reconnaître vos différentes voix intérieures et testez votre lien avec elles. Si vous êtes capable de travailler cet aspect de vous-même, alors vous aurez accompli beaucoup. Sachez trouver une occupation qui développe votre côté intuitif pour entrer en contact avec vous-même. Une bonne façon de développer votre intuition et d'avoir accès à votre guidance intérieure est aussi l'écriture automatique ou spontanée. Consacrez du temps à ce rendez-vous avec l'artiste en vous de façon régulière. Grâce à ce réflexe, vous recevrez des brides d'information, des intuitions ou des signes sous différentes formes. Ne doutez pas, si votre intuition dit qu'il s'agit d'un signe, c'est que cela en est un. Plus vous développerez cette habitude, plus vous vous rapprocherez de votre sagesse intérieure et de votre « moi créateur ».

Plus vous sentez et acceptez ce que vous ne voyez pas, plus vous serez en mesure de comprendre et d'accepter l'expansion de votre être. Permettez à votre corps d'augmenter son niveau énergétique en fonction de saines habitudes de vie, mais aussi en augmentant votre présence attentive. Votre vie s'en trouvera transformée. Votre meilleur guide pour le faire est votre intuition, votre guidance intérieure, car elle sait ce qui est bon pour vous.

Harmonie et synchronicités

> Pour vivre heureux et en harmonie, vous devez vous fier à la sagesse du cœur qui commence par l'amour de vous-même.

Faites confiance et acceptez ce qui se présente à vous. Si vous vivez en harmonie avec vous-même, vous sentirez une complicité grandissante avec la vie, qui répandra ses bienfaits et son abondance. Vous verrez que les choses se matérialiseront par le reflet de vos états intérieurs. Également, vous remarquerez une conscience renouvelée et un taux d'énergie supérieur, car vous vivrez des expériences de plus en plus optimales et satisfaisantes. Votre corps et votre taux énergétique sont importants, mais n'oubliez pas que votre hygiène de vie est aussi un facteur qui contribue énormément à votre bien-être. Vous devenez plus sensible à la présence à soi et aux soins du corps.

Quand l'harmonie est présente, il existe à l'intérieur de vous une plus grande cohésion entre vos pensées, vos actions et vos émotions. Vous ressentez un état de quiétude, de paix, de sérénité intérieure et de joie de vivre. Tout semble aller pour le mieux et cet état d'esprit génère encore plus d'optimisme. Il se produit un effet d'entraînement. Quand vous êtes en harmonie, cela signifie que vous vivez votre vérité dans toutes les sphères de votre vie. Il est alors beaucoup plus facile d'exprimer les qualités humaines et spirituelles associées au Soi, ces qualités du cœur. Vous sentez votre besoin d'accomplissement de soi et votre désir de donner un sens à votre vie. Vos qualités du cœur vous aident dans vos relations avec les autres, si bien que vous cherchez la possibilité de les exprimer. Vous êtes humble et reconnaissant face aux beautés de la vie et vous exprimez votre gratitude face à celles-ci. Quand vous partez à la conquête de votre vérité, c'est un véritable phénomène d'entraînement positif que vous font vivre vos différentes formes d'intelligence. Elles interagissent et s'influencent mutuellement, ce qui contribue à un effet multiplicateur en termes de retombées positives dans votre vie. Cependant, l'une de ces formes demeure déterminante, celle de l'intelligence ou la sagesse du cœur ! En vous laissant guider par elle, vous découvrirez alors un bonheur grandissant et durable !

···········

> « La vie est un écho ; ce que tu envoies te reviens, ce que tu sèmes, tu le récoltes ; ce que tu donnes, tu l'obtiens, et ce que tu vois dans les autres existent en toi. »
> — Zig Ziglar

···········

SOUHAIT ET PENSÉES

En terminant, permettez-moi de vous souhaiter beaucoup de succès et de bonheur sur cette route surprenante qu'est la quête de sa vérité. Plus que tout, j'espère que ce livre vous a donné certaines pistes de réflexion grâce à un ensemble de concepts généraux pour que vous avanciez dans votre démarche. Ciblez les éléments qui vous interpellent le plus et passez à l'action dans l'atteinte de vos objectifs personnels et professionnels. Avec l'utilisation du journal de bord personnel, j'espère que vous pourrez capturer l'essentiel de votre démarche, les thèmes de développement et les plans d'action à entreprendre. Rappelez-vous l'importance d'avoir des objectifs réalistes et mesurables pour amorcer vos prochaines étapes de développement.

Plusieurs notions que vous avez vues dans ce livre touchent la psychologie ou la gestion personnelle/professionnelle, par conséquent, n'hésitez surtout pas à faire appel à des spécialistes qualifiés dans ces champs respectifs pour vous aider au besoin. N'oubliez pas de vous servir de la puissance des émotions pour qu'elles puissent être votre guide sur cette route. Sentez et découvrez votre vie à travers tous vos sens et vos formes d'intelligences, et vous ferez alors de belles découvertes. Sachez garder cette petite étincelle en vous, cette lumière qui éclaire votre voie. Plus vous la ferez vibrer en intensité et plus elle éclairera votre route. Mais surtout n'oubliez jamais votre destination finale, car même si vous changez de route, votre mission demeure la même, elle vous sert de phare. Je vous souhaite énormément de bonheur, de paix, de plénitude et de joie sur ce chemin unique qu'est votre vie. Même si parfois le brouillard se lève, appréciez chaque pas que vous faites, car si un de vos sens ne voit pas la route, les autres sont toujours actifs. Fiez-vous à votre sagesse intérieure qui connaît votre destination finale et qui vous amènera à bon port. Je vous souhaite de vivre votre plein potentiel dans l'allégresse, avec *Bonheur et Leadership* !

En terminant, voici certaines pensées pour continuer votre belle réflexion. Elles sont regroupées en fonction de certaines thématiques du livre :

Amour et émotions

- L'amour inconditionnel, c'est oser s'aimer avec tous ses défauts et ses qualités.
- Le regard amoureux, c'est d'abord celui que l'on porte à soi-même, c'est celui du parent aimant (adulte) qui veille sur son enfant intérieur.
- Une bonne estime de soi (amour, confiance, vision) est primordiale dans la relation avec soi-même et les autres.
- L'amour est le remède le plus puissant qui puisse exister et il a le pouvoir de tout guérir.
- La relation que nous avons avec l'autre est le miroir de la relation que nous avons avec nous-mêmes.
- Les plus précieux guides dans la vie sont la sagesse du cœur, les émotions, l'intuition, la guidance intérieure, l'essence profonde et la présence à soi-même.
- L'intelligence et la stabilité émotionnelles jouent un grand rôle dans les relations avec soi et les autres.
- Le corps ne ment pas, il aime la vérité.

Bonheur et joie de vivre

- La joie de vivre est un phénomène intérieur, une qualité de contact avec soi-même, un état d'esprit. Les personnes qui ont une propension à la joie de vivre sont proactives face à ce qui les rend heureuses et elles éliminent ainsi les inconforts.
- Le vrai bonheur est un état d'esprit qui s'influence grâce au leadership de sa propre vie.
- Le bonheur est accessible et se propage grâce à notre aptitude à gérer notre existence (attitudes, pensées, actions, buts et choix).

- Le bonheur et le leadership sont intimement liés grâce à la recherche de l'authenticité.
- Les expériences optimales et satisfaisantes (Flow) sont associées à un sentiment de bonheur, de satisfaction et de joie intérieure. Vivez-les le plus souvent possible !
- Une bonne hygiène et un équilibre de vie permettent d'être heureux.

Authenticité et leadership

- L'authenticité, c'est oser être vrai, c'est oser avoir le courage de s'affirmer en toute humilité. C'est exprimer son plein potentiel grâce à ses talents, ses valeurs, ses rêves et ses aspirations profondes.
- Le leadership véritable consiste à assumer le leadership de sa vie personnelle et professionnelle.
- Le leadership authentique repose sur une bonne connaissance de soi. Pour développer son essence profonde, on entre en contact avec elle grâce à son intuition, ses émotions et son ressenti.
- La quête du leadership authentique et la réalisation de soi permettent d'assumer son plein potentiel à travers une mission et des objectifs qui donnent un sens à sa vie.
- La vie est courte, devenez l'acteur principal de celle-ci dès maintenant !
- La vie que l'on désire est là, il suffit d'abandonner la vie que l'on avait pour arriver à celle que l'on veut !
- La quête de l'authenticité aboutit à la connaissance et à la conscience de soi, ainsi qu'à l'aventure de la transformation intérieure.
- Le travail est un merveilleux terrain de jeu qui peut donner un sens à sa vie. Mais que voulons-nous réussir au juste, sa carrière ou sa vie ? Ou les deux ? Est-ce le travail d'une vie ou le travail dans la vie ?
- La pierre angulaire de la démarche du leadership authentique est la conscience de soi.
- C'est dans l'action qu'on réalise les transformations, une étape à la fois.
- Il faut savoir écouter la sagesse du cœur et l'intuition, sa guidance intérieure.

Connaissance de soi et du Soi

- La découverte de soi et du Soi est le travail d'une vie.
- L'intuition permet d'accéder au savoir intérieur et à la sagesse universelle.

- La découverte du Soi, de son essence profonde, demande l'exploration et la connaissance de soi.
- Les chemins pour se rendre à Soi sont nombreux et diversifiés, seules notre attitude et notre authenticité contribuent à la quête du bonheur véritable.
- Le Soi est celui qui guide la destinée, il connaît la direction car il possède la sagesse du cœur.
- Le Soi a besoin d'un espace quotidien de recueillement et de beautés pour pouvoir se nourrir et se ressourcer. Le Soi a faim de beautés.
- Le « vrai » Soi se dévoile lorsque l'on porte un regard introspectif et libérateur sur les défis liés à sa libre expression.
- Les blessures du passé peuvent se guérir grâce au ressenti et aux émotions sources.
- L'alignement de l'ego et du Soi est important pour vivre en harmonie.
- La vie est le MOMENT PRÉSENT, d'où l'importance de développer sa présence consciente.
- La pleine conscience aide à prendre soin de soi-même et à conserver sa vitalité.
- La souplesse et l'ouverture à la vie se concrétisent grâce au lâcher-prise et à l'acceptation face à ce qui se présente dans sa vie.
- L'harmonie, c'est vivre une vie de qualité dans toutes les différentes parties de son être.
- Les qualités humaines et spirituelles du Soi s'expriment davantage lorsque l'on est en harmonie avec soi-même. Elles représentent les qualités du cœur.
- Nos états intérieurs attirent ce dont nous avons exactement besoin.

Mission

- La mission de vie sert de gouvernail pour manœuvrer à travers les différents événements de la vie.
- La mission est le créateur de sens dans sa vie, il permet d'organiser ses priorités et sa gestion du temps.
- La découverte de sa mission passe par la connaissance et l'exploration de ses passions, ses aspirations, ses talents, ses valeurs et ses objectifs de vie.
- Le but ultime dans l'accomplissement de soi est de vivre sa mission quotidiennement.

JOURNAL DE BORD PERSONNEL

Exercices de réflexion

Il y a 15 thèmes de réflexion dans ce livre. En principe, vous devriez vous allouer un temps de réflexion d'une à deux semaines par thème pour intégrer le tout. Pour ce faire, fixez-vous un rendez-vous une fois par semaine ou aux deux semaines, idéalement le même jour et à la même heure pour compléter le tout. Cela va créer un moment d'intimité et une présence grandissante à vous-même.

Dans cette section du journal de bord, vous pourrez identifier quand vous avez fait vos réflexions personnelles et si vous avez besoin de continuer celles-ci. De plus, vous pourrez noter ce qu'il vous reste à faire dans le tableau ci-joint. Dépendant de vos besoins, vous pourrez continuer à écrire vos réflexions sur les notes personnelles ou y revenir plus tard.

SOMMAIRE DES ACTIVITÉS – RÉFLEXIONS PERSONNELLES			
THÈMES	**DATE**	**POURSUIVRE ?**	**DESCRIPTION : ACTIONS À FAIRE**
Chapitre 1 Stratégies du bonheur		O OUI O NON	
Chapitre 1 Vivre des expériences optimales		O OUI O NON	

SOMMAIRE DES ACTIVITÉS — RÉFLEXIONS PERSONNELLES			
Thèmes	**Date**	**Poursuivre ?**	**Description :** **actions à faire**
Chapitre 2 Découverte du Soi, essence profonde		○ OUI ○ NON	
Chapitre 2 Rituels dans votre vie		○ OUI ○ NON	
Chapitre 2 Sources d'inspiration et essence profonde		○ OUI ○ NON	
Chapitre 4 Présence à soi-même		○ OUI ○ NON	
Chapitre 4 Priorités : les soins du corps et de son essence profonde		○ OUI ○ NON	
Chapitre 4 Vitalité du corps et vitalité énergétique		○ OUI ○ NON	
Chapitre 5 Le lâcher-prise et l'acceptation		○ OUI ○ NON	
Chapitre 6 L'état de flux au travail (Flow) ou le travail d'une vie		○ OUI ○ NON	
Chapitre 7 Vivre sa mission : le rêve du Soi		○ OUI ○ NON	

SOMMAIRE DES ACTIVITÉS — RÉFLEXIONS PERSONNELLES			
THÈMES	**DATE**	**POURSUIVRE?**	**DESCRIPTION : ACTIONS À FAIRE**
Chapitre 8 Reconnaître les besoins fondamentaux et l'importance des sphères d'activités		O OUI O NON	
Chapitre 8 Questionner et assumer la pertinence du leadership authentique professionnel		O OUI O NON	
Chapitre 10 Valider si les principes sont alignés avec les valeurs		O OUI O NON	
Chapitre 10 Déterminer un plan d'action/processus de transformation pour réussir sa vie professionnelle		O OUI O NON	

• • •

Exercices pratiques

Dans cette section du journal de bord, vous trouverez le suivi pour les 12 exercices pratiques du livre. Faites le même processus d'engagement avec vous-même que pour les réflexions personnelles. Dépendant de vos besoins, vous pourrez poursuivre votre réflexion ou identifier un plan de développement grâce aux fiches disponibles à cet effet. Notez qu'il est important d'établir une priorité dans votre démarche de développement, deux ou trois objectifs maximum suffisent pour débuter. Vous devez travailler un seul objectif à la fois.

SOMMAIRE DES ACTIVITÉS — EXERCICES PRATIQUES			
Thèmes	**Date**	**Poursuivre ?**	**Description : actions à faire**
Chapitre 3 Évaluer l'estime de soi		O OUI O NON	
Chapitre 3 Découvrir les croyances limitatives		O OUI O NON	
Chapitre 4 Développer la présence à soi par la méditation		O OUI O NON	
Chapitre 4 Évaluer le niveau d'énergie		O OUI O NON	
Chapitre 8 Découvrir les passions de vie		O OUI O NON	
Chapitre 8 Découvrir les valeurs de vie		O OUI O NON	
Chapitre 8 Découvrir les talents		O OUI O NON	
Chapitre 8 Découvrir la mission de vie		O OUI O NON	
Chapitre 9 Évaluer les habiletés de l'intelligence émotionnelle		O OUI O NON	

SOMMAIRE DES ACTIVITÉS — EXERCICES PRATIQUES			
Thèmes	**Date**	**Poursuivre?**	**Description : actions à faire**
Chapitre 9 Développer l'intelligence émotionnelle		O OUI O NON	
Chapitre 9 Évaluer le style de communication		O OUI O NON	
Chapitre 13 Découvrir l'intuition et la développer		O OUI O NON	

• • •

Plan de développement (personnel ou professionnel)

Complétez cette fiche et les suivantes en fonction du thème de votre démarche, vous avez un total de 5 fiches. Pour vous assurer d'une ligne directrice, déterminez un objectif global de développement, puis travaillez les objectifs plus spécifiques par thème.

Objectif global de la démarche :
_____
_____
_____
_____
_____
_____
_____
_____
_____

THÈME 1 _____

CONSTATATIONS ET PLAN D'ACTION :

Identifiez quelles sont vos principales découvertes et constatations. Que devez-vous travailler ?

_____
_____
_____
_____
_____
_____
_____
_____
_____
_____

Qu'est-ce que cela signifie pour vous ? Identifiez votre ou vos objectif(s) que vous aimeriez atteindre ?

_____
_____
_____
_____
_____
_____
_____
_____
_____
_____

Quelles sont les étapes du plan d'action et les échéances associées ?

_____	_____
_____	_____
_____	_____
_____	_____
_____	_____
_____	_____
_____	_____
_____	_____
_____	_____

THÈME 2 _____

CONSTATATIONS ET PLAN D'ACTION :

Identifiez quelles sont vos principales découvertes et constatations. Que devez-vous travailler ?

_____
_____
_____
_____
_____
_____
_____
_____
_____

Qu'est-ce que cela signifie pour vous ? Identifiez votre ou vos objectif(s) que vous aimeriez atteindre ?

_____
_____
_____
_____
_____
_____
_____
_____
_____
_____

Quelles sont les étapes du plan d'action et les échéances associées ?

_____	_____
_____	_____
_____	_____
_____	_____
_____	_____
_____	_____
_____	_____
_____	_____

THÈME 3 _____

CONSTATATIONS ET PLAN D'ACTION :

Identifiez quelles sont vos principales découvertes et constatations. Que devez-vous travailler ?

_____
_____
_____
_____
_____
_____
_____
_____
_____
_____

Qu'est-ce que cela signifie pour vous ? Identifiez votre ou vos objectif(s) que vous aimeriez atteindre ?

_____
_____
_____
_____
_____
_____
_____
_____
_____
_____

Quelles sont les étapes du plan d'action et les échéances associées ?

_____	_____
_____	_____
_____	_____
_____	_____
_____	_____
_____	_____
_____	_____
_____	_____
_____	_____

THÈME 4 _____

CONSTATATIONS ET PLAN D'ACTION :

Identifiez quelles sont vos principales découvertes et constatations. Que devez-vous travailler ?

_____
_____
_____
_____
_____
_____
_____
_____
_____

Qu'est-ce que cela signifie pour vous ? Identifiez votre ou vos objectif(s) que vous aimeriez atteindre ?

_____
_____
_____
_____
_____
_____
_____
_____
_____
_____

Quelles sont les étapes du plan d'action et les échéances associées ?

Étapes	Échéances

THÈME 5 _____

CONSTATATIONS ET PLAN D'ACTION :

Identifiez quelles sont vos principales découvertes et constatations. Que devez-vous travailler?

_____
_____
_____
_____
_____
_____
_____
_____
_____

Qu'est-ce que cela signifie pour vous? Identifiez votre ou vos objectif(s) que vous aimeriez atteindre?

_____
_____
_____
_____
_____
_____
_____
_____
_____

Quelles sont les étapes du plan d'action et les échéances associées?

Étapes	Échéances

GRILLE D'ÉQUIVALENCES — QUESTIONNAIRE DE LA PRÉFACE		
Sujets traités	**Chapitres**	**Questions équivalentes**
Le bonheur et le leadership authentique • Les stratégies du bonheur • La joie de vivre, les émotions et l'intelligence émotionnelle • Vivre des expériences optimales (le Flow) • Vivre un leadership authentique • Les étapes du leadership authentique et du bonheur	1	1 à 20 (Les thèmes de cette section sont traités aussi à travers le livre entier)
À la découverte de notre essence profonde • Notions de base sur le Soi • Les premiers talents créatifs : l'art et ses expressions • Les premiers rituels : la contemplation, le recueillement et le silence • Et quoi d'autre ?	2	21 à 25
À la découverte de soi, un regard introspectif • Les obstacles ou défis à l'expression de soi • L'estime de soi • Les blessures de l'enfance et les mécanismes de défense • Les croyances limitatives ou restrictives • Les schémas comportementaux répétitifs • L'ombre • Les points de bascule ou souffrances : planches de salut	3	26 à 36
À la découverte de soi, un regard attentif envers soi • La présence à soi-même • Prendre soin de son essence profonde et de son corps physique • Corps et vitalité énergétique	4	37 à 44
Créer une vision de soi, assumer le leadership authentique Chapitre 5 : Le lâcher-prise et l'acceptation	5 à 11	45 à 66
Créer une vision de soi, assumer le leadership authentique Chapitre 6 : L'état de flux au travail (Flow) ou le travail d'une vie Chapitre 7 : Vivre sa mission : le rêve du Soi	5 à 11	45 à 66

GRILLE D'ÉQUIVALENCES — QUESTIONNAIRE DE LA PRÉFACE		
Sujets traités	**Chapitres**	**Questions équivalentes**
Chapitre 8 : Questionner les fondements de son leadership authentique • Questionner et assumer la pertinence de son leadership authentique • Évaluer son niveau de satisfaction dans les différentes sphères de sa vie • Évaluer son niveau de satisfaction professionnelle • Trouver, déterminer et reconnaître : ses passions, ses valeurs, ses talents, ses objectifs et sa mission de vie. Chapitre 9 : Développer ses compétences essentielles • Découvrir et développer son intelligence émotionnelle • Découvrir et développer son style de communication Chapitre 10 : Déterminer son plan d'action et de transformation • Trouver l'adéquation des talents et des expériences optimales (Flow) • Valider son alignement avec ses valeurs • Déterminer un plan d'action/de transformation pour réussir sa vie Chapitre 11 : Oser et avoir le courage de se transformer • Vivre l'aventure du développement et de la transformation • Vivre son essence profonde (réalignement de l'ego)	5 à 11	45 à 66
Vivre en harmonie de façon authentique Chapitre 12 : Oser écouter la sagesse et l'intelligence de son cœur • L'amour véritable : l'amour de soi et des autres • Les qualités du cœur Chapitre 13 : Oser écouter et suivre son intuition, sa guidance intérieure Chapitre 14 : Vivre les synchronicités de la vie	12 à 14	67 à 72

BIBLIOGRAPHIE

ANDRÉ, Christophe. *Les états d'âme, un apprentissage de la sérénité*, Éditions Odile Jacob, 2009, 480 p.

ANDRÉ, Christophe et François LELORD. *L'estime de soi, s'aimer pour mieux vivre avec les autres*, Éditions Odile Jacob, 1999, 189 p.

BÉLANGER, Jocelyne. *Éloge de la joie de vivre*, Éditions de L'Homme, 2009, 267 p.

BOSH Bonomo, Ingeborg. *Guérir les traces du passé, En quête de l'harmonie émotionnelle au présent*, Éditions de L'Homme, 2002, 301 p.

BRADBERRY, Travis et Jean GREAVES. *L'intelligence émotionnelle 2.0, 66 capsules conseils pour faire bondir votre performance*, Les Éditions Transcontinental, 2010, 169 p.

BRADSHAW, John. *Le défi de l'amour, Aimer de toute son âme*, Éditions Le Jour, 1994, 522 p.

_____. *Retrouver l'enfant en soi. Partez à la découverte de votre enfant intérieur*, Éditions Le Jour, 1992, 376 p.

CAMERON, Julia. *Libérez votre créativité, La bible des artistes*, Éditions J'ai Lu, 1994, 346 p.

COHEN, Doris Eliana. *Répétitions, vies antérieures, vie et rebirth*, Éditions AdA Inc., 2009, 298 p.

COLLINGE, William. *L'énergie subtile : À la découverte des forces invisibles à l'œuvre dans nos vies*, Éditions AdA Inc., 2000, 330 p.

COVEY, Stephen R. *La 8ᵉ Habitude*, Éditions Générales First, 2006, 455 p.

DAS, Lamas Surya. *Éveillez votre spiritualité, Les sagesses orientales au quotidien*, Éditions J'ai lu, 2000, 413 p.

DOESER, Linda. *Mon compagnon de yoga, le yoga adapté à votre style de vie et à vos aspirations*, Éditions Modus Vivendi, 2005, 208 p.

GAWAIN, Shakti. *Comment développer son intuition, Guide pratique pour la vie quotidienne*, Guy Trédaniel Éditeur, 2001, 158 p.

_____. *La transformation intérieure : Notre guérison peut changer le monde*, Éditions AdA Inc., 2011, 271 p.

GAWAIN, Shakti et Laurel KING. *Vivez dans la lumière : Guide de transformation personnelle et planétaire*, Éditions Le Souffle d'or, 2000, 230 p.

LABONTÉ, Marie-Lise. *Du mensonge à l'authenticité*, Éditions de L'Homme, 2014, 175 p.

LARIVEY, Michelle. *La puissance des émotions, Comment distinguer les vraies des fausses*, Éditions de L'Homme, 2002, 334 p.

LE DALAÏ-LAMA et Howard CUTLER. *L'art du bonheur, Tome I : Sagesse et sérénité au quotidien*, Éditions Robert Laffont, 1999, 286 p.

_____. *L'art du bonheur, Tome II : Sagesse et sérénité au quotidien*, Éditions Robert Laffont, 2004, 189 p.

LYUBOMIRSKY, Sonja. *Comment être heureux et le rester, Augmentez votre bonheur de 40 %*, Éditions Marabout, 2013, 415 p.

MAÎTRE CHOA KOK SUI. *Le magnétisme pranique, Manuel pratique de guérison paranormale*, Éditions Jouvence, 1994, 243 p.

MAYORCA, S. *L'Aura. Énergie vitale lumineuse, Comment la reconnaître et l'interpréter*, Éditions de Vecchi, 1999, 127 p.

MILLER, Alice. *Le drame de l'enfant doué*, Presses Universitaires, 2008, 105 p.

MONBOURQUETTE, Jean. *De l'estime de soi à l'estime du Soi, De la psychologie à la spiritualité*, Éditions Novalis, 2002, 223 p.

_____. *Apprivoiser son ombre, Le côté mal aimé de soi*, Éditions Novalis, 2001, 182 p.

_____. *À chacun sa mission, Découvrir son projet de vie*, Éditions Novalis, 1999, 201 p.

MOORE, Thomas. *Le soin de l'âme en médecine : Guide de guérison pour les patients, les familles et les soignant*, Éditions AdA Inc., 2011, 304 p.

_____. *A Life at work, The joy of discovering what you are born to do*, Broadway Books, 2008, 188 p.

_____. *Le soin de l'âme (traduction de Care of the Soul)*, Éditions Flammarion, 1994, 353 p.

MYSS, Caroline. *Contrats sacrés : Éveiller votre potentiel divin*, Éditions AdA Inc., 2009, 481 p.

PÉPIN, Richard. *Gestion des équipes de travail : aidez vos équipes à exceller*, Éditions SMG, 2005, 334 p.

SERVAN-SCHREIBER, David. *Guérir le stress, l'anxiété et la dépression sans médicaments ni psychanalyse,* Les Éditions Robert Laffont, 2003, 337 p.

SHARMA, Robin. *Le leader sans titre,* Éditions Un monde différent, 2011, 288 p.

TERSTEGGE, Marlies. *Le Flow, Vivez les bienfaits de l'expérience optimale*, Éditions de l'Homme, 2013, 255 p.

TOLLE, Eckhart. *Le pouvoir du moment présent* : *Guide d'éveil spirituel,* Éditions Ariane, 2000, 219 p.

VÉZINA, Jean-François. *Les hasards nécessaires : La synchronicité dans les rencontres qui nous transforment*, Éditions de l'Homme, 2001, 223 p.

WEISINGER, Hendrie. *L'intelligence émotionnelle au travail : Gérer ses émotions et améliorer ses relations avec les autres,* Éditions Transcontinental, 2005, 237 p.

WISEHART, Susan. *La vision de l'âme,* Éditions AdA Inc., 2010, 364 p.

RÉFÉRENCES

Chapitre 1

1. Lyubomirsky, Sonja. *Comment être heureux et le rester*, Éditions Marabout, 2013, pp. 54, 110-111, 130-132, 139, 143, 155-156, 168-169, 186-187, 209-211, 221-223, 234-236, 251, 278-283, 295, 371-372.
2. Terstegge, Marlies. *Le Flow*, Éditions de l'Homme, 2013, pp. 18-22, 90.
3. Ibid, 120.
4. André, Christophe. *Les états d'âme, un apprentissage de la sérénité*, Éditions Odile Jacob, 2009, p. 376.
5. Bélanger, Jocelyne. *Éloge de la joie de vivre*, Éditions de L'Homme, 2009, p. 50.
6. Larivey, Michelle. *La puissance des émotions*, Éditions L'Homme, 2002, pp. 104-105.
7. Ibid, pp. 24-25.
8. Ibid, pp. 42-44.
9. Weisinger, Hendrie. *L'intelligence émotionnelle au travail*, Éditions Transcontinental, 2005, pp. 165-176.
10. Terstegge, Marlies. *Le Flow*, Éditions de l'Homme, 2013, pp. 22-28.
11. Ibid, pp. 244-46.
12. Ibid, p. 85.

13. Bélanger, Jocelyne. *Éloge de la joie de vivre*, Éditions de L'Homme, 2009, p. 50.
14. Sharma, Robin. *Le leader sans titre*, Éditions Un monde différent, 2011, pp. 255-257.

Chapitre 2

1. Monbourquette, Jean. *De l'estime de soi à l'estime du Soi*, Éditions Novalis, 2002, pp. 111-115.
2. Ibid, pp. 111-115.
3. Myss, Caroline. *Contrats sacrés*, Éditions AdA Inc., 2009, p. 20.
4. Bradshaw, John. *Le défi de l'amour*, Éditions Le Jour., 1994, p. 179.
5. Kandinsky est un peintre russe et un théoricien de l'art. Il est considéré comme l'un des artistes les plus importants du XXe siècle. Il est un des fondateurs de l'art abstrait : auteur de la première œuvre non figurative de l'histoire de l'art moderne, une aquarelle de 1910 qui sera dite « abstraite ».
6. Moore, Thomas. *Le soin de l'âme*, Éditions Flammarion, 1994, p. 305.
7. Wisehart, Susan. *La vision de l'âme*, Éditions AdA Inc., 2010, p. 47.
8. Moore, Thomas, *Le soin de l'âme*, Éditions Flammarion, 1994, pp. 333-354.
9. Wisehart, Susan. *La vision de l'âme*, Éditions AdA Inc., 2010, p. 69.

Chapitre 3

1. André, Christophe et Lelord, François. *L'estime de soi*, Éditions Odile Jacob, 1999, pp. 14-23.
2. Tiré intégralement du livre de Christophe André et François Lelord, *L'estime de soi*, Éditions Odile Jacob, 1999, pp. 19, 20.
3. Monbourquette, Jean. *De l'estime de soi à l'estime du Soi*, Éditions Novalis, 2002, pp. 78-95.
4. André, Christophe et Lelord, François. *L'estime de soi*, Éditions Odile Jacob, 1999, pp. 248-252.
5. Tiré intégralement du livre de Christophe André et François Lelord. *L'estime de soi*, Éditions Odile Jacob, 1999, pp. 47, 267.
6. Bradshaw, John. *Retrouver l'enfant en soi*, Éditions Le Jour, 1992, p. 325.
7. Bradshaw, John. *Retrouver l'enfant en soi*, Éditions Le Jour, 1992, pp. 49-50, 70, 87, 90, 94.
8. Miller, Alice. *Le drame de l'enfant doué*, Presses Universitaires, 2008, p. 11.

9. Bradshaw, John. *Le défi de l'amour*, Éditions Le Jour, 1994, pp. 30, 31, 41.
10. Ibid, pp. 222, 223.
11. Bosh Bonomo, Ingeborg. *Guérir les traces du passé*, Éditions de L'Homme, 2002, pp. 45-51.
12. Ibid, 2002, pp. 80-110.
13. Wisehart, Susan. *La vision de l'âme*, Éditions AdA Inc., 2010, p. 111.
14. Chamine, Shrizad, *Rayonnez grâce à l'intelligence positive : 21 jours pour faire taire vos saboteurs intérieurs*, Les éditions Transcontinental, 2013, pp. 43-63
15. Ces exemples sont tirés intégralement du livre de Susan Wisehart, *La vision de l'âme*, Éditions AdA Inc., 2010, pp. 128-129.
16. Ibid, pp. 139-141.
17. Cohen, Doris Eliana. *Répétitions*, Éditions AdA Inc., 2009, pp. 9-14.
18. Tirées et adaptées du livre de Doris Eliana Cohen, *Répétitions*, Éditions AdA Inc., 2009, pp. 85, 108.
19. Monbourquette, Jean. *Apprivoiser son ombre*, Éditions Novalis, 2001, pp. 11-13.
20. Tiré intégralement du livre de Jean Monbourquette, *Apprivoiser son ombre*, Éditions Novalis, 2001, pp. 30-31.
21. Monbourquette, Jean. *Apprivoiser son ombre*, Éditions Novalis, 2001, p. 108.
22. http://www.penseedujour.net/edgar-cayce/nos-epreuves-contribuent-toujours-a-notre.html
23. Moore, Thomas. *Le soin de l'âme*, Éditions Flammarion, 1994, p. 178.

Chapitre 4

1. Tolle, Eckhart. *Le pouvoir du moment présent*, Éditions Ariane, 2000, pp. 46-49.
2. Ibid, pp. 48, 49.
3. Servan-Schreiber, David. *Guérir le stress, l'anxiété et la dépression sans médicaments ni psychanalyse*, Robert Laffont, Paris, 2003, pp. 88-93.
4. Das, Lamas Surya. *Éveillez votre spiritualité*, Éditions J'ai lu, 2000, p. 205.
5. Moore, Thomas. *Le soin de l'âme*, Éditions Flammarion, 1994, p. 322.
6. Cameron, Julia. *Libérez votre créativité*, Éditions J'ai Lu, 1994, pp. 31-57.
7. Das, Lamas Surya. *Éveillez votre spiritualité*, Éditions J'ai lu, 2000, p. 279.
8. Collinge, William. *L'énergie subtile*, Éditions AdA Inc., 2000, pp. 27-33.
9. Ibid, p. 41, 42.

10. Maître Choa Kok Sui. *Le magnétisme pranique*, Éditions Jouvence, 1994, pp. 32-46.
11. Tiré intégralement du livre de Linda Doeser, *Mon compagnon de yoga*, Éditions Modus Vivendi, 2005, pp. 32-33.
12. Maître Choa Kok Sui. *Le magnétisme pranique*, Éditions Jouvence, 1994, pp. 21-25.

Chapitre 5
1. Tolle, Eckhart, *Le pouvoir du moment présent*, Éditions Ariane, 2000, p. 196.

Chapitre 6
1. Covey, Stephen R. *La 8e Habitude*, Éditions Générales First, 2006, p. 268.
2. Terstegge, Marlies, *Le Flow*, Éditions de l'Homme, 2013, pp. 10, 21, 28.
3. Ibid, p. 107.
4. Moore, Thomas. *A Life at work*, Broadway Books, 2008, pp. 176-183.

Chapitre 7
1. Monbourquette, Jean. *À chacun sa mission*, Éditions Novalis, 1999, pp. 38-39.
2. Ibid, p. 86.

Chapitre 9
1. Bradberry, Travis et Greaves, Jean. *L'intelligence émotionnelle*, Éditions Transcontinental, 2010, pp. 58, 76-77, 99, 120.
2. Tiré et adapté du livre de Richard Pépin, *Gestion des équipes de travail*, pp. 117-118.
3. Ibid, pp. 117, 118.

Chapitre 11
1. Terstegge, Marlies. *Le Flow*, Éditions de l'Homme, 2013, p. 103.
2. Gawain, Shakti. *La transformation intérieure*, Éditions du Roseau, 1994, pp. 225-234.
3. Terstegge, Marlies. *Le Flow-Vivez les bienfaits de l'expérience optimale*, Éditions de l'Homme, 2013, pp. 96, 101.
4. Monbourquette, Jean. *De l'estime de soi à l'estime du Soi*, Éditions Novalis, 2002, pp. 100-101.
5. Tiré intégralement du livre de Jean Monbourquette, *De l'estime de soi à l'estime du Soi*, Éditions Novalis, 2002, p. 141.

Chapitre 12
1. Labonté, Marie-Lise. *Du mensonge à l'authenticité*, Éditions de L'Homme, 2014, pp. 133, 158.
2. Wisehart, Susan. *La vision de l'âme*, Éditions AdA Inc., 2010, pp. 55-67.

Chapitre 13
1. Gawain, Shakti. *Comment développer son intuition*, Guy Trédaniel Éditeur, 2001, pp. 113-125.
2. Ibid, pp. 35-67.

Chapitre 14
1. Gawain, Shakti et King, Laurel. *Vivez dans la lumière*, Éditions Le Souffle d'or, 2000, p. 49.
2. Vézina, Jean-François. *Les hasards nécessaires*, Éditions de l'Homme, 2001, p. 37.
3. Ibid, pp. 43-44.
4. Ibid, pp. 48-49.
5. Ibid, p. 63.

Conclusion
1. Bradshaw, John. *Le défi de l'amour*, Éditions Le Jour., 1994, p. 43.

À PROPOS DE L'AUTEURE

Formatrice, consultante et coach professionnelle, Louise Leroux accompagne les exécutifs, les gestionnaires, les professionnels et les entrepreneurs dans l'atteinte de résultats concrets et supérieurs. Elle enseigne également comme chargée de cours à HEC Montréal. Elle est titulaire d'un baccalauréat et d'une maîtrise en administration des affaires, ainsi qu'une certification reconnue en coaching professionnel par ICF (*International Coach Federation*).

● ● ●

Pour rejoindre l'auteure, veuillez vous rendre sur son compte Facebook ou lui écrire au courriel suivant : **louise_l@live.ca**

NOTES PERSONNELLES

Cette section est réservée à vos notes personnelles que vous prenez dans les différents exercices de réflexion ou pratiques.

Notes personnelles

www.ada-inc.com
info@ada-inc.com

www.facebook.com/editionsada
www.twitter.com/editionsada